Arranjo

MÉTODO PRÁTICO
incluindo linguagem
harmônica da música popular

IAN GUEST
2

Nº Cat.: AMPI2

Irmãos Vitale Editores Ltda.
vitale.com.br
Rua Raposo Tavares, 85 São Paulo SP
CEP: 04704-110 editora@vitale.com.br Tel.: 11 5081-9499

© Copyright 2009 by Irmãos Vitale Editores Ltda. - São Paulo - Rio de Janeiro - Brasil.
Todos os direitos autorais reservados para todos os países. *All rights reserved.*

CIP-BRASIL. CATALOGAÇÃO NA FONTE
SINDICATO NACIONAL DOS EDITORES DE LIVROS, RJ

G968a

v.2
Guest, Ian
Arranjo : método prático / Ian Guest ; editado por Almir Chediak. - São Paulo : Irmãos Vitale, 2009.
192p.

"Incluindo linguagem harmônica da música popular"
ISBN 978-85-7407-261-6

    1. Arranjo (Música).
        I. Chediak, Almir, 1950-2003.

09-5668.   CDD: 781.37
                                                  CDU: 78.083.82

30.10.09   30.10.09   015962

Arranjo

MÉTODO PRÁTICO

incluindo linguagem
harmônica da música popular

IAN GUEST
2

Editado por Almir Chediak

A voz é a fonte natural e a ferramenta mais importante na experiência musical. Imaginar melodias e não as cantar é querer viajar sem sair de casa, é fechar os acessos à música. Se "não ter boa voz" fosse razão para calar-se, o risco de cair seria razão para não se levantar.

Técnica não é receita culinária. Criatividade brota na motivação e descontração. A técnica fica para o acabamento, onde terá importância decisiva.

Capa:
Bruno Liberati

Foto:
César Duarte

Projeto gráfico:
Felipe Taborda

Composição e diagramação:
Júlio César P. de Oliveira

Revisão geral:
Ricardo Gilly

Revisão de texto:
Nerval M. Gonçalves

Revisão musical:
Célia Vaz

Coordenação de produção:
Mônica Savini

Editado por:
Almir Chediak

Faixas 1 a 6 e 22 (estúdio Dubas)
  sintetizador: Ian Guest

Técnico de gravação e mixagem:
Chico Neves

Faixas 7 a 21 e 23 a 77 (estúdio Fibra)
  piano: Cristóvão Bastos
  violão e guitarra: Ricardo Silveira
  baixo: Adriano Giffoni
  bateria: Pascoal Meirelles
  flautas e saxofones: Carlos Malta
  trombone: Vittor Santos
  trompete e flugelhorn: Bidinho
  clarinete e clarone: Paulo Sérgio Santos
  oboé e corne-inglês: Luiz Carlos Justi
  fagote: Juliano Barbosa

Técnicos de gravação:
Armando Telles e Ricardo Leão

Técnico de mixagem:
Ricardo Leão

ROTEIRO

PREFÁCIO / DORI CAYMMI *11*

INTRODUÇÃO *12*

3ª PARTE - ESCALAS DE ACORDE

A INTRODUÇÃO ÀS TÉCNICAS EM BLOCO *17*

B ANÁLISE HARMÔNICA

1 Tom maior

- Acordes diatônicos *17*
- V secundário *19*
- II V secundário *21*
- Dominante substituto ou sub V *24*
- II sub V *26*
- Acordes diminutos e meio-diminutos *27*

2 Tom menor

- Acordes diatônicos *33*
- V e II V secundário. Sub V secundário *35*
- Acordes diminutos *36*

3 Combinação dos tons maior e menor. Acordes de empréstimo modal (AEM)

- AEM no tom maior *37*
- AEM no tom menor *40*

4 Acordes de estrutura dominante sem a função dominante *41*

5 Dominantes estendidos *44*

- Substituições *46*

6 Modulação *50*

C ESCALAS DE ACORDE

1 Generalidades e definições *53*

- Critérios para a escolha das notas da escala de acorde *54*
- Construção da escala de acorde *54*

2 Apresentação das escalas de acorde

- Acordes diatônicos *56*
- V secundário *57*
- Dominante substituto *58*
- IIm7 e IIm7(♭5) cadencial *59*
- Acordes diminutos *59*
- Acordes meio-diminutos *60*
- Dominantes sem função dominante *61*
- Acordes de empréstimo modal (AEM) *62*
- Dominantes V7 com alteração *63*
- Dominantes estendidos *64*
- Modulação *64*
- Exemplo de análise harmônica e análise de escala de acorde *65*

4ª PARTE - TÉCNICAS MECÂNICAS EM BLOCO

A TRÍADES A TRÊS E QUATRO VOZES *73*

B TÉTRADES A QUATRO VOZES

1 Uso restrito de notas de acorde *75*

- Posição cerrada *76*
- Posição aberta: *drops* *80*

2 Uso de notas de acorde e de tensão harmônica *83*

C APROXIMAÇÃO HARMÔNICA

1 Generalidades *93*

2 Aproximações

- Simples: aproximação cromática *96*
    aproximação diatônica *97*
    aproximação dominante *100*
    a escapada como aproximação dominante *102*
    aproximação por acordes relacionados ao tom *104*
- Duplas: aproximação cromática dupla *104*
    aproximação indireta *105*
- Raras: aproximação cromática com melodia parada *106*
    aproximação por estrutura constante *106*
    dupla antecipação rítmica *107*
    melodia independente *108*

3 A elaboração de um naipe em bloco *108*

D POSIÇÃO LIVRE

  1 Tétrades a três vozes *114*

  2 Posição espalhada *117*

E CONTRACANTO HARMONIZADO

  1 Fundo melódico *122*

  - Melodia passiva *123*
  - Melodia ativa *123*

  2 Fundo percussivo *126*

F TÉTRADES A CINCO VOZES

  1 Dobramento da melodia *128*

  2 Substituição do dobramento da melodia por tensão

  - Exposição *128*
  - Quadro de substituições *130*
  - Ilustração de substituições *130*

G DESENVOLVIMENTO DO ARRANJO

  1 Arranjo completo elaborado *138*

  2 Roteiro da elaboração (comentários sobre o arranjo-exemplo)

  - Repertório *144*
  - Instrumentação *144*
  - Montagem *144*
  - Plano *144*
  - Decisão pelo tom *145*
  - Elaboração *145*
  - Partes acessórias *146*
  - Acabamento *146*

APÊNDICE

  - Resolução dos exercícios *149*
  - Bibliografia *184*
  - Agradecimentos *184*

PREFÁCIO

Los Angeles, 1992.

Caro Ian:

Poucas vezes tivemos ocasião de trocar idéias musicais. A vida nos levou para caminhos diferentes. Precisamos *concertar* isso um dia.

Seu trabalho é uma beleza. Incentiva demais o jovem músico, especialmente por abordar a música popular. Me faz pensar em como teria sido mais fácil minha iniciação se eu tivesse seu livro.

Quem quer ser arranjador? Os sonhadores. E foi o mais lindo dos sonhadores, Luizinho Eça, quem me deu o primeiro empurrão. Chegou até a me empregar como copista. Foi ele quem uniu a música popular às orquestras sinfônicas, melhorando o padrão das gravações. Deodato foi outro professor maravilhoso. Meu mestre nas horas vagas. Dicas maravilhosas. Radamés, Gaya, Carlos Monteiro de Souza, Arruda Paes, Leo Peracchi, homens brilhantes na sua desconhecida arte, foram de ajuda inestimável. Com essa ajuda e a confiança em mim depositada por Edu Lobo, Nara Leão, Marcos Valle, Caetano, Gal e Gilberto Gil entrei no estúdio. Dois canais, orquestra ao vivo, Célio Martins (velho amigo e grande técnico) e um medo louco. Os mais velhos, Carlinhos Monteiro e Gaya, sempre por perto para tirar as dúvidas. Que loucura. Assim eu aprendi o nosso ofício, o mais lindo dos ofícios.

Agora você torna muito mais viável o aprendizado dessa arte com seu "método". Os nossos velhos amigos arranjadores e os deuses estão sorrindo.

Um abraço

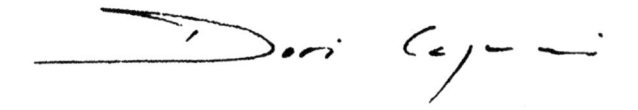

INTRODUÇÃO

A boa música, seja de que gênero for, chega aos nossos ouvidos com naturalidade e parece que já a ouvimos antes, que sempre existiu, como uma bela paisagem. No dizer do povo: se não existisse, teria de ser inventada. Ainda assim, ela soa nova, recém-nascida, improvisada e trazida nas asas do vento.

Tocar bem vem da intimidade do músico com o seu instrumento, combinação de técnica com criatividade.

A composição é proposta inicial. Pode ser levada pelo arranjador a uma elaboração refletida, sofisticada e escrita para um ou mais instrumentos. Os dedos nos instrumentos são governados pelo lápis na partitura: seu traçado transmite criatividade e técnica.

O domínio técnico do arranjador começa com o domínio de seu próprio instrumento. O instrumento, ou grupo instrumental para o qual ele escreve, traduzirá o seu talento.

Para que se entenda o processo criativo via papel, é preciso perceber que inspiração e intimidade com a notação musical apenas não bastam. É necessário adquirir domínio técnico, proposta deste livro.

Técnica de arranjo é escrever e saber como soa; é escrever e saber como será entendido e tocado; é combinar e distribuir instrumentos, criar texturas, associar melodias; introduzir ritmo e harmonia na melodia; saber começar, desenvolver, concluir, mantendo unidade e estilo.

Neste livro, a técnica é apresentada apoiada por ilustrações musicais que despertarão situações semelhantes na memória do estudante. Cada afirmação e sua exemplificação são imediatamente colocadas em prática, através de treino oferecido pelos exercícios relativos a cada técnica. As técnicas abrangem os aspectos melódicos, harmônicos, rítmicos, tímbricos e suas combinações, sugeridas por estilo e linguagem.

Toda e qualquer situação vivenciada durante a preparação do arranjo recai num aspecto abordado pelas técnicas e, nesse ponto, é oportuno distinguir técnica e criatividade, liberdade e disciplina.

Liberdade é selecionar as técnicas convenientes para cada momento do arranjo, em função do preliminar "vôo rasante sobre o cenário" onde tudo vai acontecer. A elaboração, a seguir, é marcada pela *disciplina* e "sangue-frio": é a fase artesanal. As decisões mais relevantes já foram tomadas; agora, é só executá-las, observando minuciosamente as técnicas aprendidas.

Vem daí a natureza do processo criativo da composição e do arranjo: a criação musical não é no sentido temporal ou cronológico, como acontece na sua execução e interpretação. A criação parte dos aspectos gerais e indefinidos, e caminha para a elaboração técnica, cada vez mais minuciosa. O trabalho vai do subjetivo ao objetivo; do conceitual ao artesanal. É justamente por isso que fazer arranjo deixa de ser um labirinto sem rumo para tornar-se um trabalho programado e "sossegado". Antes de papel e lápis, é extremamente útil tomar as decisões iniciais mais importantes nos momentos da descontração de um passeio ou no sossego do recolhimento, pois essas decisões podem levar minutos, horas ou dias, comandadas pela intuição.

Escolher e combinar instrumentos, adaptar harmonia e ritmo à melodia, criar e elaborar texturas e desenvolver o próprio arranjo são tarefas do arranjador, realizadas uma por uma, em momentos diferentes. Estes assuntos são de natureza distinta e encontram-se em capítulos próprios.

Exemplos e exercícios ilustrativos estão gravados no CD que acompanha o volume I. Além disso, a resolução dos exercícios com respostas definidas encontra-se no apêndice final de cada volume.

O talento do arranjador só será produtivo se associado à inteligência: conhecedor de si próprio, ele saberá produzir condições para a descontração e sintonia com seu impulso criativo. O próprio processo de criação (quem já foi bem-sucedido afirma) não passa de um "jogo" ou "brincadeira" de desafio ("O Jogo das Contas de Vidro", livro de Hermann Hesse).

Jogar não é investir e não implica utilidade. O adulto não deve sufocar, com sua racionalidade e seus questionamentos, a alegria das descobertas sucessivas que a criança, dentro de nós, sente quando inventa o seu mundo.

IAN GUEST

    Húngaro radicado no Brasil desde 1957

    Bacharel em Composição pela UFRJ e Berklee College of Music, Boston

Área de produção:

    Compositor - diretor - arranjador em discos, teatro, cinema e publicidade

Área de educação:

    Diretor-fundador do CIGAM (Centro Ian Guest de Aperfeiçoamento Musical) no Rio de Janeiro

    Precursor da didática aplicada à música popular e introdutor do Método Kodály de musicalização no Brasil

    Professor convidado em cursos intensivos e festivais

    Revisor de edições musicais

3ª PARTE
ESCALAS DE ACORDE

A ◆ INTRODUÇÃO ÀS TÉCNICAS EM BLOCO

Pela concepção moderna da harmonia, um acorde não é somente feito de notas básicas (a fundamental, terça, quinta e sétima, por exemplo), mas também de outras notas complementares que soam bem com o acorde e enriquecem o seu som. Elas podem ser indicadas ou implícitas na cifragem, e entram na formação do acorde quando executado por um violão ou piano, ou quando formam linhas melódicas de improviso. O conjunto das notas disponíveis para a formação de um acorde chama-se *escala de acorde*.

Dois ou mais instrumentos tocam *em bloco* quando executam vozes diferentes na mesma divisão rítmica da melodia. A voz superior (1ª voz) toca, geralmente, a melodia e as inferiores utilizam notas da escala de acorde.

A escala de acorde fornece as notas para as vozes em bloco. Conclui-se qual a escala a ser usada através da *análise harmônica*, ou seja, do exame de cada acorde dentro da progressão, em relação ao tom e em relação aos acordes vizinhos.

Na elaboração das *técnicas em bloco*, o primeiro passo é analisar a harmonia e concluir qual a escala disponível para cada acorde.

O capítulo B (análise harmônica) dá a relação dos acordes mais usados na linguagem harmônica comum (principalmente a tonal) e sua análise respectiva. O capítulo C indica as escalas de acorde disponíveis em cada situação analisada. Só então é possível compreender as diferentes técnicas em bloco.

B ◆ ANÁLISE HARMÔNICA

1 Tom maior

■ Acordes diatônicos

são feitos com as notas da escala maior; os números romanos, de I a VII, indicam os graus tonais sobre os quais são montados os acordes, e são complementados por indicadores de estrutura, como acontece nas cifras (as letras maiúsculas de A a G são substituídas por números romanos). A análise é escrita sobre a cifragem.

Tríades diatônicas:

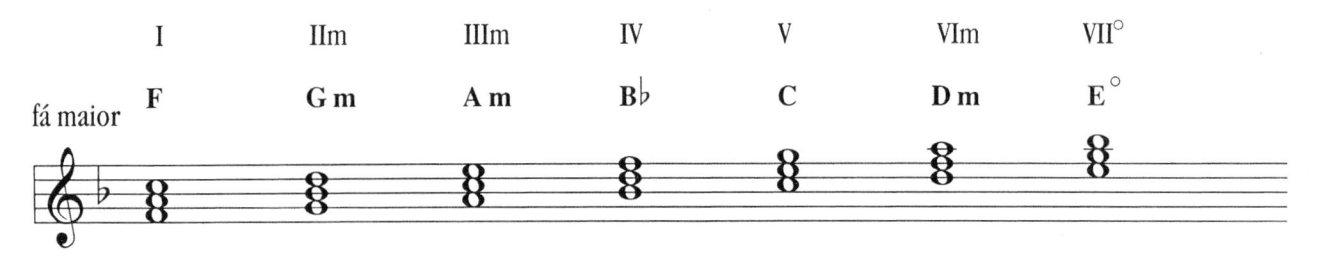

	I	IIm	IIIm	IV	V	VIm	VII°
fá maior	F	G m	A m	B♭	C	D m	E°

Tétrades diatônicas:

	I7M	IIm7	IIIm7	IV7M	V7	VIm7	VIIm7(♭5)
ré maior	D 7M	E m7	F♯m7	G 7M	A 7	B m7	C♯m7(♭5)

Em qualquer tom maior, a estrutura de cada tríade ou tétrade permanece igual e típica a cada grau.

Exercício 1

a. tríades do I, IV e V graus são de estrutura ...
b. tríades do I, III e VI graus são de estrutura ...
c. tríade do VII grau é de estrutura ...

Exercício 2

a. tétrades 7M são encontradas nos graus ...
b. tétrades m7 são encontradas nos graus ...
c. tétrade m7(♭5) é encontrada no grau ...

Exercício 3 Escreva a análise sobre cada cifra (os tons são dados pela armadura):

Exercício 4 Escreva as cifras pedidas pela análise, nos tons indicados:

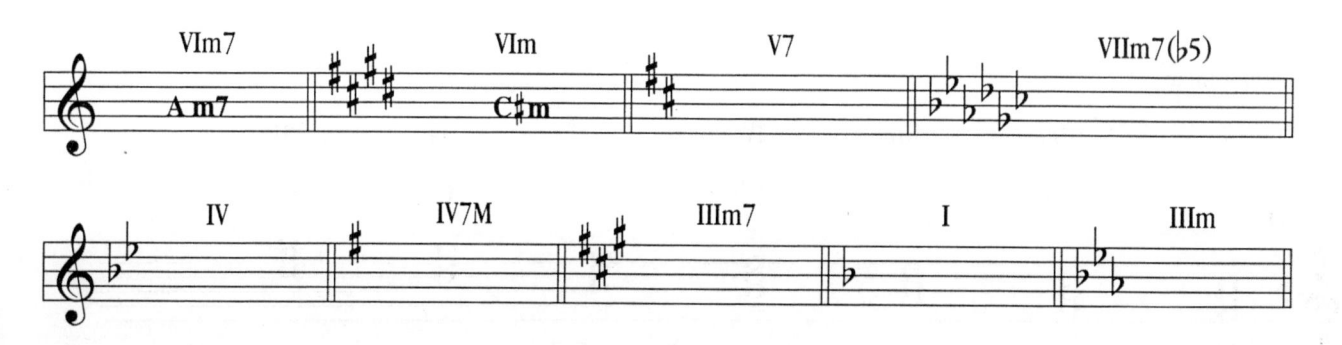

Exercício 5 Analise a progressão de *Peixe vivo* (folclore):

Exercício 6 Escreva as cifras pedidas pela análise, no tom indicado:

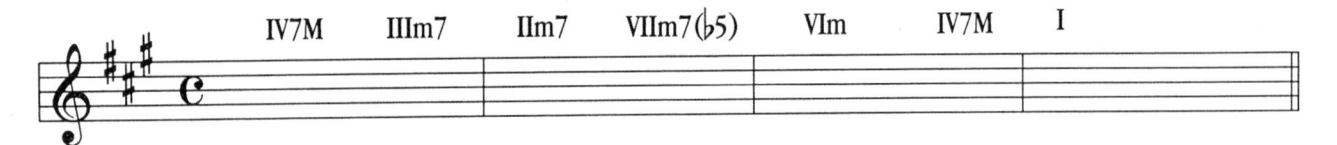

| IV7M | IIIm7 | IIm7 | VIIm7(♭5) | VIm | IV7M | I |

- **V secundário**

Cada grau, tríade ou tétrade, pode ser um "descanso" ou resolução provisória, chamado *tom secundário*, desde que tenha a 5J (uma vez que o VII grau não tem a 5J, ele não oferece a estabilidade necessária para o tal descanso). Cada grau pode ser preparado pelo seu V7 individual chamado *V7 secundário*. O V7 secundário é situado 5J acima do seu acorde de resolução:

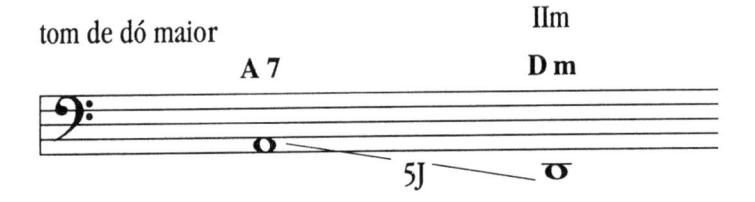

tom de dó maior

A7 → Dm (IIm), intervalo de 5J

O acorde de resolução (Dm no exemplo) é analisado em função do tom principal e o V7 secundário, em função do tom secundário (tom de ré); este vínculo é representado por uma seta curva, por cima dos números romanos:

V7 → IIm
A7   Dm

V7 secundários no tom de sol maior:

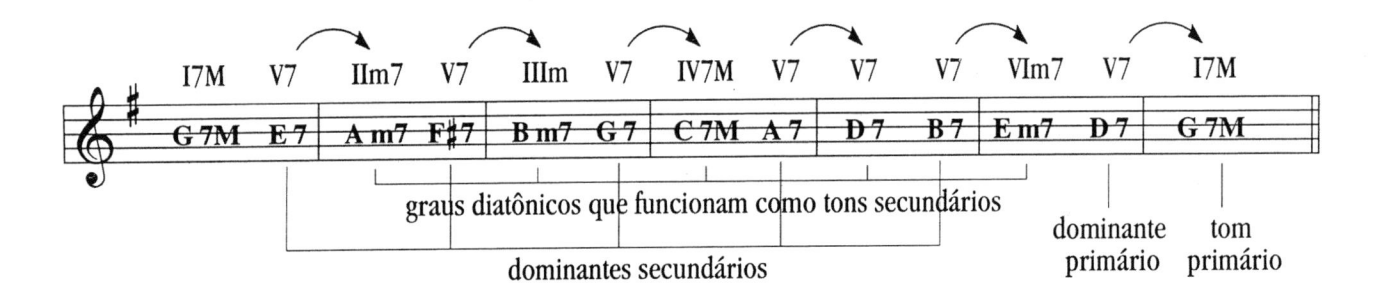

I7M	V7	IIm7	V7	IIIm	V7	IV7M	V7	V7	V7	VIm7	V7	I7M
G7M	E7	Am7	F#7	Bm7	G7	C7M	A7	D7	B7	Em7	D7	G7M

graus diatônicos que funcionam como tons secundários
dominantes secundários
dominante primário — tom primário

Exercício 7 Escreva a seqüência acima, no tom de **mi♭ maior**.

Exercício 8

No tom **dó maior**, V7 → VI é E7

No tom **fá maior**, V7 → VI é ...

No tom **si♭ maior**, V7 → III é ...

No tom **mi maior**, V7 → IV é ...

No tom **mi♭ maior**, V7 → V é ...

No tom **si maior**, V7 → I é ...   (V7 primário)

Exercício 9

No tom **lá maior**, C♯7 é V7 → VI

No tom **lá♭ maior**, G7 é V7 → ...

No tom **ré maior**, D7 é V7 → ...

No tom **dó maior**, D7 é V7 → ...

No tom **ré♭ maior**, B♭7 é V7 → ...

No tom **fá♯ maior**, C♯7 é V7 → ...

Exercício 10 Analise a progressão de *Sampa* (Caetano Veloso).

| G7M | B7 | Em7 | G7 | C7M |

| E7 | Am7 | D7* | B7 |

| Em7 | A7 | etc |

Observação: é mais prático analisar, primeiro, os acordes de resolução, ou seja, os vinculados com o tom principal e finalmente, os V7 secundários, em vez de proceder em ordem cronológica. Os acordes vinculados com o tom principal serão identificados pela estrutura característica (Em7 é VIm7, C7M é IV7M, etc) e os V7 secundários pela estrutura V7 e resolução 5J abaixo:

V7 → VIm7
B7   Em7

* D7 não "resolve", logo sua análise V7 não terá a seta ⌒→

Exercício 11 Escreva as cifras pedidas pela análise, no tom indicado:

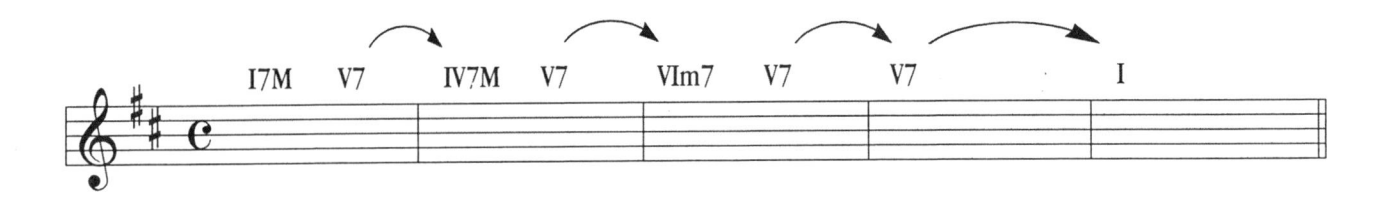

I7M V7   IV7M V7   VIm7 V7   V7   I

Observações: – V7 costuma ocupar tempo mais fraco do que a resolução
              – a presença da seta ⌒↘ também na resolução primária (no tom principal)

- **II V secundário**

A cadência IIm7 V7 ⌒↘ I, extremamente típica na harmonia tonal, é um desdobramento da cadência V7 ⌒↘ I, onde IIm7 V7 ocupa o tempo do V7 original:

V7 ⌒↘ I   C7 | F   desdobrando   IIm7 V7 ⌒↘ I   Gm7 C7 | F

O V secundário pode ser substituído por II V secundário, quando isso não causa conflito com a melodia. Os números II V são vinculados com o tom secundário logo após e são sinalizados:

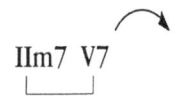

IIm7 V7 ⌒↘

Quando a resolução esperada é *menor*, IIm7 recebe (♭5) devido à armadura do tom secundário:

IIm7(♭5) V7 ⌒↘ IIm7

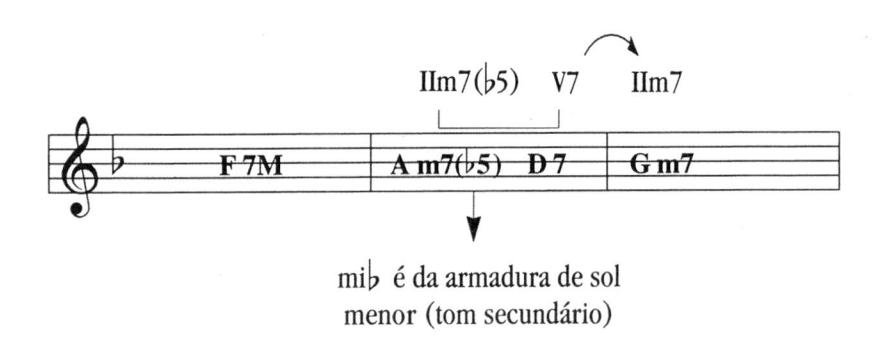

F 7M | A m7(♭5)   D 7 | G m7

↓
mi♭ é da armadura de sol
menor (tom secundário)

Eis os II V secundários no tom de **mi maior**:

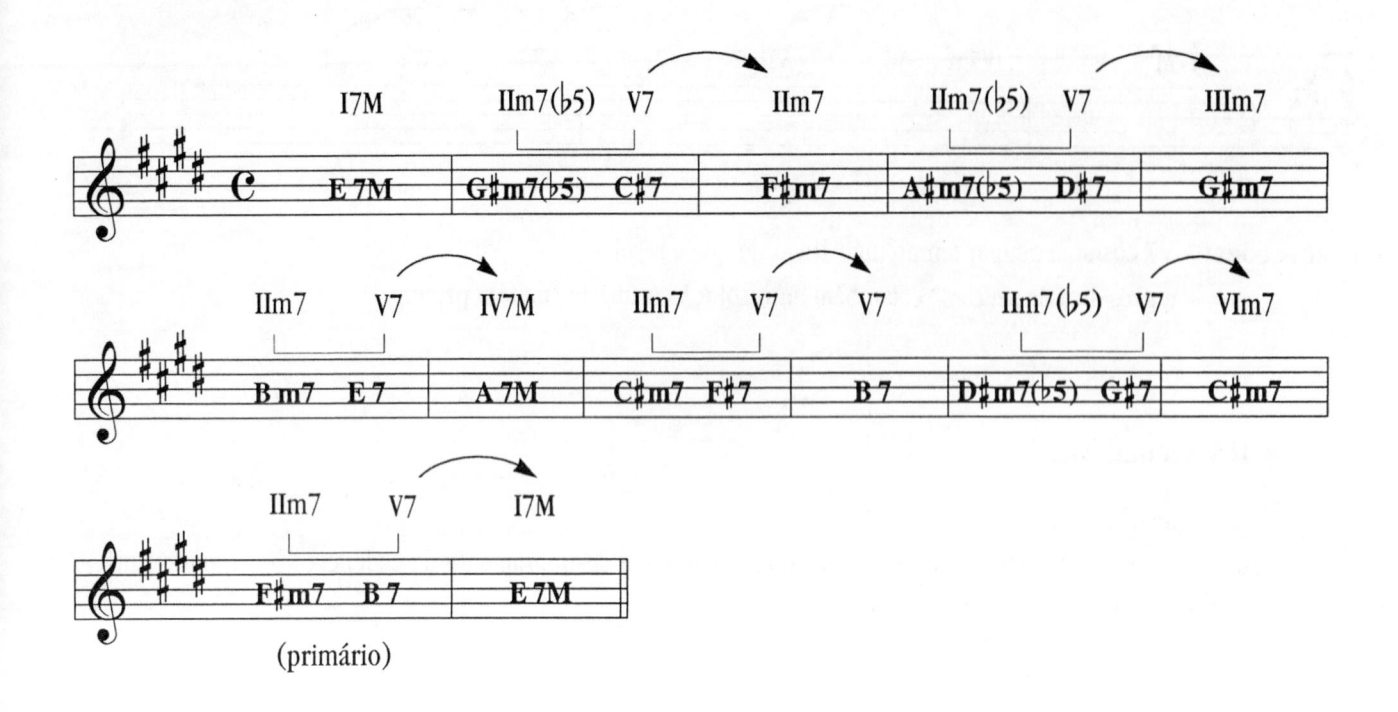

```
         I7M    IIm7(♭5)  V7    IIm7    IIm7(♭5)  V7    IIIm7
         E7M   G♯m7(♭5)  C♯7   F♯m7    A♯m7(♭5)  D♯7    G♯m7

         IIm7   V7    IV7M   IIm7   V7    V7    IIm7(♭5)  V7   VIm7
         Bm7    E7    A7M    C♯m7   F♯7   B7    D♯m7(♭5)  G♯7  C♯m7

         IIm7   V7    I7M
         F♯m7   B7    E7M
              (primário)
```

Note: – a estrutura IIm7(♭5) antes de resolução *menor* e IIm7 antes de resolução *maior*

– por ser IIm7 V7 o desdobramento de um único acorde V7, IIm7 aparece no compasso em tempo mais forte que V7

Nomenclatura:
II secundário é vinculado ao próximo V e é chamado de *II cadencial*.

Exercício 12 Escreva a seqüência com II V secundários no tom de **fá maior**. Não esqueça da análise sobre a cifra.

Exercício 13

No tom de **ré maior**, II V IV é Am7 D7

No tom de **si♭ maior**, II V VI é ...

No tom de **dó maior**, II V7 III é ...

Exercício 14

No tom de **sol maior**, F#m7(b5) B7 é II V VI

No tom de **réb maior**, Abm7 Db7 é II V ...

No tom de **si maior**, E#m7(b5) A#7 é II V ...

Exercício 15 Substitua, no exercício 10, V secundários por II V secundários. Todas as substituições "funcionam" com a melodia?

Exercício 16 Analise a progressão de *Diz que fui por aí* (Zé Keti e E. Rocha)

Observe: F7 não resolve no Bb7M esperado; neste caso, a análise é feita em forma de fração, onde o denominador é o acorde esperado apesar de omitido:

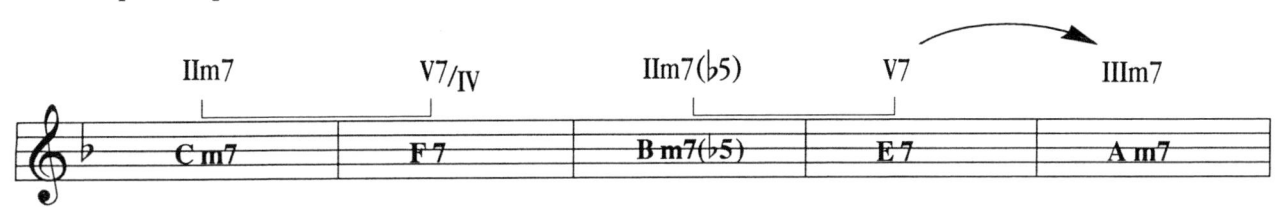

IIm7	V7/IV	IIm7(b5)	V7	IIIm7
Cm7	F7	Bm7(b5)	E7	Am7

Exercício 17 Escreva as cifras pedidas pela análise, no tom indicado:

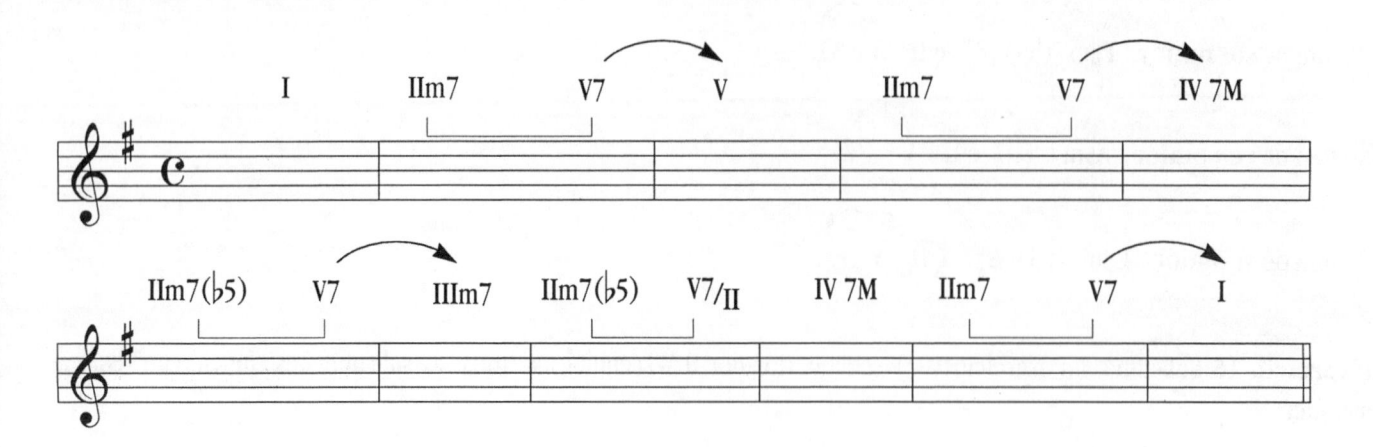

I   IIm7   V7 → V   IIm7   V7 → IV 7M

IIm7(♭5)   V7 → IIIm7   IIm7(♭5)   V7/II   IV 7M   IIm7   V7 → I

Observe: comece pelos acordes diatônicos, pois os II V secundários são com eles relacionados

- **Dominante substituto ou sub V**

A resolução dominante...

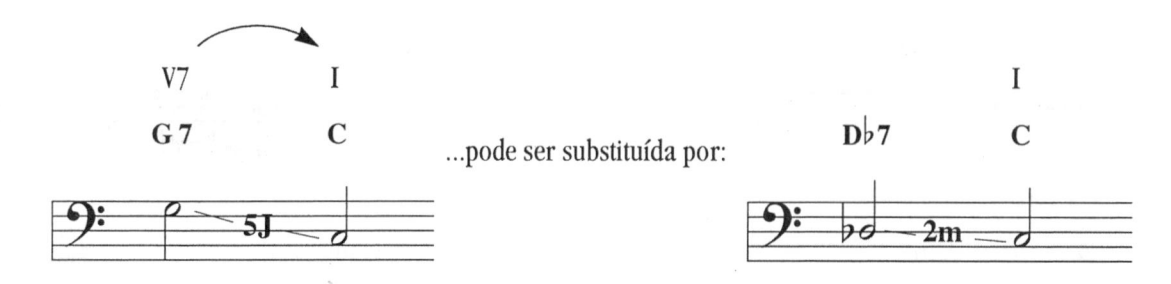

V7   I
G7   C

...pode ser substituída por:

D♭7   C
       I

porque ambos os acordes dominantes possuem o mesmo trítono que caracteriza o som dominante:

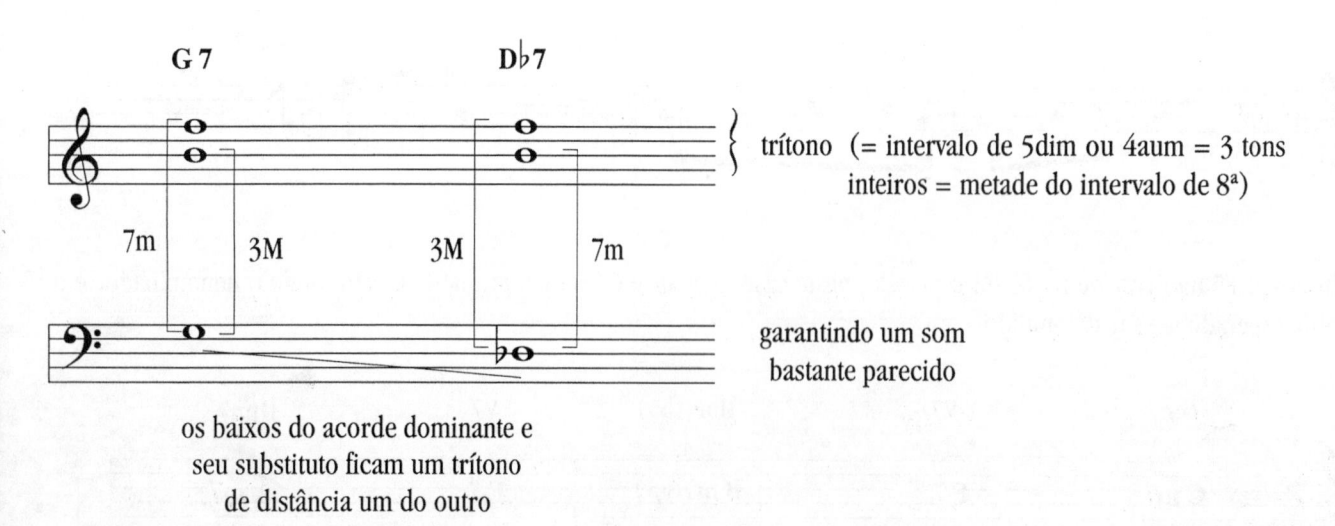

G7   D♭7

7m 3M   3M 7m

trítono (= intervalo de 5dim ou 4aum = 3 tons inteiros = metade do intervalo de 8ª)

garantindo um som bastante parecido

os baixos do acorde dominante e seu substituto ficam um trítono de distância um do outro

A seta tracejada representa a resolução dominante com o baixo descendente por 2m e o símbolo é sub V7:

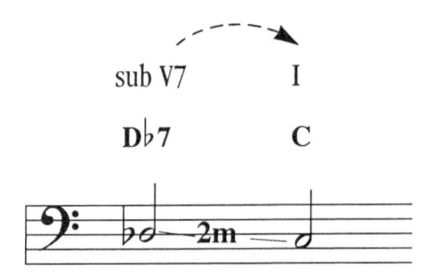

sub V7   I
D♭7   C

sub V7 secundários no tom de ré maior:

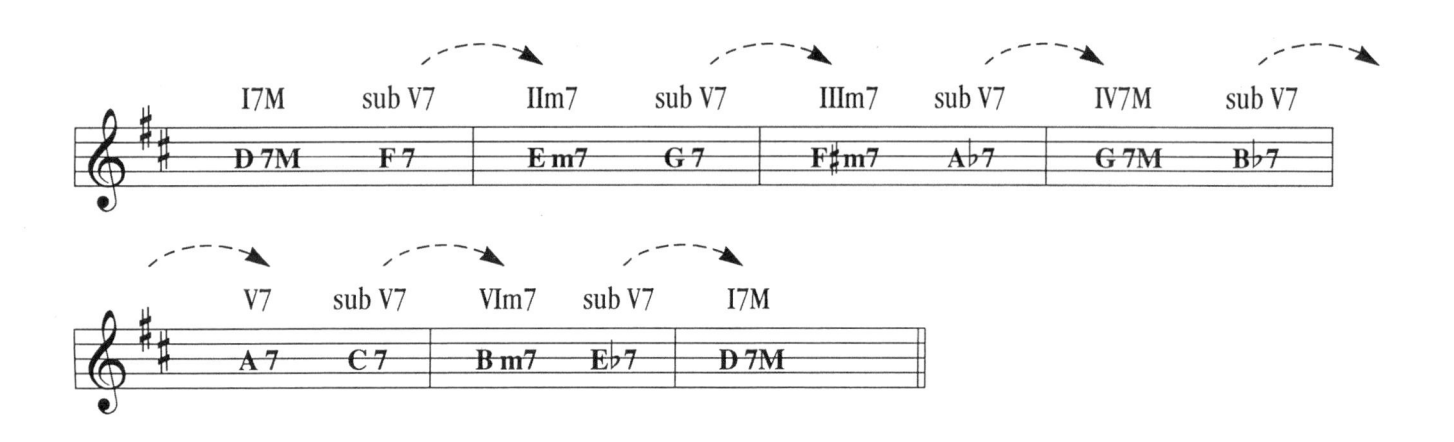

I7M	sub V7	IIm7	sub V7	IIIm7	sub V7	IV7M	sub V7
D 7M	F 7	E m7	G 7	F♯m7	A♭7	G 7M	B♭7

V7	sub V7	VIm7	sub V7	I7M
A 7	C 7	B m7	E♭7	D 7M

Exercício 18 Escreva a progressão com sub V7 secundários onde a linha do baixo resulta numa escala cromática descendente e faça a análise:

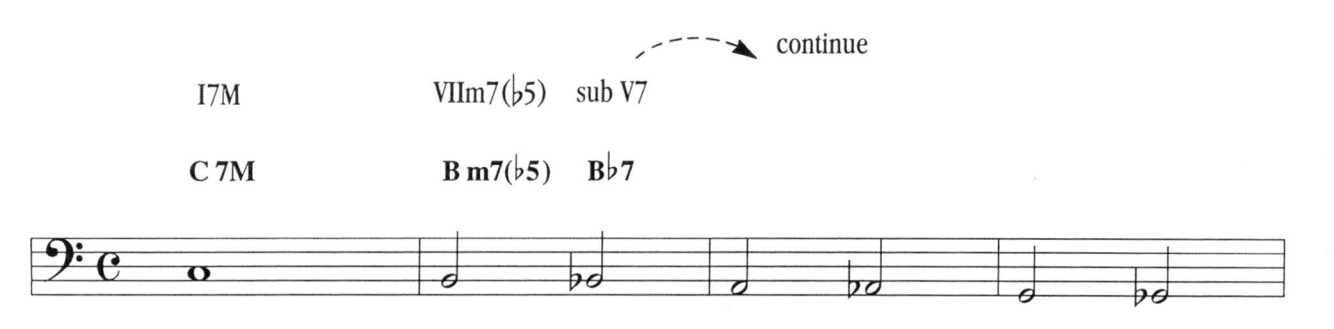

I7M   VIIm7(♭5)   sub V7   continue

C 7M   B m7(♭5)   B♭7

F 7

Exercício 19 Analise a harmonia de *El día que me quieras* (Alfredo La Pera e Carlos Gardel).

| Ab7 | G 7M | F#m7 | F 7 | E m7 | Eb7 |

| D m7 | Db7 | C 7M | B m7 | Bb7 | A m |

Observe: F#m7 e Bm7 deveriam ser com (b5) mas com 5ª justa surge uma passagem cromática para o acorde seguinte (dó# para dó e fá# para fá, respectivamente) de ótimo efeito. Em II cadencial, ambas são disponíveis: 5J ou 5dim.

Exercício 20 Substitua os sub V7 do exercício 19 pelos V7 respectivos, fazendo a análise e tocando a harmonia. Verifique a compatibilidade, especialmente com o V7 (b13).

- II sub V

Da mesma forma que V7 pode ser substituído por sub V7, II V também pode ser substituído por II sub V7:

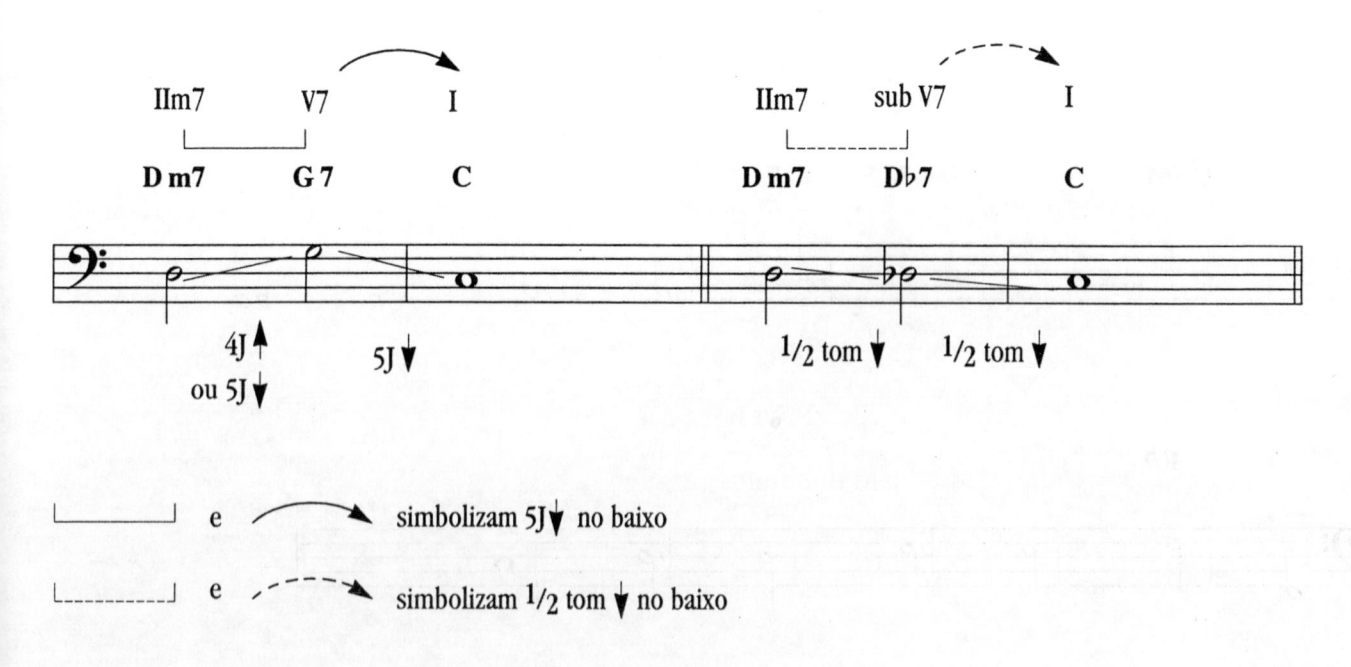

```
IIm7   V7        I           IIm7   sub V7       I
D m7   G 7       C           D m7   Db7          C
```

4J↑ ou 5J↓   5J↓   ½ tom↓   ½ tom↓

⌊___⌋ e ⌒→ simbolizam 5J↓ no baixo

⌊‑ ‑ ‑⌋ e ⇢ simbolizam ½ tom↓ no baixo

II cadencial para resolução menor continua com (♭5) normalmente:

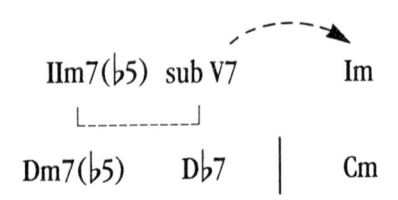

```
IIm7(♭5)   sub V7        Im
└─────────┘

Dm7(♭5)    D♭7    |    Cm
```

Progressão com II sub V secundários:

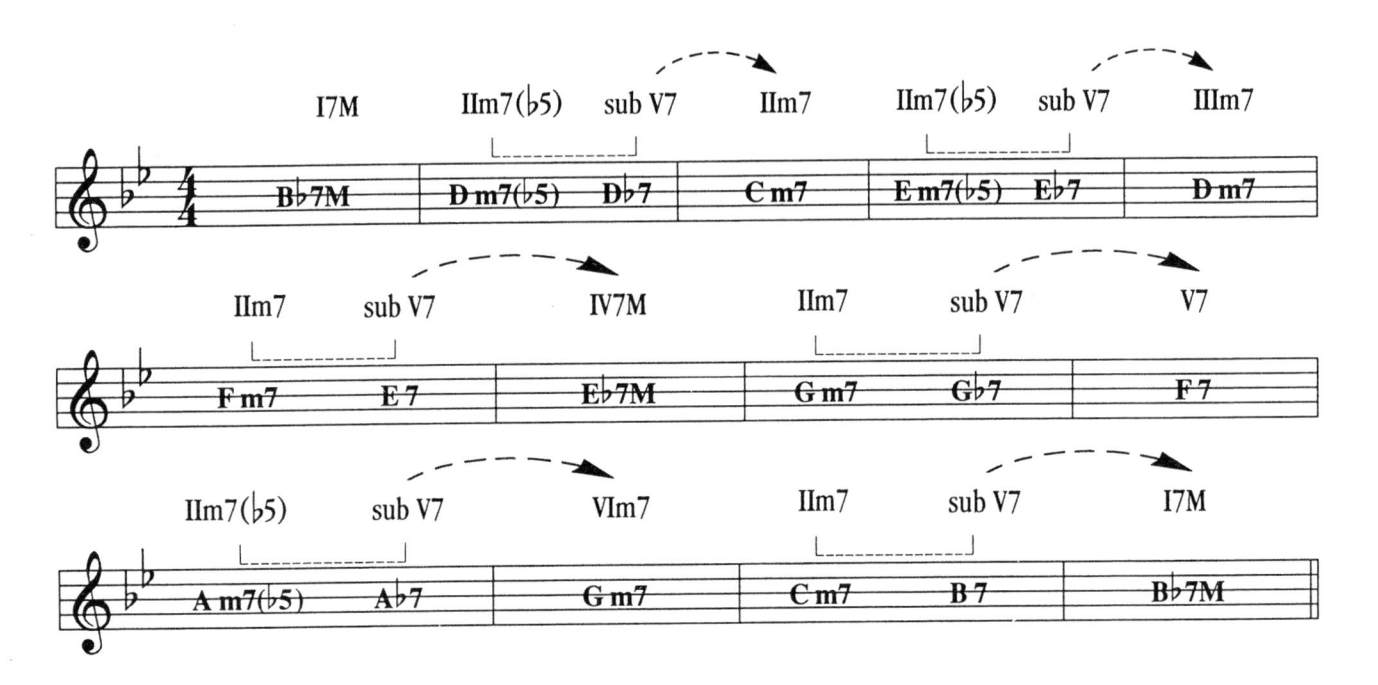

```
   I7M       IIm7(♭5)  sub V7    IIm7     IIm7(♭5)  sub V7    IIIm7
  B♭7M       Dm7(♭5)    D♭7      Cm7      Em7(♭5)    E♭7       Dm7

   IIm7        sub V7            IV7M      IIm7     sub V7      V7
   Fm7          E7              E♭7M       Gm7       G♭7        F7

  IIm7(♭5)    sub V7             VIm7      IIm7     sub V7     I7M
  Am7(♭5)     A♭7                Gm7       Cm7       B7        B♭7M
```

Observe: – enarmonização de F♭7 por E7 e de C♭7 por B7
– toque o sub V7 com (♯11) ou (9) ou (13); este acorde raramente é tocado sem tensão

Exercício 21 No exercício 15, substituímos V por II V secundários em *Sampa* (exercício 10). Agora, façamos a substituição por II sub V secundários, verificando a compatibilidade com a melodia.

- Acordes diminutos [○] e meio-diminutos [m7(♭5)]

Os acordes diminutos, geralmente tétrades, não são diatônicos no tom maior. Costumam preceder acordes diatônicos, sendo o movimento do baixo por ½ tom ↑ ou ½ tom ↓ ou ainda por nota repetida.

a. Em função dominante, o baixo sobe ½ tom, alcançando acorde em posição fundamental; ex.:

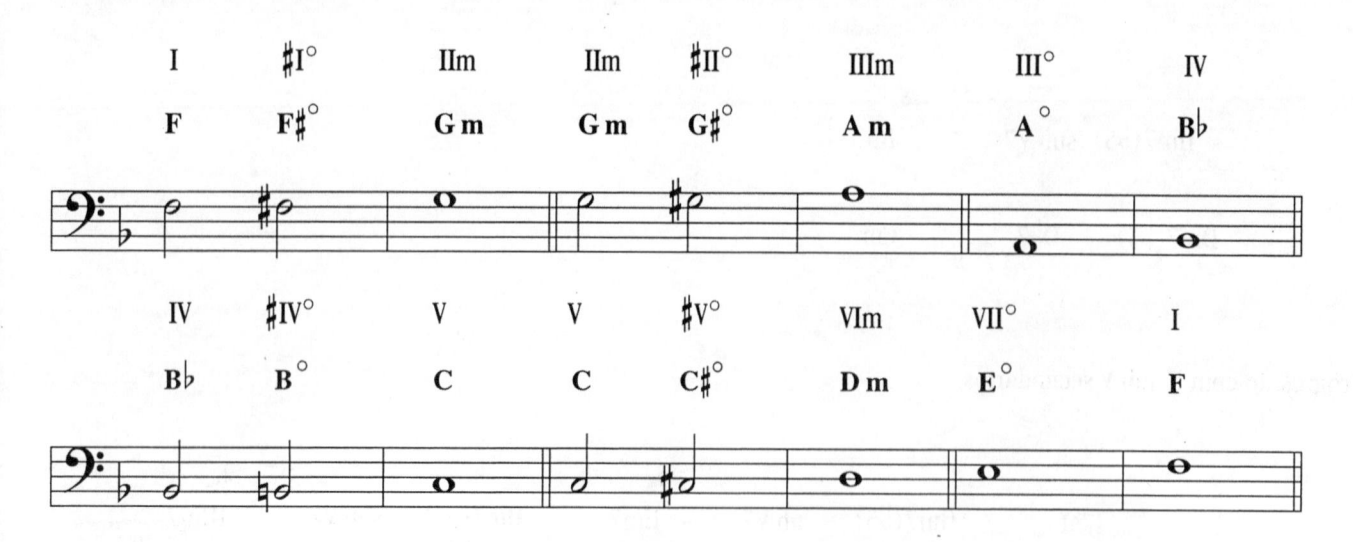

I	♯I°	IIm	IIm	♯II°	IIIm	III°	IV
F	F♯°	Gm	Gm	G♯°	Am	A°	B♭

IV	♯IV°	V	V	♯V°	VIm	VII°	I
B♭	B°	C	C	C♯°	Dm	E°	F

Quando o diminuto tem função dominante, um de seus dois trítonos resolve no acorde seguinte. Verifique.

b. Em "função" cromática (não-dominante) o baixo pode subir ½ tom, alcançando acorde invertido:

I	♯I°	V7	IIm7	♯II°	I
A	A♯°	E7/B	Bm7	C°	A/C♯

IV	♯IV°	I	VIm	♯VI°	V7
D	D♯°	A/E	F♯m	G°	E7/G♯

Observe: a análise não indica a inversão

c. A "função" continua cromática quando o baixo toma a direção descendente por ½ tom:

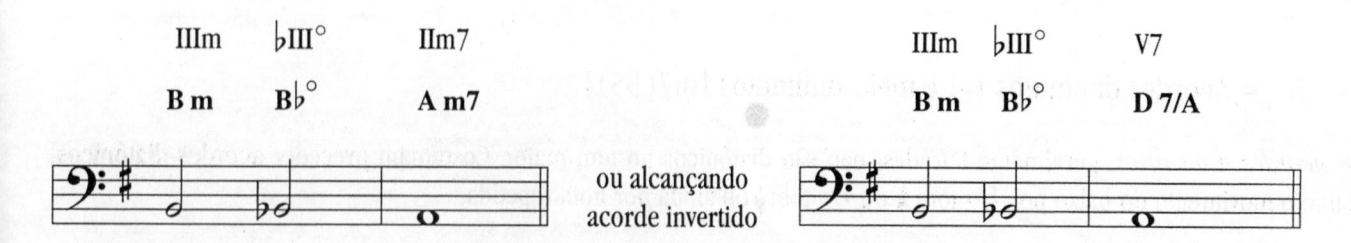

IIIm	♭III°	IIm7
Bm	B♭°	Am7

ou alcançando acorde invertido

IIIm	♭III°	V7
Bm	B♭°	D7/A

d. Ainda em "função" cromática, o baixo se repete no acorde seguinte quando o diminuto é do tipo *auxiliar*:

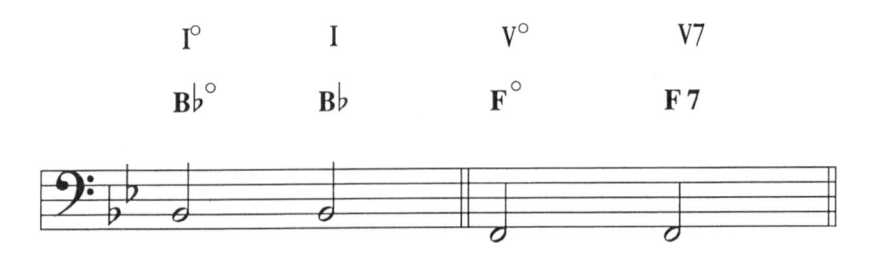

I°	I	V°	V7
B♭°	B♭	F°	F7

e. Visto que o acorde diminuto é, por assim dizer, um produto da linha do baixo e surge com a passagem cromática ascendente, descendente ou com o baixo repetido, o acorde *anterior* também pode ser inversão para produzir passagem cromática:

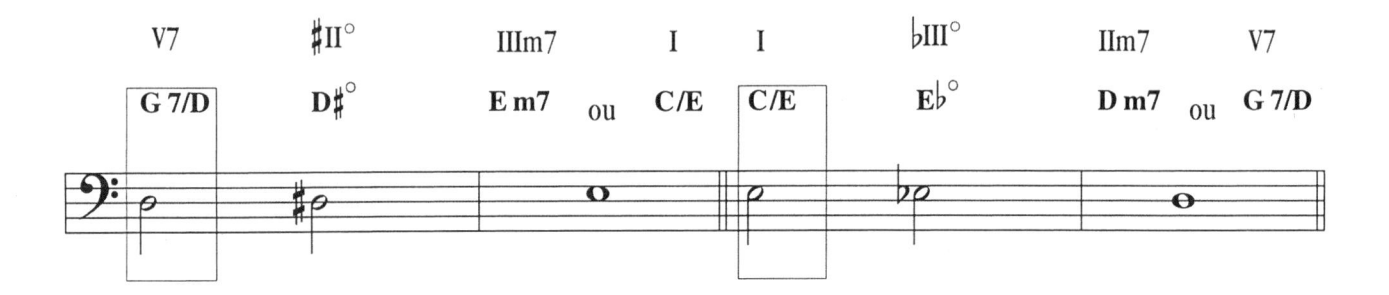

V7	♯II°	IIIm7	I	I	♭III°	IIm7	V7
G7/D	D♯°	Em7 ou C/E		C/E	E♭°	Dm7 ou G7/D	

Observações:

1 Os números romanos I a VII correspondem aos sete graus da escala maior:

I7M	IIm7	IIIm7	IV7M	V7	VIm7	VIIm7(♭5)
D♭7M	E♭m7	Fm7	G♭7M	A♭7	B♭m7	Cm7(♭5)

Verifique ♭ nos acordes, mas não na análise. Qualquer alteração em relação aos sete graus de escala maior deve aparecer ao lado esquerdo do número romano:

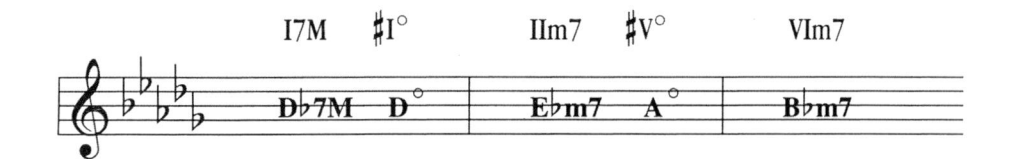

I7M	♯I°	IIm7	♯V°	VIm7
D♭7M	D°	E♭m7	A°	B♭m7

Portanto, ♭ ou ♯ na cifra indica a nota *real*, mas na análise indica a *alteração de grau* em relação aos sete graus da escala maior, mesmo que a música não seja no tom maior.

2 Na prática, todos os diminutos são tétrades, e raramente tríades. Por isso, a cifragem da tétrade diminuta deve ser a mesma da tríade diminuta: B° ou B dim e não B° 7 ou B dim7. Além da diferenciação desnecessária, o uso do número 7 na cifra dá margem a ser interpretada como Bm7(♭5).

3 O acorde diminuto é feito de intervalos iguais entre suas notas (um tom e meio):

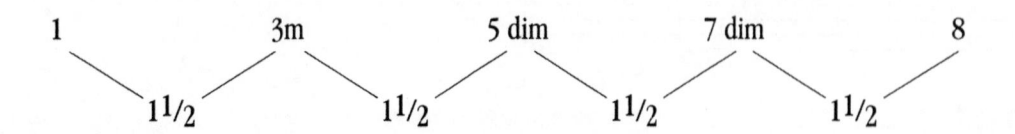

```
1         3m         5 dim        7 dim        8
   1 1/2      1 1/2       1 1/2       1 1/2
```

Qualquer uma de suas inversões dá um novo acorde diminuto:

B°/D = D°   B°/F = F°   B°/G♯ = G♯°

A forma invertida não aparece na cifragem, ficando disfarçada por um outro acorde diminuto. A estrutura simétrica permite mudar de inversão à vontade, dentro da duração de um único acorde diminuto.

4 Quando o baixo do diminuto alcançar o próximo acorde por um salto, é inversão disfarçada e deve ser definida a "intenção" original da posição, onde o baixo faça movimento 1/2 tom ↑ ou 1/2 tom ↓ ou, ainda, repita a nota. A análise reflete a *intenção*:

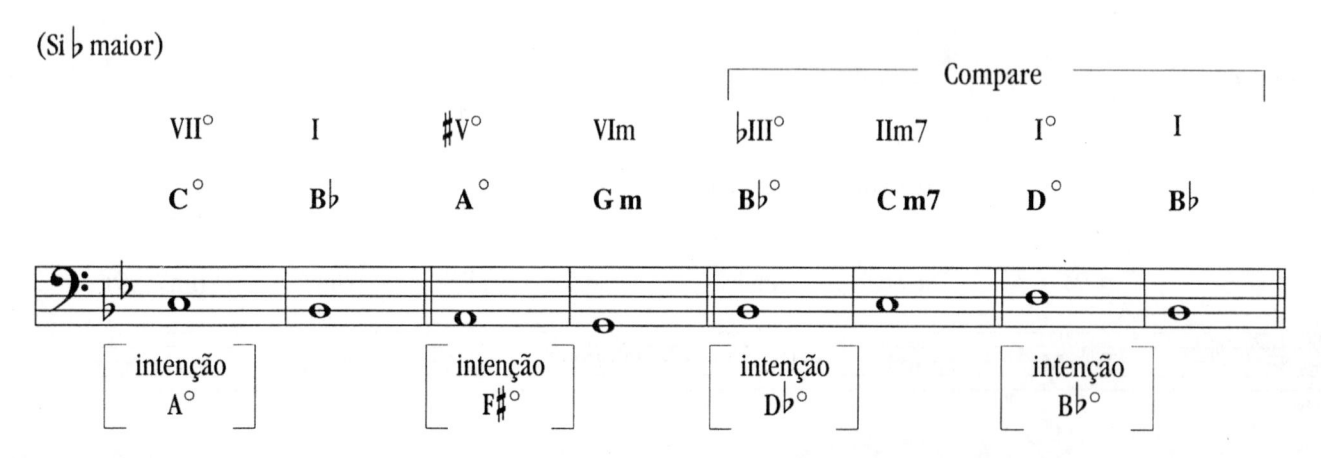

(Si♭ maior)

VII°	I	♯V°	VIm	♭III°	IIm7	I°	I
C°	B♭	A°	Gm	B♭°	Cm7	D°	B♭

Compare: ♭III° IIm7 I° I

intenção: A° | F♯° | D♭° | B♭°

5 A análise do diminuto é vinculada com o tom principal e não com o acorde seguinte, mesmo sendo de função dominante. Compare:

(Si♭ maior)

♯IV°	V	V7	V
E°	F	C7	F

Os *acordes meio-diminutos* se chamam tradicionalmente de "menor com sétima e quinta diminuta", com o símbolo m7(b5). Só diferem, em sua estrutura, dos diminutos pela 7ª menor (em vez de 7ª diminuta). A exemplo dos diminutos, são acordes instáveis devido à sua 5ª diminuta (não servindo como resolução). Podem ter função dominante quando seu trítono sugerir resolução:

VIIm7(b5)	I	#IVm7(b5)	V7
C#m7(b5)	D	G#m7(b5)	A7

Notar a ausência do símbolo ⌢ de resolução dominante (este é destinado ao acorde V7). Embora menos usado, o símbolo ⌀ também pode aparecer no acorde m7(b5):

Gm7(b5)   ou   G⌀

O meio-diminuto pode ter função subdominante:

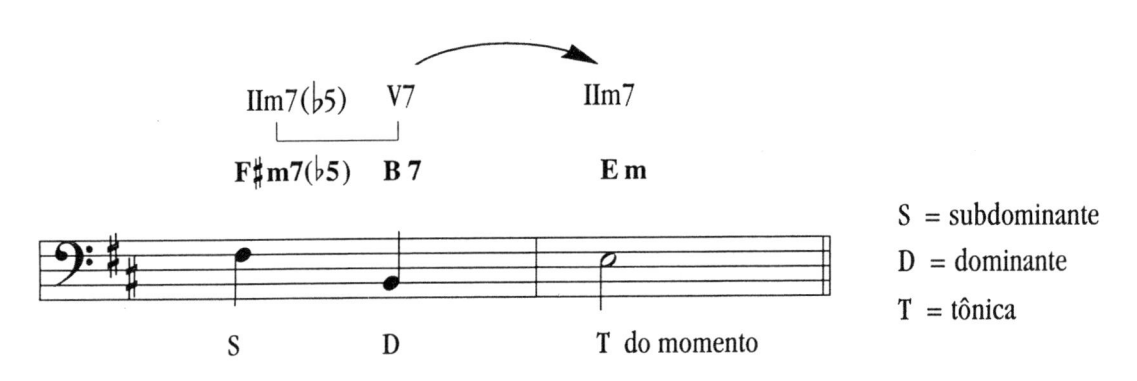

IIm7(b5)	V7	IIm7
F#m7(b5)	B7	Em
S	D	T do momento

S = subdominante
D = dominante
T = tônica

ou ainda "função" cromática, como nos clichês seguintes:

IV	#IVm7(b5)	I	#IVm7(b5)	IVm7	IIIm7	I
G	G#m7(b5)	D/A	G#m7(b5)	Gm7	F#m7 ou	D/F#

O acorde VIm7(b5) em tom menor pode sugerir Im6 quando estacionário (tônica) e IV7 em tom maior, menor ou blues quando seguido pela tônica (a sugestão é *verificar* e não decorar este tipo de observação).

Notar que o baixo do acorde meio-diminuto sobe ou desce meio-tom, a exemplo do diminuto de função dominante ou cromática.

Exercício 22 Analise a progressão de *Este seu olhar* (Tom Jobim) e classifique os acordes diminutos:

| G 7M | G#° | A m7 | A#° |

| B m7 | B 7 | C 7M | C m6 |

| G 7M/B | Bb° | A m7 | D/C |

| G 7M/B | E 7 | A m7 | D 7(#5) |

Exercício 23 Analise a progressão e classifique os acordes diminutos e meio-diminutos (o tom é dado pela armadura):

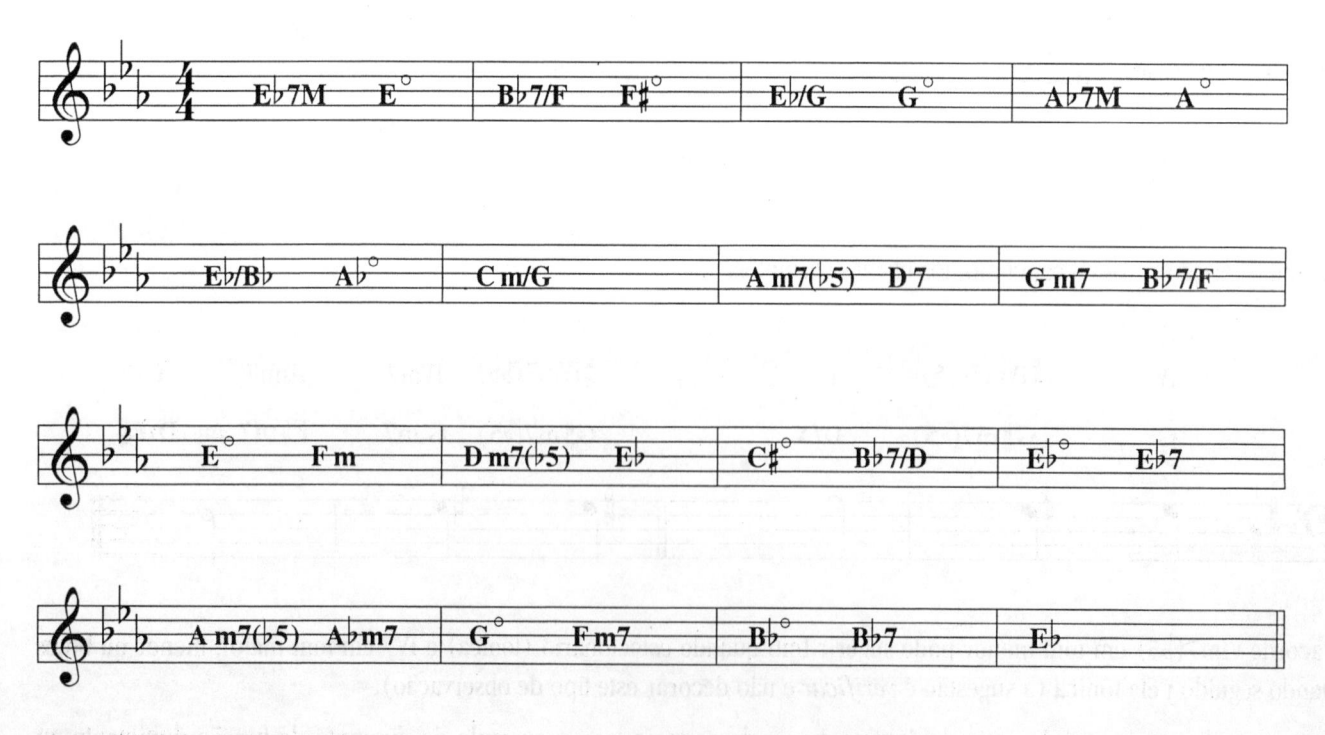

Eb7M E°	Bb7/F F#°	Eb/G G°	Ab7M A°
Eb/Bb Ab°	Cm/G	Am7(b5) D7	Gm7 Bb7/F
E° Fm	Dm7(b5) Eb	C#° Bb7/D	Eb° Eb7
Am7(b5) Abm7	G° Fm7	Bb° Bb7	Eb

Não esqueça de colocar a "intenção" da cifra quando se tratar de inversão disfarçada do acorde diminuto. A análise deve refletir a *intenção* e não a cifragem prática.

2 Tom menor

- Acordes diatônicos

O tom menor não tem a 6ª e 7ª definidas, sendo uma combinação das escalas menores natural, harmônica e melódica.

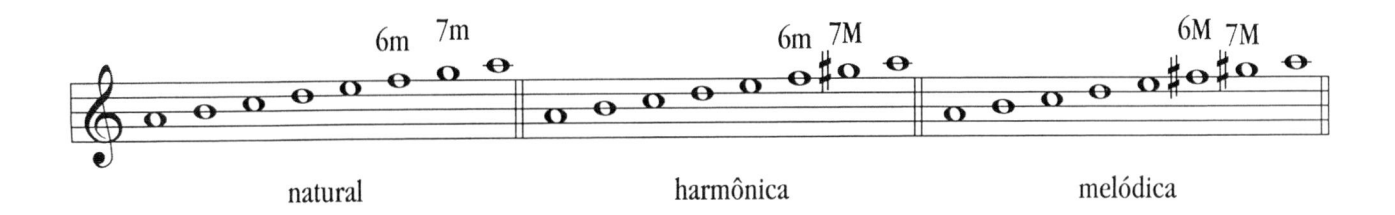

natural — harmônica — melódica

Na prática, as notas das três escalas aparecem misturadas. A combinação dessas notas permite um número grande de acordes, encontrados em qualquer das 3 escalas. Os acordes, tríades e tétrades de uso mais freqüente são:

lá menor

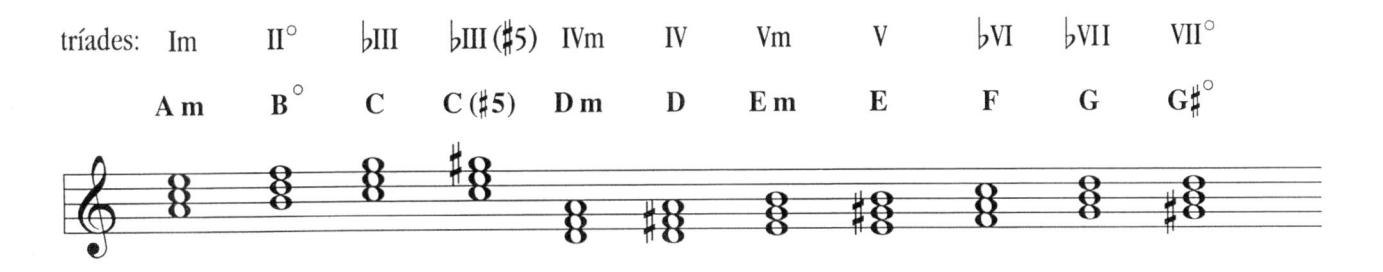

tríades: Im   II°   ♭III   ♭III(♯5)   IVm   IV   Vm   V   ♭VI   ♭VII   VII°

Am   B°   C   C(♯5)   Dm   D   Em   E   F   G   G♯°

ré menor

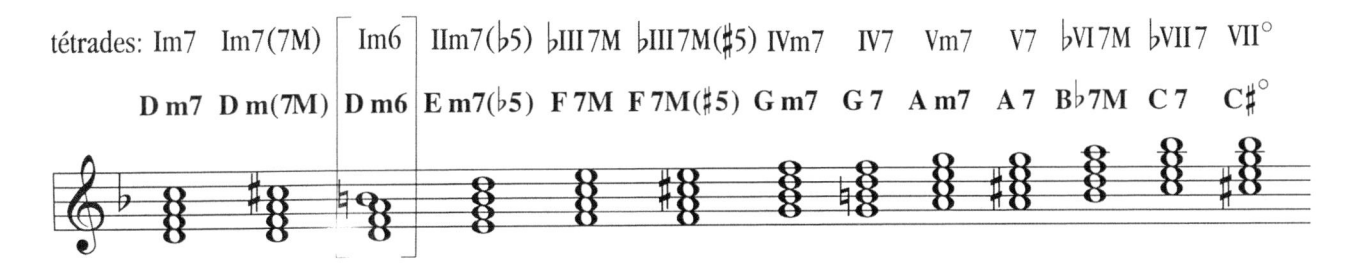

tétrades: Im7   Im7(7M)   [Im6   IIm7(♭5)   ♭III7M   ♭III7M(♯5)   IVm7   IV7   Vm7   V7   ♭VI7M   ♭VII7   VII°

Dm7   Dm(7M)   Dm6   Em7(♭5)   F7M   F7M(♯5)   Gm7   G7   Am7   A7   B♭7M   C7   C♯°

Observe: Seja maior ou menor o tom da música analisada, os números romanos de I a VII representam as sete notas da escala *maior* com os seus intervalos característicos, formados com a tônica. Os acidentes ♯ ou ♭ são usados antes do número quando as notas fundamentais dos acordes não forem essas sete notas (o tom menor não tem o seu sistema próprio de análise, porque na prática não só os três tipos de tons menores se misturam, mas os tons maior e menor também e, portanto, a referência não ficaria clara).

Uma seqüência de acordes diatônicos, com os baixos em movimento de 5↓ ou 4↑ é de uso comum e de fácil aceitação pelo ouvido:

Autumn leaves   *Johnny Mercer*

dó menor

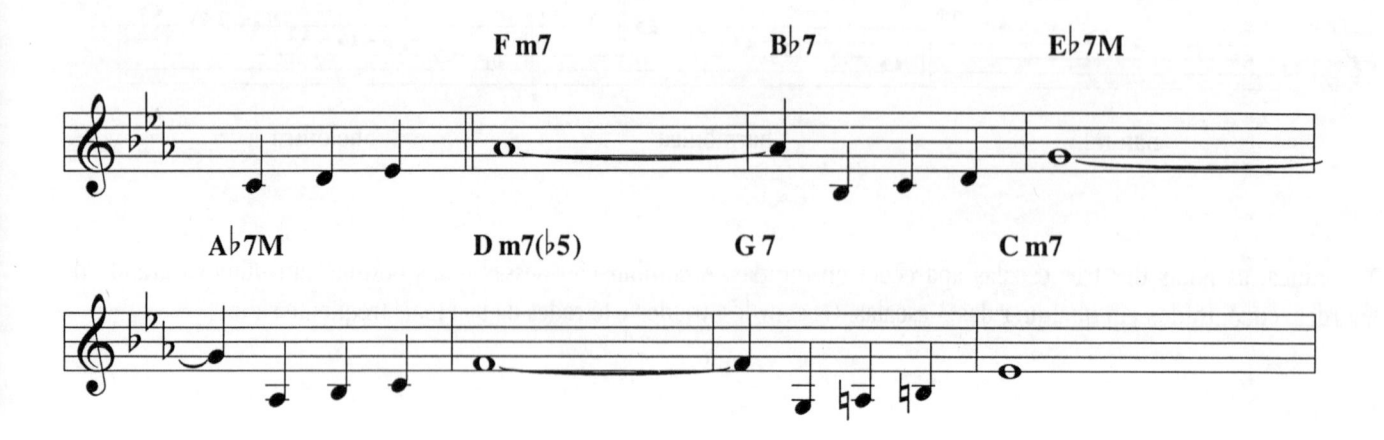

F m7   B♭7   E♭7M

A♭7M   D m7(♭5)   G 7   C m7

Exercício 24 Faça a análise do exemplo acima. Verifique os intervalos na linha do baixo.

A mesma seqüência ocorre, no tom maior, em *Here's that rainy day* (Jim van Heusen). Para efeito de comparação, transcrevemos em **dó maior**:

dó maior

F 7M   B m7(♭5)   E m7   A m7

D m7   G 7   C

Exercício 25 Faça a análise do exemplo acima.

- V e II V secundário. Sub V7 secundário

A exemplo do tom maior, no tom menor qualquer acorde maior ou menor diatônico também pode servir de resolução de um V ou II V secundário, com a análise ⌒→ ou └──┘⌒→ , respectivamente:

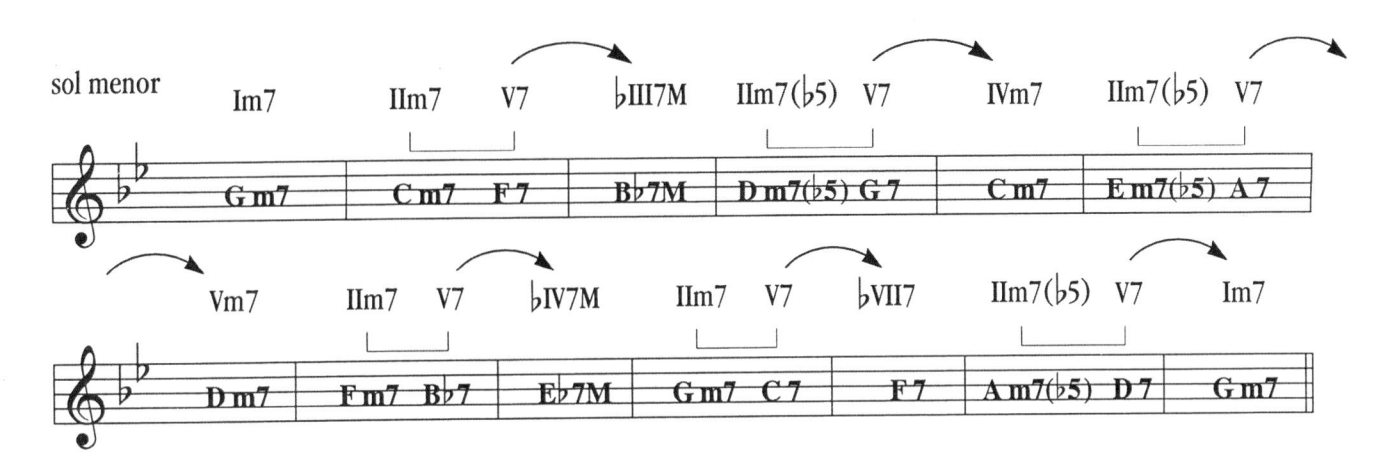

sol menor

| Im7 | IIm7 V7 | ♭III7M | IIm7(♭5) V7 | IVm7 | IIm7(♭5) V7 |
| Gm7 | Cm7 F7 | B♭7M | Dm7(♭5) G7 | Cm7 | Em7(♭5) A7 |

| Vm7 | IIm7 V7 | ♭IV7M | IIm7 V7 | ♭VII7 | IIm7(♭5) V7 | Im7 |
| Dm7 | Fm7 B♭7 | E♭7M | Gm7 C7 | F7 | Am7(♭5) D7 | Gm7 |

Observe: – IIm7(♭5) antes de resolução menor
– qualquer II V pode ser substituído por V
– a possibilidade de usar outros acordes de resolução (como IV7 em lugar de IVm7 ou V7 em lugar de Vm7)
– a presença de acordes de estrutura dominante mas sem a função dominante (como IV7 e ♭VII7); neste exemplo,

F7 é analisado como V7 ⌒→ ♭III no 2º compasso, mas também como ♭VII7 no 11º compasso
– sub V7 e II subV podem também preceder qualquer grau de resolução

Exercício 26 Faça a análise de *Mania de você* (Roberto de Carvalho e Rita Lee):

ré menor

Dm7 | G7 | Dm7 | G7

Dm7 | G7 | Gm7 | C7

Gm7 | C7 | F7M

E$^7_4$ | E7 | A$^7_4$ | A7

Acordes diminutos

Também no tom menor, qualquer grau com acorde maior ou menor pode ser precedido por acorde diminuto meio-tom abaixo, com função *dominante*:

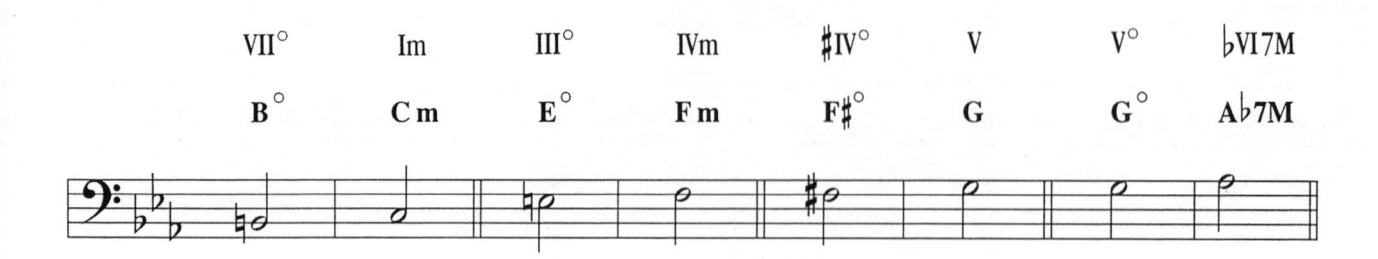

VII°	Im	III°	IVm	#IV°	V	V°	bVI7M
B°	Cm	E°	Fm	F#°	G	G°	Ab7M

com função *cromática*:

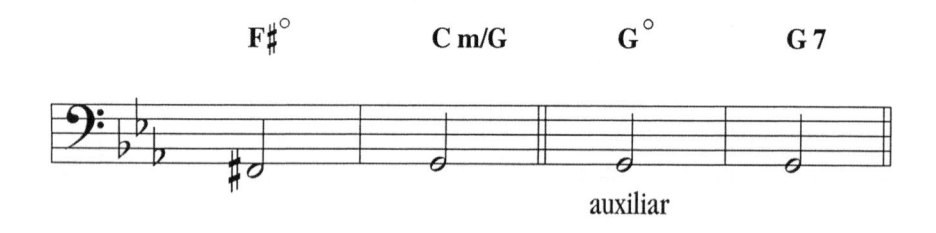

F#°   Cm/G   G°   G7
              auxiliar

Exercício 27 Faça a análise da progressão (**si menor**). Há acorde diminuto sem função dominante?

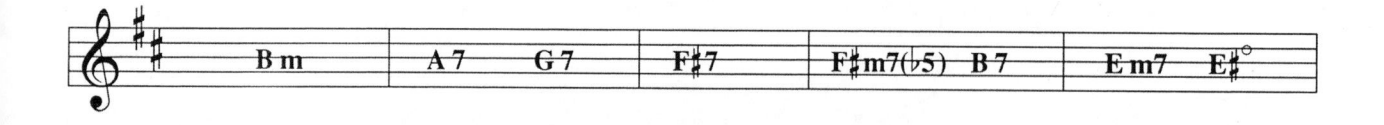

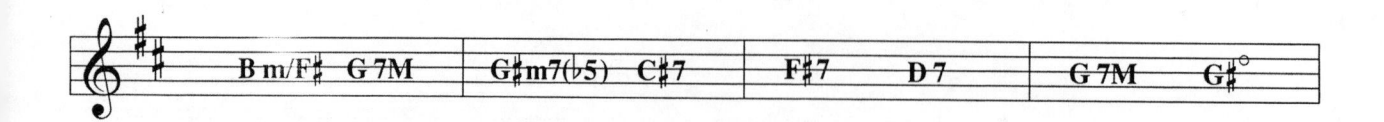

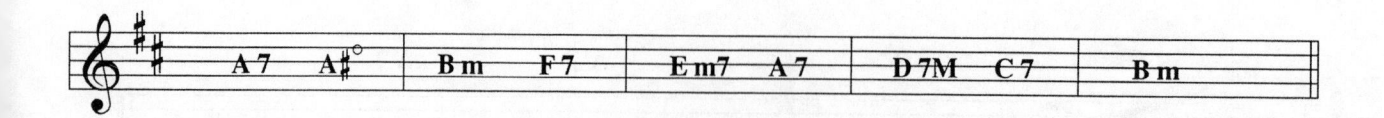

| Bm | A7 G7 | F#7 | F#m7(b5) B7 | Em7 E#° |

| Bm/F# G7M | G#m7(b5) C#7 | F#7 D7 | G7M G#° |

| A7 A#° | Bm F7 | Em7 A7 | D7M C7 | Bm |

3 | Combinação dos tons maior e menor. Acordes de empréstimo modal (AEM)

No tom maior, é comum o uso de um ou mais acordes, "emprestados" do tom *homônimo* menor, e vice-versa.

- **AEM no tom maior**

Triste   *Tom Jobim*

sol maior   I6   Im7   I6
              G6   Gm7   G6

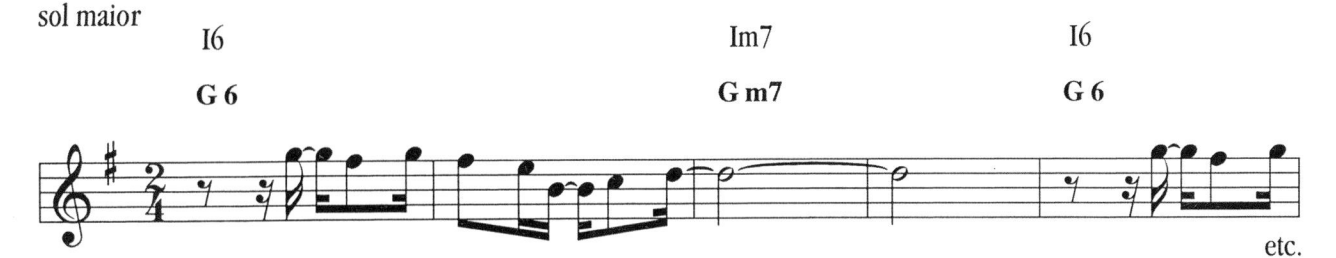

etc.

Gm7 é "emprestado" do tom homônimo menor (sol menor). Outros acordes emprestados do homônimo também funcionam bem no lugar de Gm7. Verifique a passagem, substituindo Gm7, um por um, pelos acordes:

♭VI7M	♭VII7	♭III7M	Vm7	IVm7	IIm7(♭5)	♭II7M
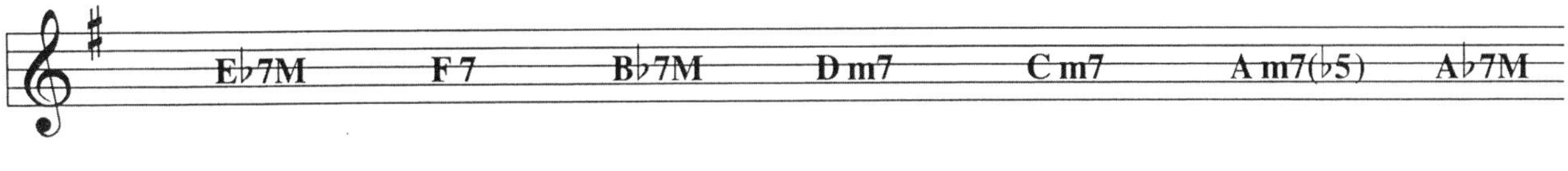 E♭7M	F7	B♭7M	Dm7	Cm7	Am7(♭5)	A♭7M

Com a exceção do último acorde, todos são emprestados de *sol menor*. Basta a presença da 3m, 6m ou 7m do tom, características do modo menor. A♭7M ocorre em **sol frígio** e é emprestado deste modo (o empréstimo é possível também entre os demais modos *homônimos* como frígio, lídio etc., não só entre maior e menor).

Em vez de um acorde de cada vez, pode-se tomar dois ou vários acordes emprestados em série. Verifique a substituição de Gm7 no exemplo acima por dois ou mais acordes:

G6 $\begin{cases} \text{E♭7M} & \text{A♭7M} \\ \text{B♭7M} & \text{A♭7M} \\ \text{Cm7} & \text{F7} \\ \text{Gm7 F7} & \text{E♭7M A♭7M} \\ \text{Gm7 Cm7} & \text{B♭7M A♭7M} \\ \text{B♭7M E♭7M} & \text{Cm7 F7} \end{cases}$ G6

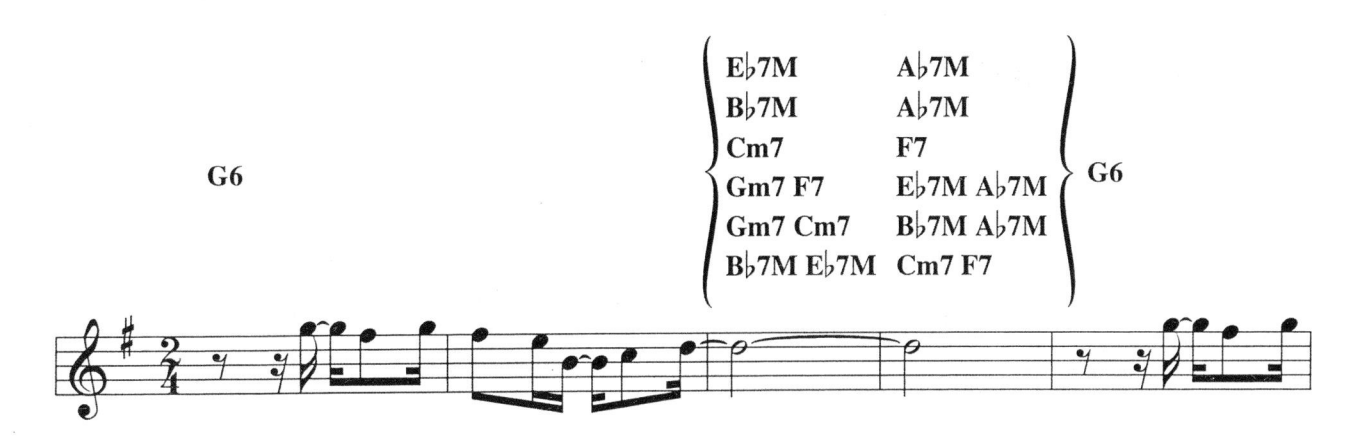

Os AEMs de caráter *estável* (com a 5ª justa) podem, a exemplo das situações já vistas anteriormente, cumprir a função tônica passageira (secundária) e portanto ser preparados por acorde dominante individual. V7 ou sub V7 que prepara AEM é chamado de dominante auxiliar (não confundir com diminuto auxiliar, estudado no capítulo 1).

Vale lembrar que a *preparação dominante* apresenta, segundo o movimento do baixo, três situações:

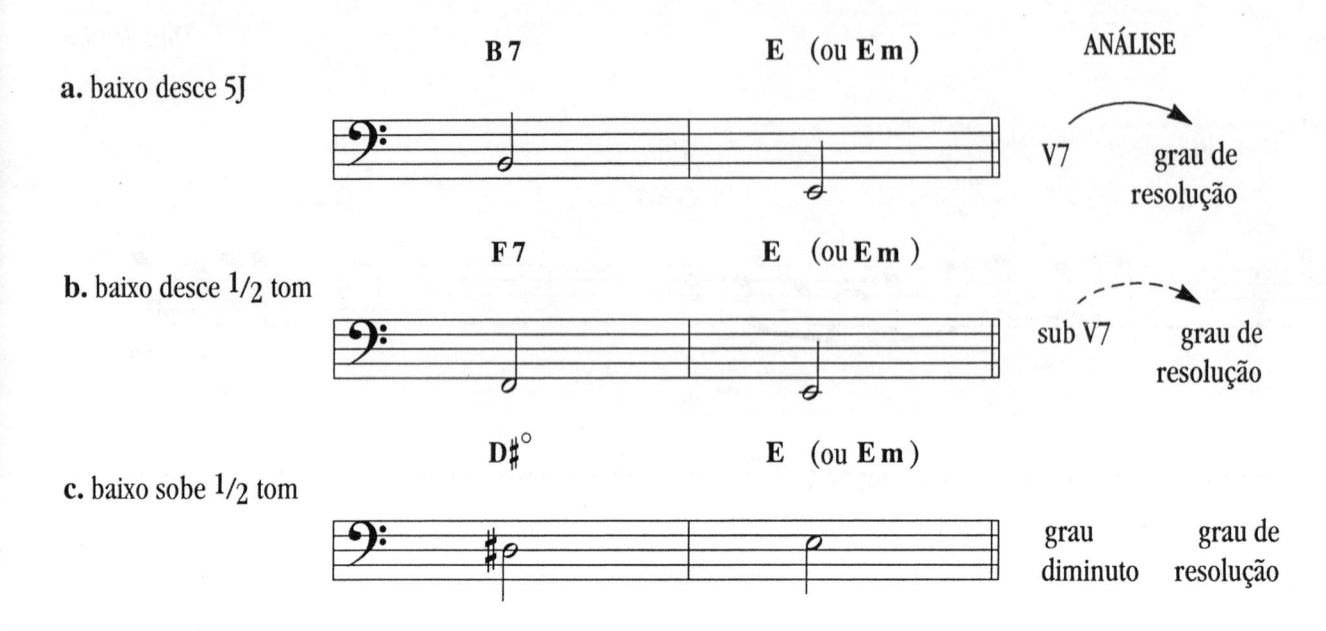

a. baixo desce 5J

B 7   E (ou E m)   ANÁLISE

V7 → grau de resolução

b. baixo desce 1/2 tom

F 7   E (ou E m)

sub V7 ⇢ grau de resolução

c. baixo sobe 1/2 tom

D#°   E (ou E m)

grau diminuto   grau de resolução

Exercício 28 Prepare os graus *estáveis* pelos três tipos de dominante relacionados acima. Faça as respectivas análises e verifique o som de cada um.

Vamos maninha   *folclore*

sol maior

Exercício 29 a. Faça a análise da harmonia de *Esse cara* - tom **dó maior** (Caetano Veloso). Em seguida, substitua cada II—V por:

b. II sub V

c. V
d. sub V7
e. diminuto ½ tom abaixo da resolução

sempre com a respectiva análise. Verifique a eficiência das substituições, apesar de alguns acordes de som estranho, fora *do estilo ou conflitantes com notas melódicas*.

Observe: de um modo geral, os II—Vs de igual duração, de tempo forte para mais fraco, são, na realidade, rearmonizações de V7. Em princípio, qualquer V7 ou sub V7 pode ser substituído por II—V ou II sub V e vice-versa, ou ainda pelo respectivo diminuto ½ tom abaixo da resolução; mas, cuidado: o *diminuto não costuma ser precedido por II cadencial* (verifique).

AEM no tom menor

Luiza   *Tom Jobim*

dó menor

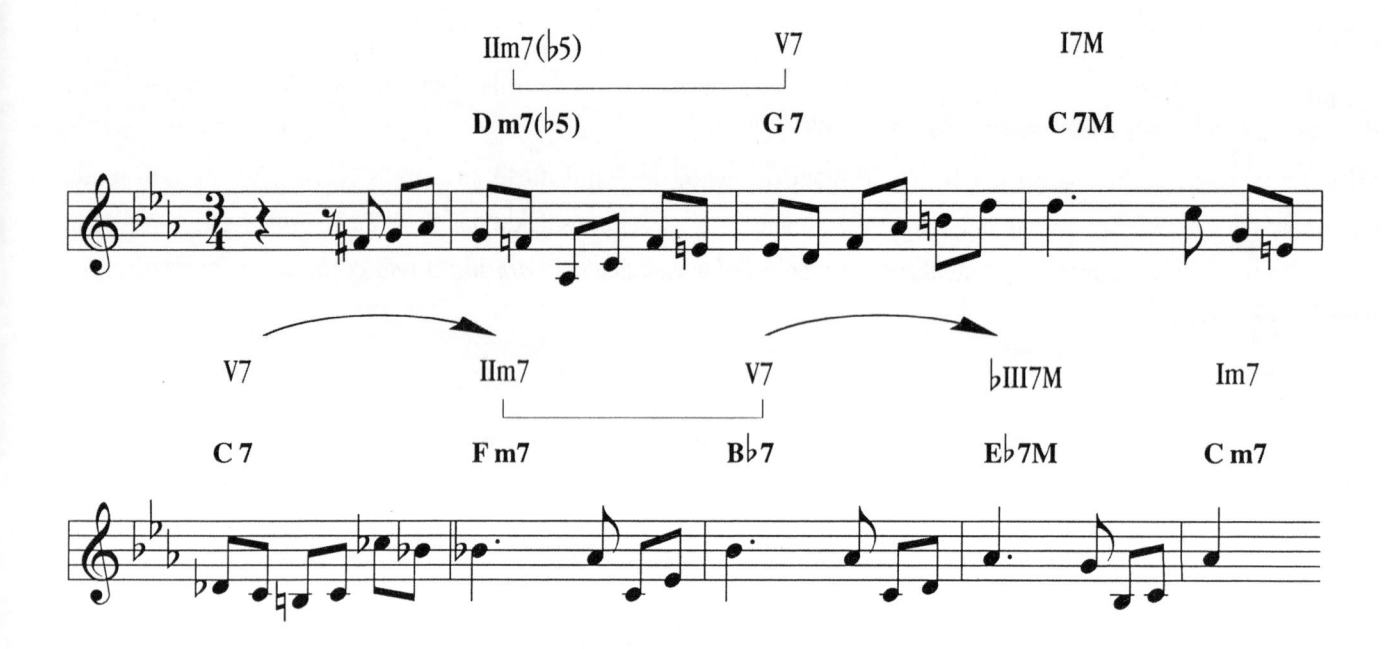

| IIm7(♭5) | V7 | I7M |
| D m7(♭5) | G 7 | C 7M |

| V7 | IIm7 | V7 | ♭III7M | Im7 |
| C 7 | F m7 | B♭7 | E♭7M | C m7 |

C7M é "emprestado" do tom homônimo maior (**dó maior**).

Observe que num acorde emprestado do tom maior não pode faltar a 3M do tom (por ser esta a única nota característica do modo maior). A 3M do tom aparece em I, VIm e IIIm.

Exercício 30 Faça a análise da progressão e identifique os AEMs no tom de **ré menor**:

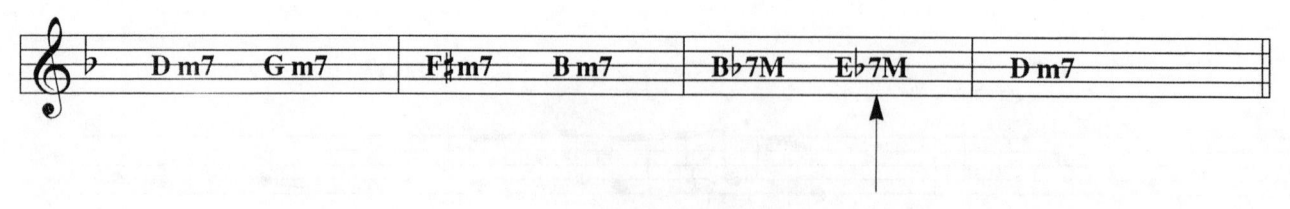

D m7   G m7   F♯m7   B m7   B♭7M   E♭7M   D m7

Este acorde não é emprestado do homônimo maior, mas do homônimo frígio. O acorde ♭II7M é AEM de uso freqüente no tom maior e no menor.

4 | Acordes de estrutura dominante sem função dominante

Dentre os acordes diatônicos do tom menor (capítulo 2), temos visto dois acordes de *estrutura* dominante:

IV7   e   ♭VII7

porém sem a função dominante. Além desses dois, existem outros quatro na linguagem harmônica comum:

VII7   ♭VI7   II7   I7

Com exceção do último, todos são geralmente conduzidos para o acorde do I grau, maior ou menor, não cumprindo, portanto, a função dominante. I7 é acorde "blues" de função estável (tônica) e costuma vir seguido de IV7; apesar disso, não soa preparação de IV (mesmo tendo 5J descendente do baixo).

Todos esses acordes são chamados de "dominantes sem função dominante" e sua análise é feita com os números romanos relativos ao tom *primário* (de I a VII). Ao contrário, o acorde de função dominante recebe o número V7 ou sub sub V7 como análise, vinculado ao acorde que o segue (tom *secundário*), vínculo expresso pela seta ⌒▲ ou ⌐ ─ ▲ que aponta para o acorde de resolução. Quando esses acordes não são resolvidos, não há seta. O grau da resolução esperado e não-realizado é indicado na análise em forma de fração:

V7/III   V7/IV   por exemplo.

Cuidado! Para ter função *dominante*, um acorde não precisa ser resolvido, basta a *expectativa* da resolução (à qual se dá o nome de resolução *deceptiva*).

Exercício 31 Faça a análise das harmonias, identificando os acordes de estrutura dominante sem a função dominante.

a.

Canção do sal   *Milton Nascimento*

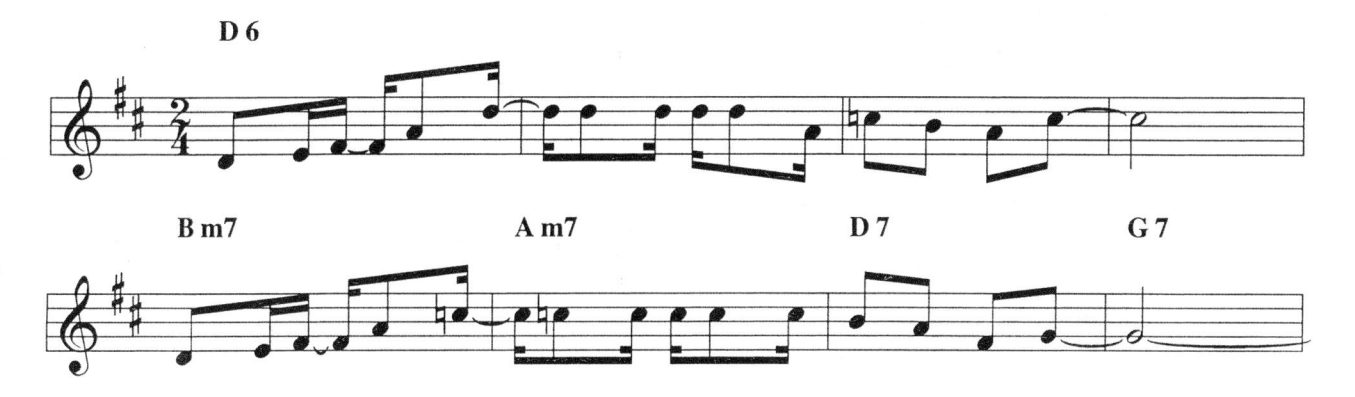

b.

Chove lá fora *Tito Madi*

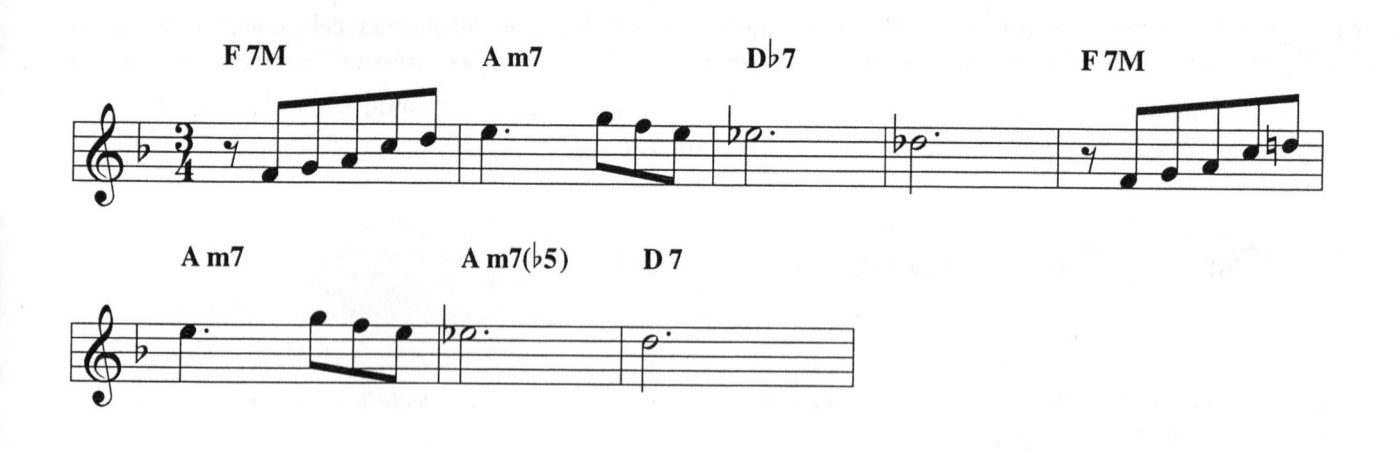

c.

Demais *Tom Jobim e Aloysio de Oliveira*

d.

Meditação   *Tom Jobim e Newton Mendonça*

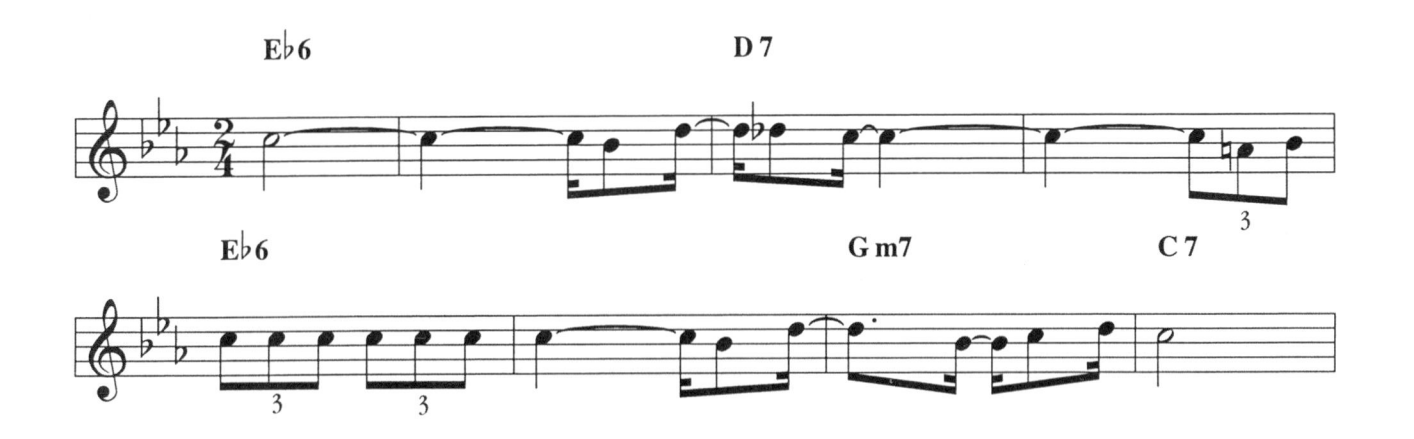

e.

A lenda do Abaeté   *Dorival Caymmi*

5 Dominantes estendidos

Quando a resolução do dominante é outro acorde dominante, temos uma série de dominantes e o tom original "se perde", pois estamos em constante modulação:

A7 → D7 → G7 → C7 → F7   etc.

As setas são colocadas, na análise, diretamente sobre as cifras, e a análise em números romanos não aparece, uma vez que nenhum tom é definido (o número romano indica a relação com um tom, em função do qual a análise é feita). As resoluções de dominantes *se estendem* por vários tons de passagem, até alcançarem o tom desejado.

Pode-se também resolver cada dom7 $1/2$ tom abaixo, como sub V7:

A7 ⇢ A♭7 ⇢ G7 ⇢ G♭7 ⇢ F7   etc.

Outra possibilidade é substituir cada dom7 por II V. Neste caso, temos:

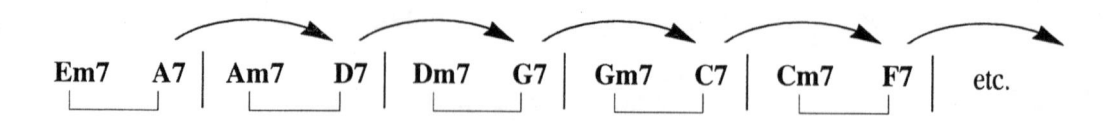

| Em7 A7 | Am7 D7 | Dm7 G7 | Gm7 C7 | Cm7 F7 | etc.

e a seta aponta para o dom7 seguinte, ficando o II cadencial (sempre m7) *interpolado* entre os dois acordes dominantes. Em caso de dom7s cromaticamente descendentes, podemos interpolar dois tipos de II cadenciais. No primeiro caso, o IIm cadencial encontra-se 5J acima do dom7 seguinte:

| Em7 A7 | E♭m7 A♭7 | Dm7 G7 | D♭m7 G♭7 | Cm7 F7 | etc.

No segundo caso, o IIm cadencial encontra-se $1/2$ tom acima do dom7 seguinte (como em IIm7 sub V7 I):

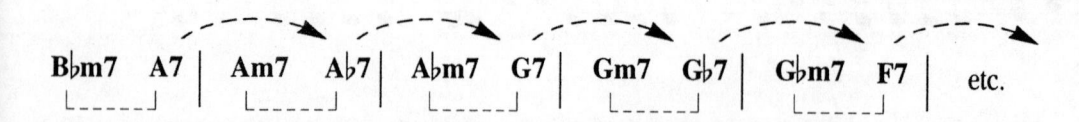

| B♭m7 A7 | Am7 A♭7 | A♭m7 G7 | Gm7 G♭7 | G♭m7 F7 | etc.

Em análise harmônica, ⌒▶ e ⌐ ▶ simbolizam a resolução do dom7 por acorde 5J e $1/2$ tom abaixo, respectivamente. Da mesma forma, └──┘ e └──┘ ligam um jogo de II V com o baixo descendo 5J e $1/2$ tom, respectivamente. A linha do baixo será feita, portanto, de intervalos de 5J e $1/2$ tom descendentes, salvo interpolação. O ouvido não só aceita, como também agradece aos caminhos harmônicos oferecidos pelo prolongamento bem empregado da cadeia de dominantes (sem conflito com melodia, sem exagero e dentro do estilo).

Descobrindo outras combinações:

‖: A7   D7   D♭7   G♭7   F7   B♭7 :‖

e com interpolação

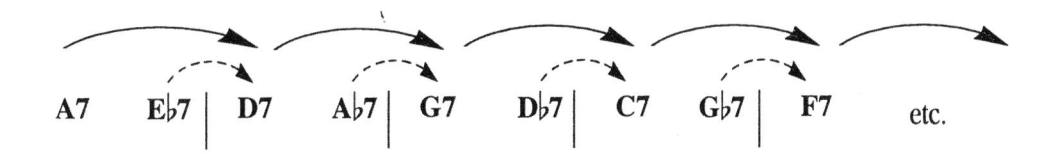

A7   E♭7 | D7   A♭7 | G7   D♭7 | C7   G♭7 | F7   etc.

ou ainda

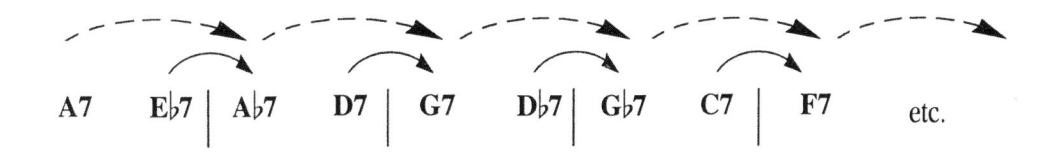

A7   E♭7 | A♭7   D7 | G7   D♭7 | G♭7   C7 | F7   etc.

O dom7 pode ser resolvido pelo II cadencial do jogo II V seguinte:

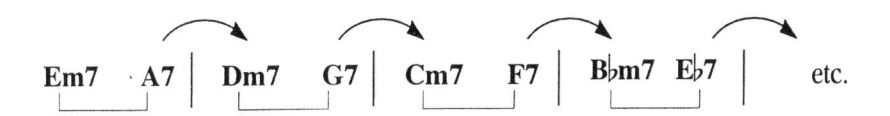

Em7   A7 | Dm7   G7 | Cm7   F7 | B♭m7   E♭7 | etc.

ou do jogo II sub V seguinte:

Em7   E♭7 | Dm7   D♭7 | Cm7   B7 | B♭m7   A7 | etc.

As combinações de ⌢→ ⌢→ ⌞⌟ ⌞⌟ , diretas ou interpoladas, são tecnicamente infinitas, contribuindo profusamente com o vocabulário harmônico e de composição. Descubra você mesmo outros caminhos. Para terminar, vejamos o exemplo de uma seqüência feita com interpolações de mais de um acorde:

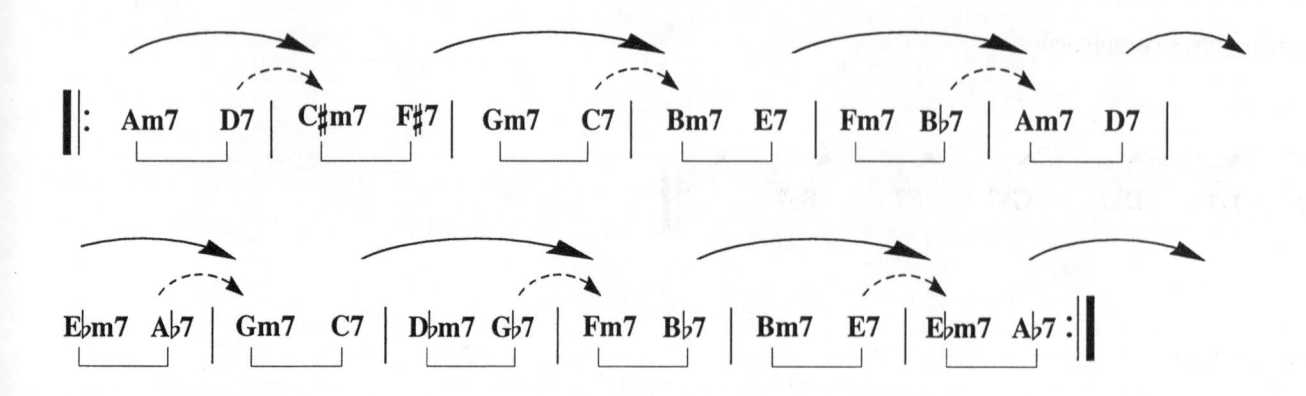

‖: Am7 D7 | C#m7 F#7 | Gm7 C7 | Bm7 E7 | Fm7 B♭7 | Am7 D7 |

E♭m7 A♭7 | Gm7 C7 | D♭m7 G♭7 | Fm7 B♭7 | Bm7 E7 | E♭m7 A♭7 :‖

Escreva a linha do baixo para visualizar o desenho geométrico que ele apresenta.

■ Substituições

Para abrir ainda mais o leque de opções, em todas as situações de dominantes estendidos, A7 ou Em7 A7 são intercambiáveis ou podem ser substituídos

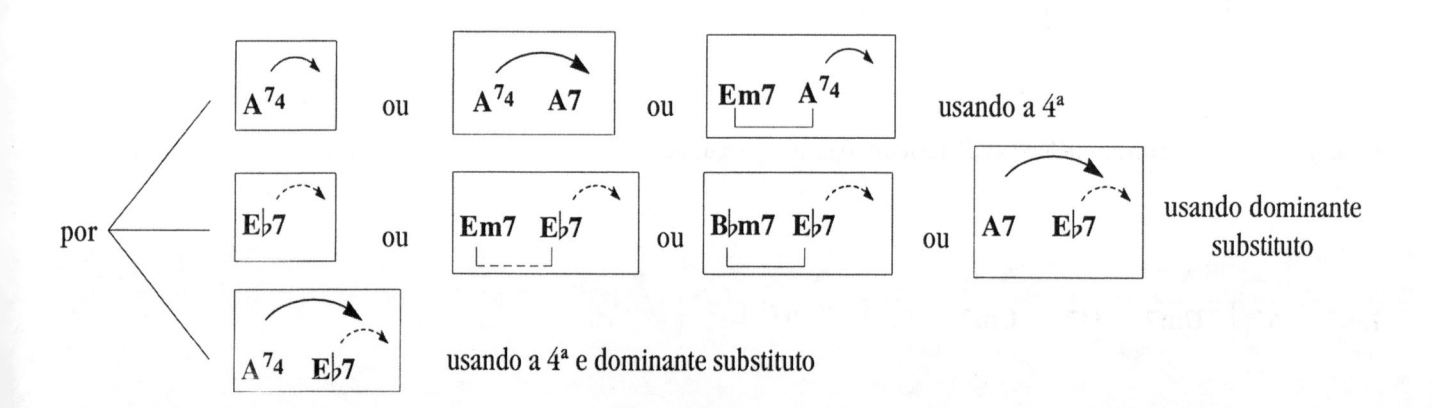

por
- A⁷⁴   ou   A⁷⁴ A7   ou   Em7 A⁷⁴   usando a 4ª
- E♭7   ou   Em7 E♭7 ou   B♭m7 E♭7   ou   A7 E♭7   usando dominante substituto
- A⁷⁴ E♭7   usando a 4ª e dominante substituto

e ainda é possível transformar os acordes m7 em m7(♭5) .

Observe que qualquer substituição conserva a duração do(s) acorde(s) original(s) (os exemplos acima são preparações para acordes de **ré**).

Exercício 32 Faça a análise das harmonias nos trechos abaixo:

a.

Coisa mais linda *Carlos Lyra e Vinicius de Moraes*

b.

Lamento *Pixinguinha*

* análise neste tom

c.

Feitio de oração — Noel Rosa e Vadico

d.

Tem dó — Baden Powell e Vinicius de Moraes

e.

Feitinha pro poeta — *Baden Powell e Lula Freire*

f.

Stella by starlight — *Victor Young*

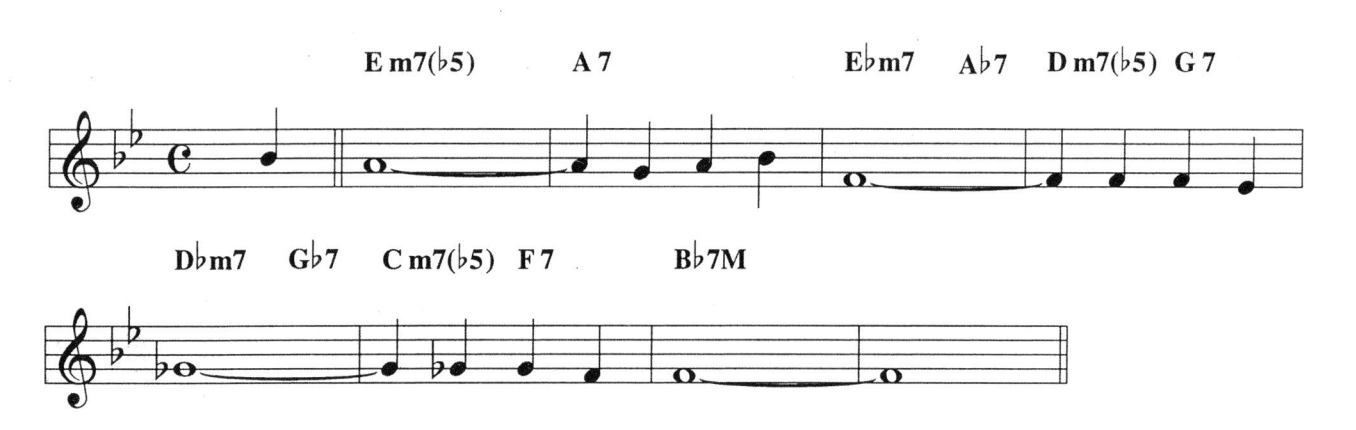

g.
Stormy weather   *Ted Koehler e Harold Arlen*

6 Modulação

A variedade de dominantes estendidos estudados no capítulo 5 são *modulações transicionais* ou marchas harmônicas modulantes onde a harmonia passa, em trânsito, por vários tons até chegar a um tom de destino, definido por uma cadência ou progressão típica.

Outras formas de modulação podem acontecer:

1 - quando aparecem acordes que não podem ser analisados no tom original, indicando a presença de um novo tom:

Valsa de uma cidade   *Antônio Maria*

2ª frase

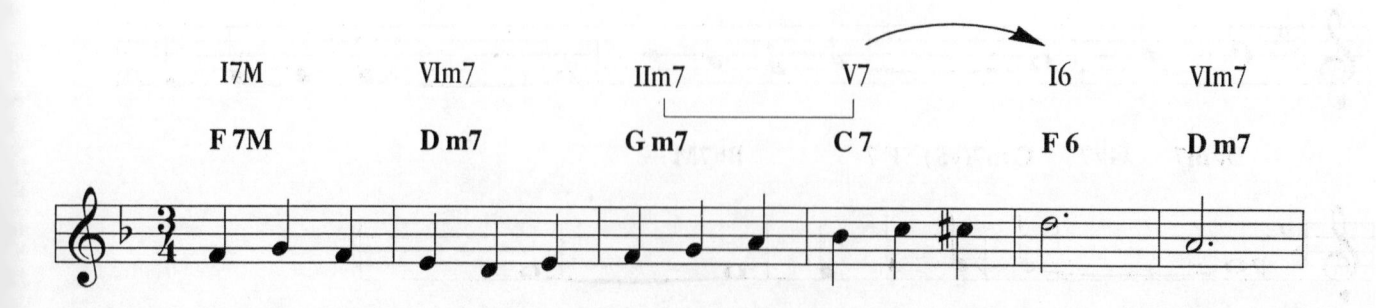

[Exemplo musical com análise harmônica: IIm7 V7 I7M | VIm7 | IIm7 V7 I7M — Bm7 E7 A7M | F#m7 | Bm7 E7 A7M — com indicação "LÁ"]

2 - quando aparece uma seqüência familiar (também chamado "clichê") ou cadência feita de acordes em tonalidade diferente da original:

I could write a book   Rogers e Hart

2ª frase

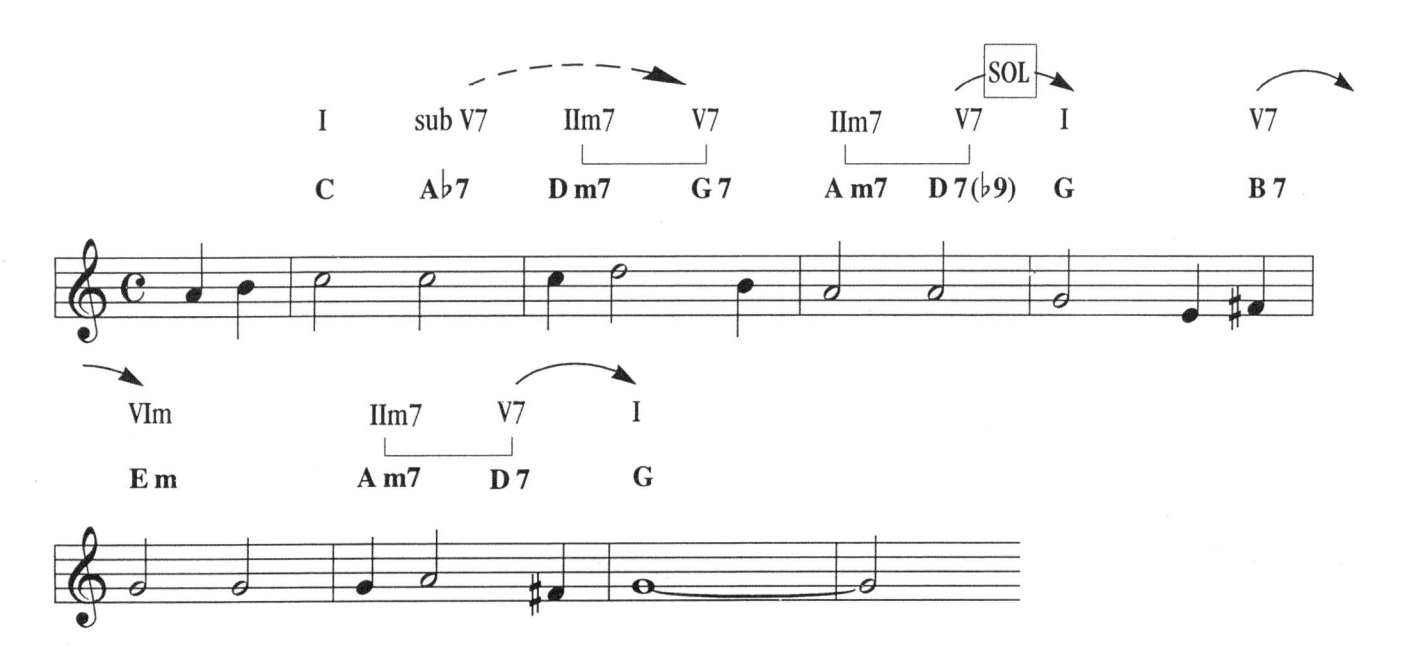

[Análise: I — subV7 — IIm7 V7 — IIm7 V7 I — V7 / C — Ab7 — Dm7 G7 — Am7 D7(b9) G — B7, com indicação "SOL"]

[VIm — IIm7 V7 — I / Em — Am7 D7 — G]

Em ambos os casos o novo tom é indicado na análise, e os números romanos são relacionados, a partir daquele momento, com o novo tom.

Observação: Dominantes secundários e acordes de empréstimo modal (AEM) não são considerados modulações, devido à sua ocorrência freqüente, pouca duração e o propósito de *colorir* a progressão, em vez de mudar o tom.

Exercício 33 Faça a análise das harmonias nos trechos modulantes abaixo:

a.

Dindi   *Tom Jobim e Aloysio de Oliveira*

b.

Cascata das Sete Quedas   *Alex Malheiros*

[Partitura musical com cifras: C#m7(b5), F#7, B 7M, G#m7(b5), C#7, F#7M, Gm7(b5), C 7, F 7M, F#m7(b5), B 7, Dm7, G 7, C 6, D.C.]

Encerramos, assim, o capítulo $\boxed{B}$ ANÁLISE HARMÔNICA, que nos traz o vocabulário da harmonia tonal (harmonia com as funções dominante-subdominante-tônica) e respectiva análise.

$\boxed{C}$ ♦ ESCALAS DE ACORDE

1 Generalidades e definições

A cifra indica as notas disponíveis para a formação do acorde e também a sua inversão. Entretanto, sendo uma notação musical aleatória (esboçada), não informa da posição do acorde, ou seja, não define em que distribuição as notas devem ser tocadas ou se elas devem ou não ser duplicadas ou suprimidas.

Neste momento de nossos estudos é recomendada a leitura do capítulo $\boxed{C}$ 2, da 2ª parte do Volume I, sobre análise melódica, em particular os quadros das páginas 99, 103, 104 e 105, sobre notas de acorde e tensão.

Pelo conceito contemporâneo, o acorde (e seu símbolo, a cifra) não só reúne as notas que o *caracterizam*, chamadas notas de acorde (n.a.), mas outras notas também que o *enriquecem*, chamadas notas de tensão (T), embora a cifragem indique apenas esporadicamente essas notas. As n.a. e as de T, reunidas, formam uma escala de sete notas (às vezes seis ou oito), chamada *escala de acorde*, que se caracteriza por não ter dois semitons adjacentes.

Encontram-se ainda, na escala de acorde, *notas de escala* (S) que não são de T nem n.a. e servem como simples complementos ou alternativas de n.a., como a nota **mi** em G7M ou em Gm(7M).

Finalmente, a escala de acorde também pode incluir notas que devem ser *evitadas* (EV) na formação vertical do acorde, mas podem ser usadas em caráter passageiro na linha melódica. Quando usadas verticalmente no acorde, comprometem a clareza e/ou identidade do som do acorde. Os motivos deste comprometimento são:

1 - concedem ao acorde um som diferente do pretendido (por ex., a nota **fá** em Am resulta em F7M/A; ou a nota **si** em Dm7 resulta em G7/D; neste último caso muda até a função do acorde)

2 - emprestam ao acorde um sabor modal, indesejável no tonalismo (por ex., a nota **fá** em Em7; ou a nota **dó** em G7)

A escala de acorde (reunindo todas as notas disponíveis para a formação de um som rico e harmonicamente expressivo), mais o cuidado com as notas EV ou estranhas à escala, é a resposta clara e segura para montar acordes num naipe instrumental em bloco ou num acompanhamento harmônico feito por violão, piano, etc...

Neste capítulo, definiremos as escalas de acordes mais plausíveis na linguagem tonal, como ponto de partida para a montagem vertical de todo e qualquer acorde dentro do naipe, seja qual for a técnica adotada (as técnicas serão estudadas em seguida).

■ Critérios para a escolha das notas da escala de acorde

A escala de acorde é determinada, basicamente, por quatro fatores:

1 - cifra (inclui notas do acorde e eventuais notas de tensão)
2 - análise (relação que o acorde tem com o tom do momento)
3 - notas melódicas (são decisivas na escolha da escala)
4 - estilo (linguagem simples ou sofisticada, consoante ou dissonante, folclórica, jazzística, blues, etc.)

A escolha da escala de acorde é governada pelo respeito às notas indicadas na cifra e pelas notas diatônicas ao tom do momento. A indicação específica de tensões pela cifra pode conduzir a notas não-diatônicas, como acontece em dominantes alterados, dominantes substitutos e estendidos e em cromatismos das linhas internas da harmonia.

■ Construção da escala de acorde

Para ilustrar o método e as etapas da construção, usaremos dois exemplos no tom de **dó maior**: F7M como acorde diatônico e E7 como acorde não-diatônico.

1 - Colocação das n.a. indicadas pela cifra (notas brancas), deixando espaço para as demais notas. Os números sobre as notas indicam a sua função melódica dentro do acorde (números 1 a 7, tomando por base os 7 intervalos formados por cada grau da escala maior em relação à tônica, usando ♭ ou ♯ onde o intervalo não coincidir com o da escala maior).

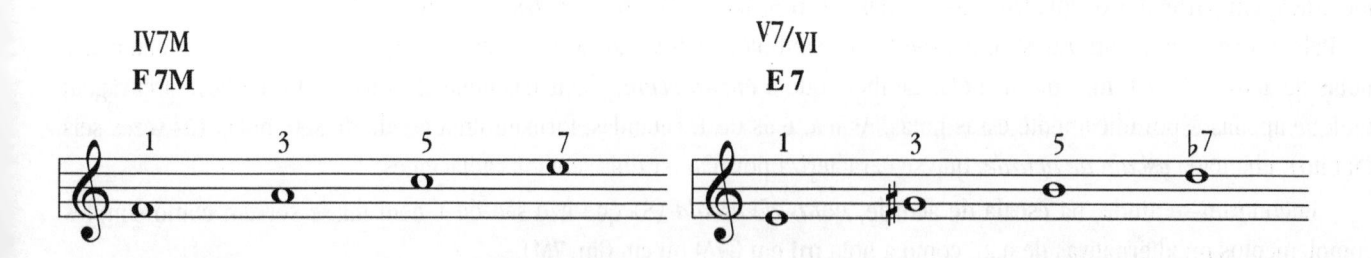

IV7M
F 7M

V7/VI
E 7

2 - Complementação pelas notas de T, notas de S (notas pretas sem haste), notas EV (entre parênteses), normalmente diatônicas ao tom. T antes do número, para indicar tensão: 9 maior é T9, 9 menor é T♭9, 9 aumentada é T♯9, 13 maior é T13, 13 menor é T♭13, 11 justa é T11, 11 aumentada é T♯11, 5 diminuta é T♭5, 5 aumentada é T♯5.

T antes do número, para indicar tensão; nota EV entre parênteses.

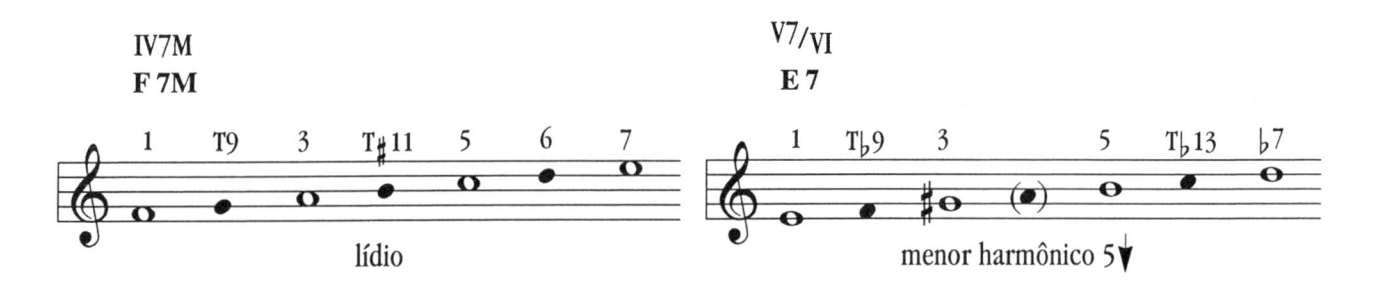

IV7M
F 7M
— lídio — (1, T9, 3, T#11, 5, 6, 7)

V7/VI
E 7
— menor harmônico 5♭ — (1, T♭9, 3, (4), 5, T♭13, ♭7)

Observações:

1 - F7M tem a escala lídia e as tensões (9) (#11) disponíveis. 6 é nota de escala (S) e apresenta F6 como alternativa.

2 - E7 tem a escala "menor harmônica 5J abaixo" (no caso, escala menor harmônica de **lá**, já que E7 é o V grau diatônico de **lá menor**; desta forma, a escala de E7, no tom de **dó maior**, é feita de notas do tom do momento). As tensões disponíveis são (♭9) e (♭13). A 4ª é EV (por ser a tônica para onde vai resolver).

A seguir, veremos todos os acordes que formam o vocabulário comum da linguagem harmônica tonal, acompanhados por suas escalas mais prováveis. Na realidade, vamos rever as mesmas situações de análise apresentadas no capítulo **B**. Para facilitar a compreensão, todos os exemplos serão em **dó maior** e **dó menor**.

Antes, convém exercitar a lógica da construção de escalas de acordes.

Exercício 34 Elabore as escalas de acordes relativas às cifras abaixo, no tom de **dó maior**; faça primeiro a análise de cada acorde:

A7   E♭7   D♭7M   Bm7(♭5)   Fm7   Fm6   B♭7

Exercício 35 Elabore as escalas de acordes relativas às cifras abaixo, no tom de **dó menor**. Use armadura na clave e acidentes locais:

Cm7   Cm(7M)   A♭7M   B♭7   B°   E♭7   C7

Quando uma escala de acorde coincidir com a estrutura de um *modo* conhecido, daremos à escala o nome do modo para facilitar a memorização de sua estrutura, mesmo sabendo *não* se tratar de modalismo.

2 Apresentação das escalas de acordes

- Acordes diatônicos

tom maior

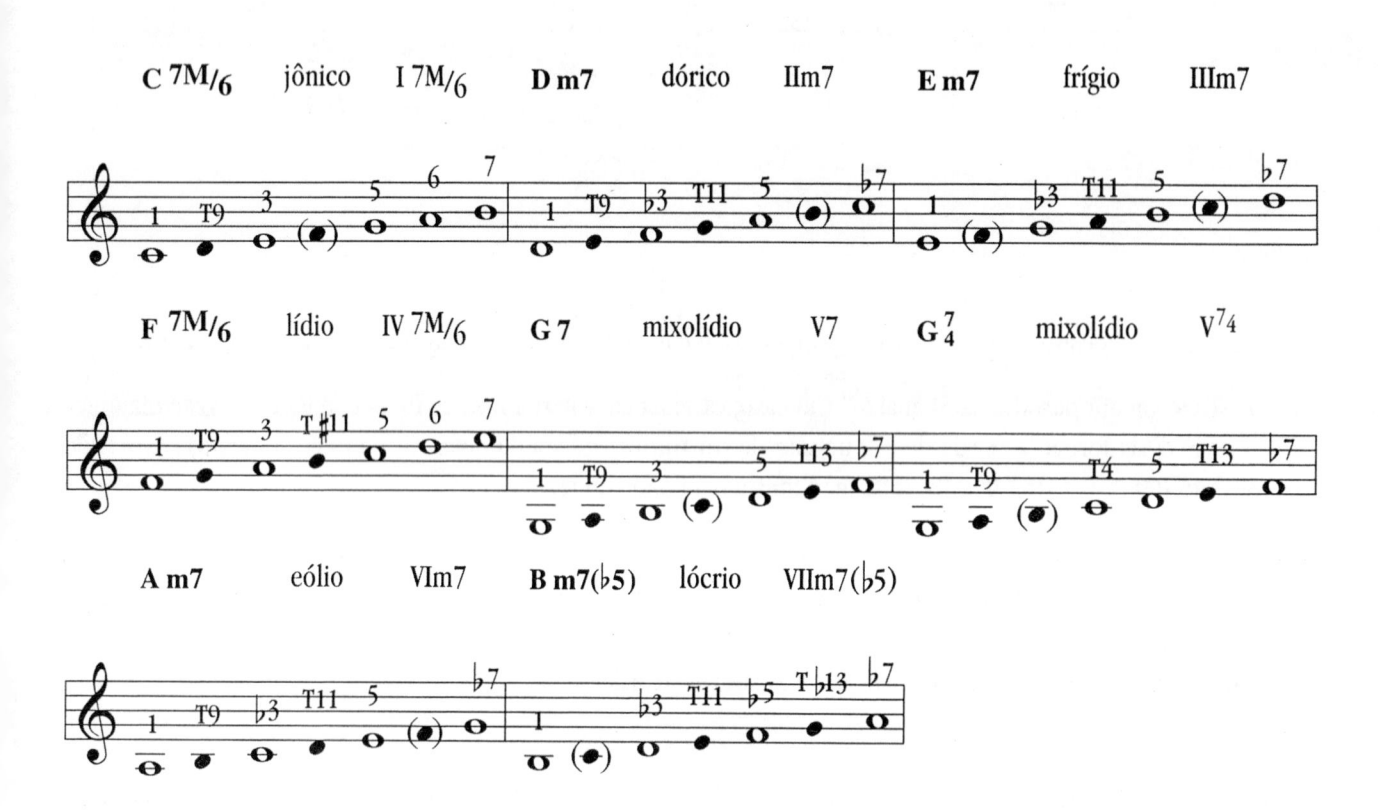

C 7M/6	jônico	I 7M/6	D m7	dórico	IIm7	E m7	frígio	IIIm7
F 7M/6	lídio	IV 7M/6	G 7	mixolídio	V7	G⁷₄	mixolídio	V⁷⁴
A m7	eólio	VIm7	B m7(♭5)	lócrio	VIIm7(♭5)			

tom menor

| C m7 | eólio | Im7 | C m6/7M | men. melódico Im 6/7M | D m7(♭5) | lócrio | IIm7(♭5) |
| E♭ 7M/6 | jônico | ♭III 7M/6 | E♭7M(♯5) | lídio♯5 | ♭III7M(♯5) | F m7 | dórico | IVm7 |

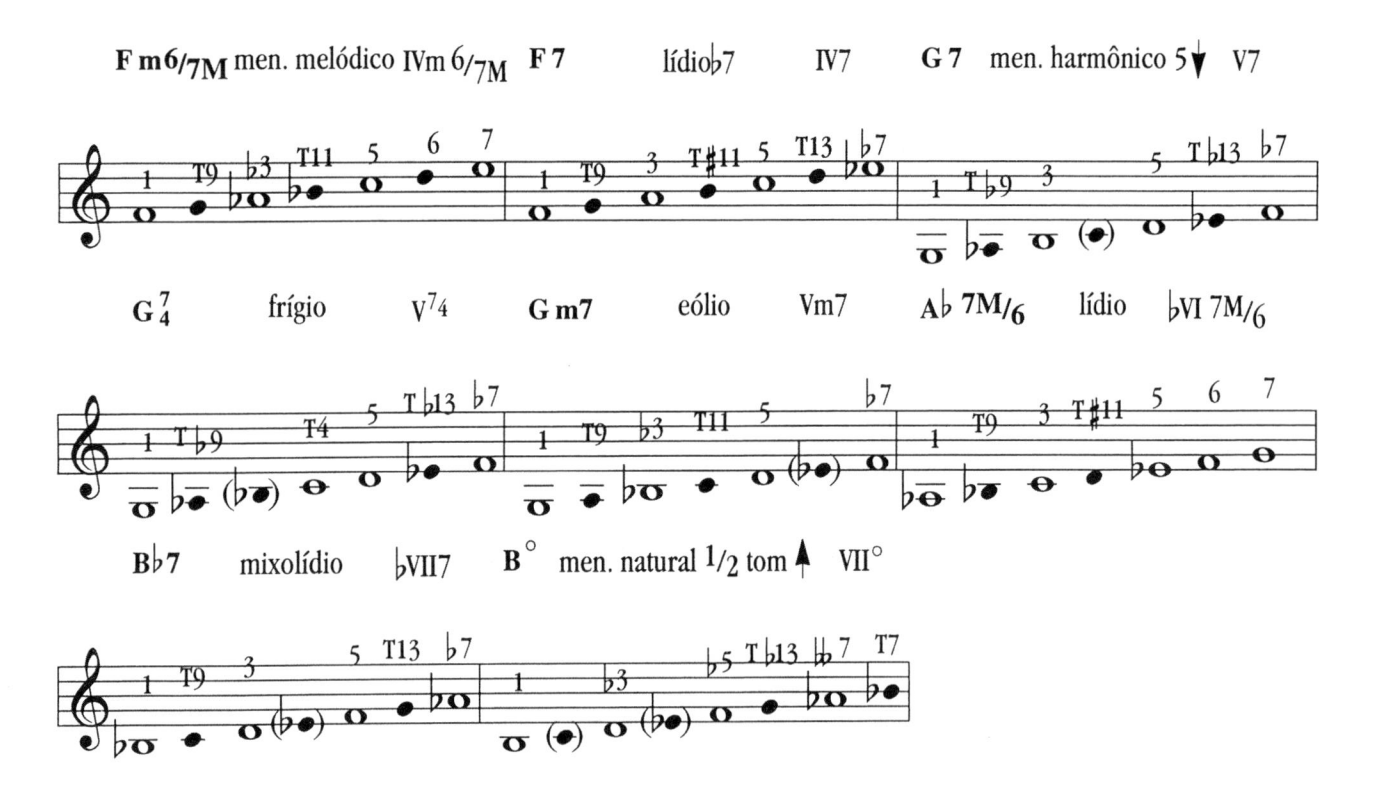

F m6/7M men. melódico IVm 6/7M   **F 7**   lídio♭7   IV7   **G 7**   men. harmônico 5♓   V7

G 7/4   frígio   V7/4   **G m7**   eólio   Vm7   **A♭ 7M/6**   lídio   ♭VI 7M/6

B♭7   mixolídio   ♭VII7   **B°**   men. natural 1/2 tom ↑   VII°

- **V secundário**

tom maior

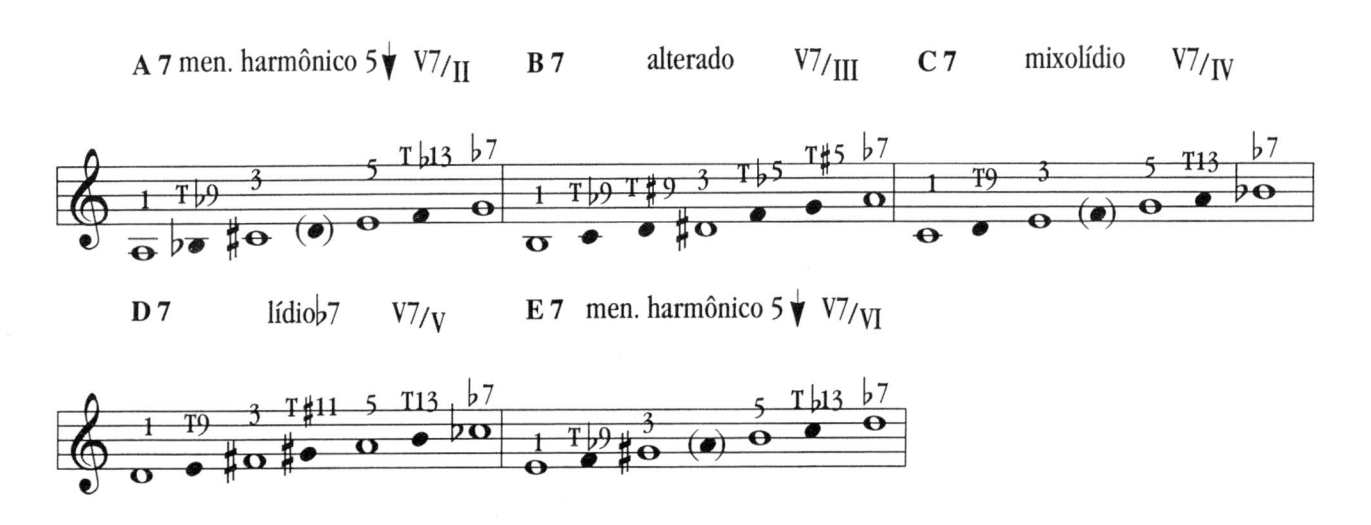

A 7 men. harmônico 5♓ V7/II   **B 7**   alterado   V7/III   **C 7**   mixolídio   V7/IV

D 7   lídio♭7   V7/V   **E 7** men. harmônico 5♓ V7/VI *tom menor*

B♭7   mixolídio   V7/♭III   **C 7**   men. harmônico 5↓   V7/IV   **D 7**   alterado   V7/V

E♭7   lídio♭7   V7/♭VI   **F 7**   lídio♭7   V7/♭VII

- **Dominante substituto**

tom maior

D♭7   lídio♭7   subV7/I   **E♭7**   lídio♭7   subV7/II   **F 7**   lídio♭7   subV7/III

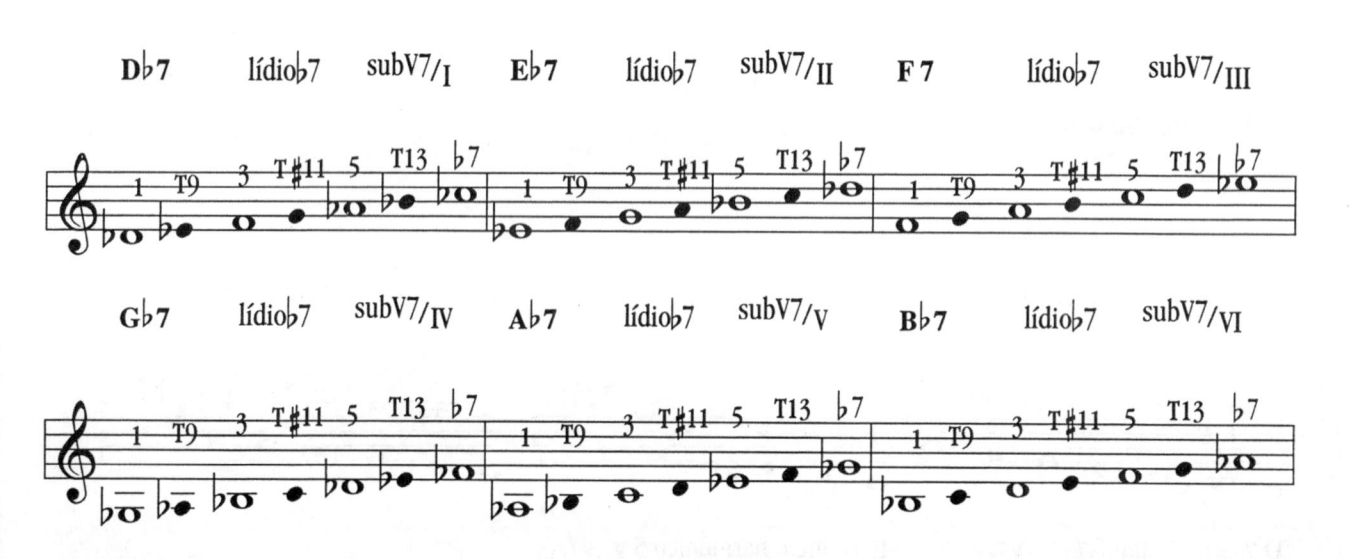

G♭7   lídio♭7   subV7/IV   **A♭7**   lídio♭7   subV7/V   **B♭7**   lídio♭7   subV7/VI

tom menor

D♭7   lídio♭7   subV7/I   **E 7**   lídio♭7   subV7/♭III   **G♭7**   lídio♭7   subV7/IV

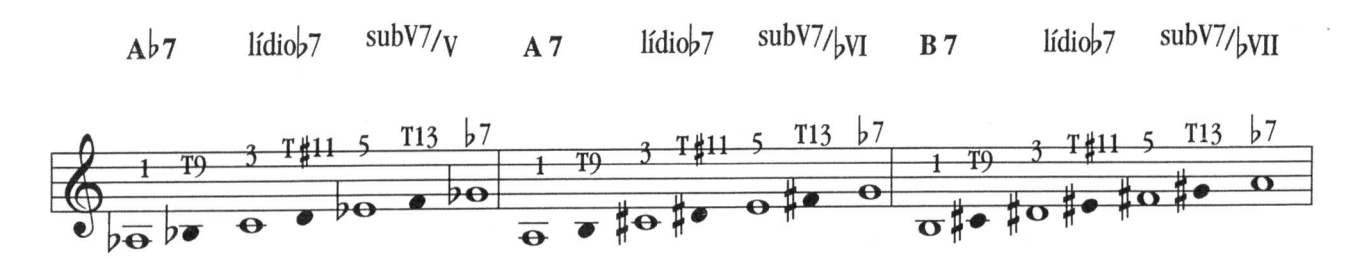

IIm7 e IIm7(♭5) cadencial

precedem V7 ou sub V7. Qualquer IIm7 cadencial sugere a escala dórica e IIm7(♭5) a escala lócria, em situações primárias, secundárias e dominantes prolongados.

Acordes diminutos

tom maior

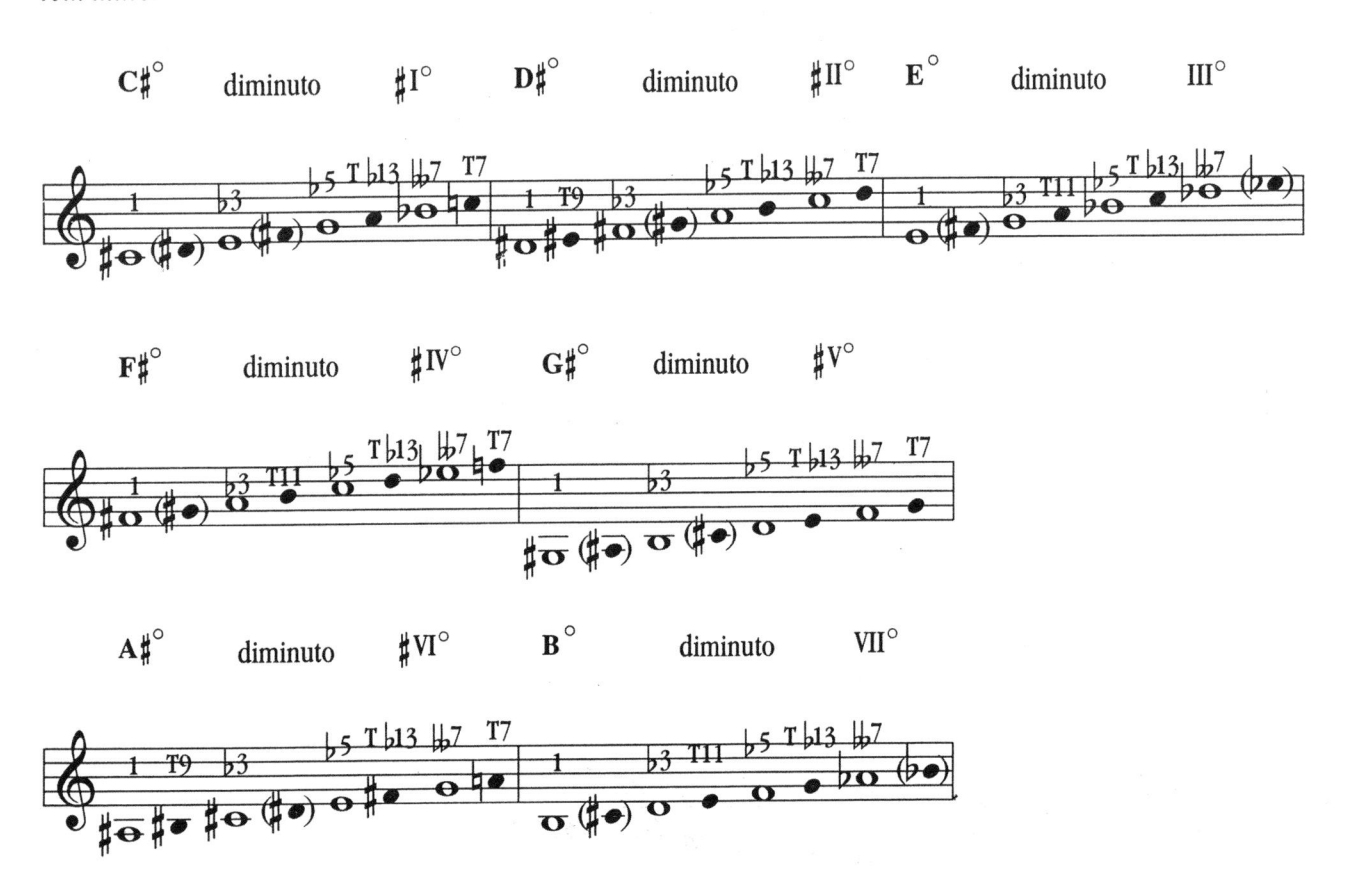

59

tom menor

D° diminuto II° **E°** diminuto III°

F#° diminuto #IV° **B°** men. natural ½ tom ↑ VII°

- **Acordes meio-diminutos**

tom maior

D m7(♭5) lócrio 9M IIm7(♭5) **E m7(♭5)** lócrio IIIm7(♭5)

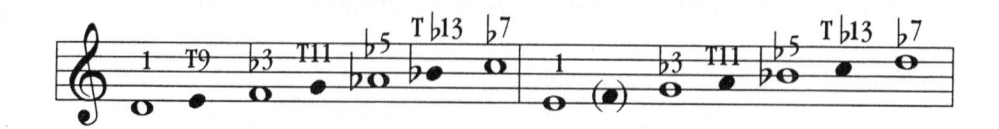

F#m7(♭5) lócrio #IVm7(♭5) **B m7(♭5)** lócrio VIIm7(♭5)

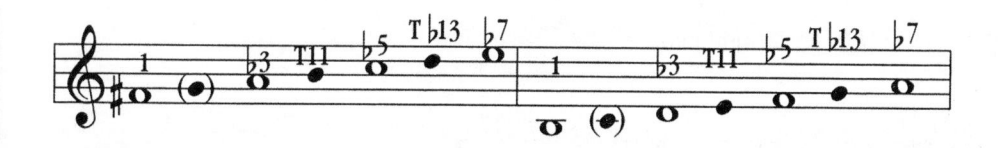

tom menor

D m7(♭5) lócrio IIm7(♭5) **A m7(♭5)** lócrio 9M VIm7(♭5)

■ Dominantes sem função dominante

tom maior

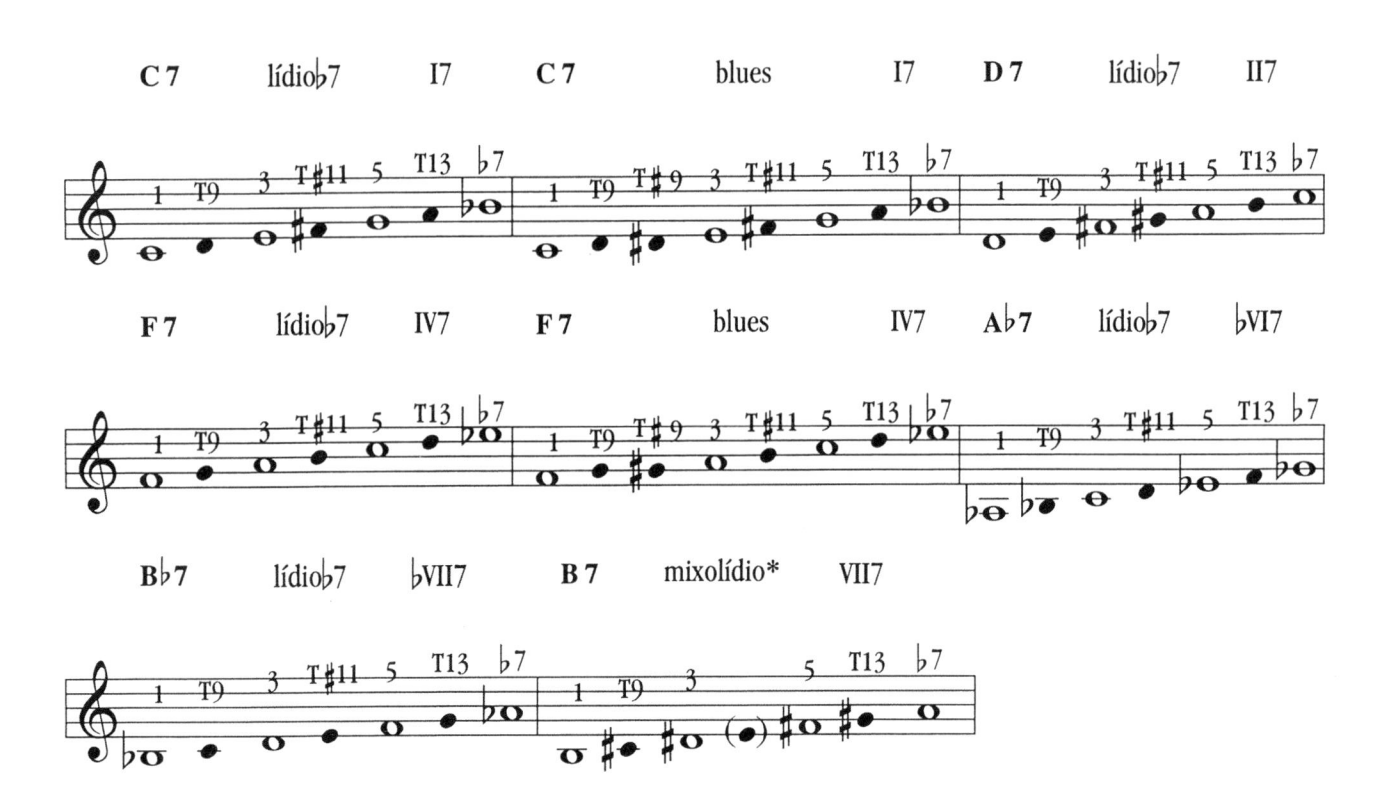

| C 7 | lídio♭7 | I7 | C 7 | blues | I7 | D 7 | lídio♭7 | II7 |

| F 7 | lídio♭7 | IV7 | F 7 | blues | IV7 | A♭7 | lídio♭7 | ♭VI7 |

| B♭7 | lídio♭7 | ♭VII7 | B 7 | mixolídio* | VII7 |

tom menor

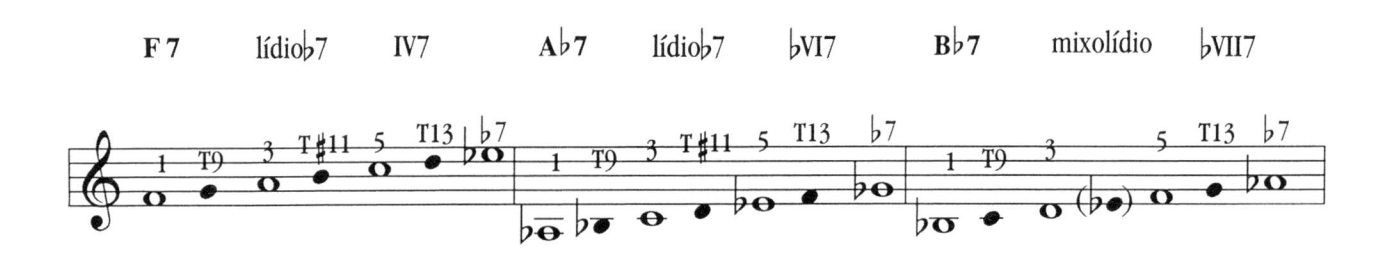

| F 7 | lídio♭7 | IV7 | A♭7 | lídio♭7 | ♭VI7 | B♭7 | mixolídio | ♭VII7 |

* ao contrário de V7/III (escala alterada), VII7 sugere escala mixolídia, para produzir passagens cromáticas ao "cair" no I grau.

■ Acordes de empréstimo modal (AEM)

tom maior

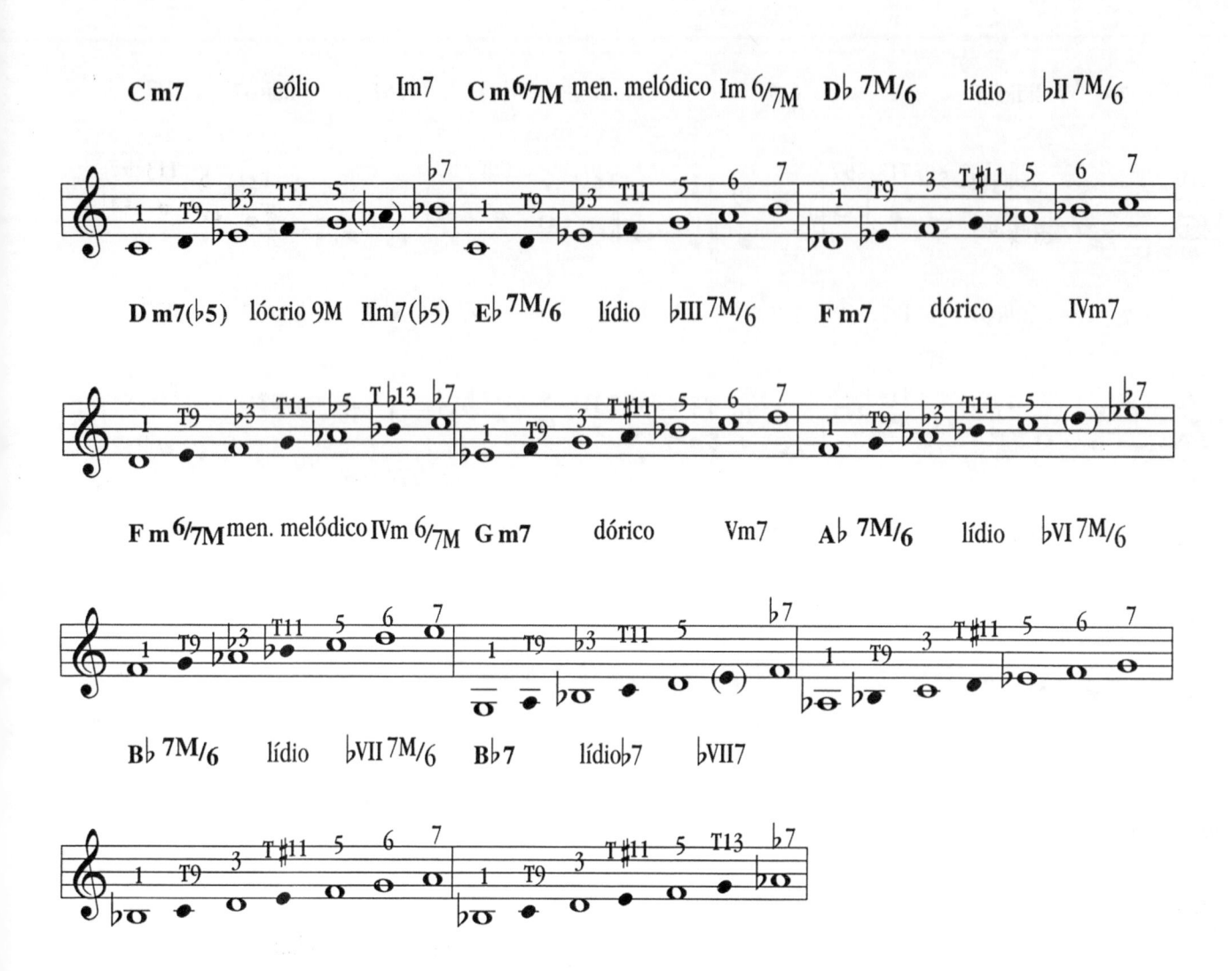

C m7   eólio   Im7   **C m 6/7M**   men. melódico   Im 6/7M   **D♭ 7M/6**   lídio   ♭II 7M/6

D m7(♭5)   lócrio 9M   IIm7(♭5)   **E♭ 7M/6**   lídio   ♭III 7M/6   **F m7**   dórico   IVm7

F m 6/7M   men. melódico   IVm 6/7M   **G m7**   dórico   Vm7   **A♭ 7M/6**   lídio   ♭VI 7M/6

B♭ 7M/6   lídio   ♭VII 7M/6   **B♭7**   lídio ♭7   ♭VII7

tom menor

C 7M/6   jônico   I 7M/6   **D♭ 7M/6**   lídio   ♭II 7M/6

E m7   frígio   IIIm7   **A m7**   eólio   VIm7

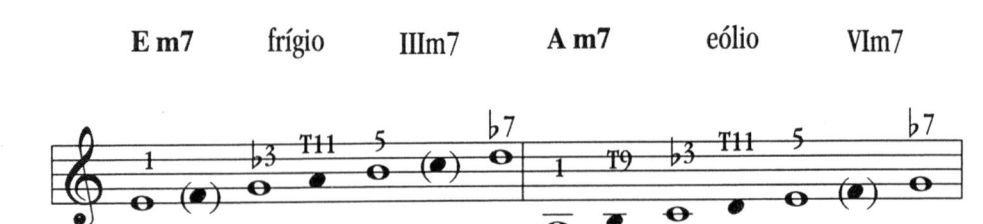

- Dominantes V7 com alteração

resolução maior

G 7 (♭9) $\binom{♭9}{13}$ mixolídio ♭9   **G $^7_4$ ($^{♭9}_{13}$)**   frígio 6M   **G 7 (alt)** $\binom{♭5}{♭9}\binom{♯5}{♯9}\binom{♭5}{♯9}\binom{♯5}{♭9}$ alterado

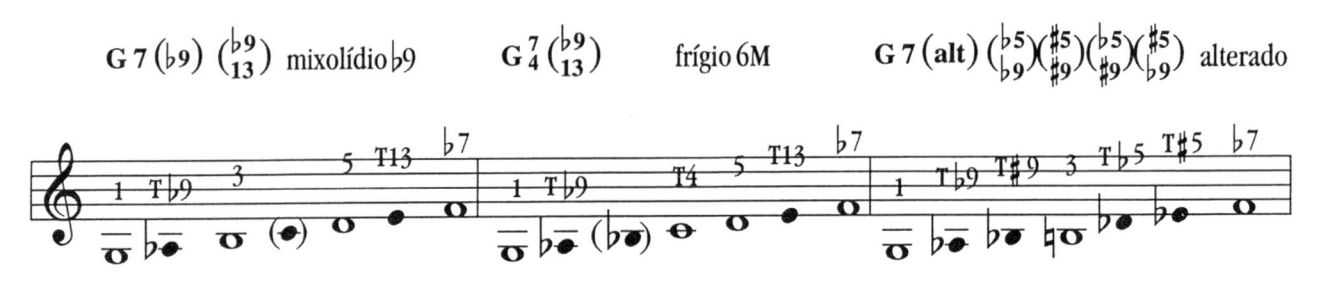

G 7 (♭5) (♯5) tons inteiros   **G 7 $\binom{♭9}{13}$ $\binom{♭9}{♯11}_{13}$** diminuto (dim. dom.)

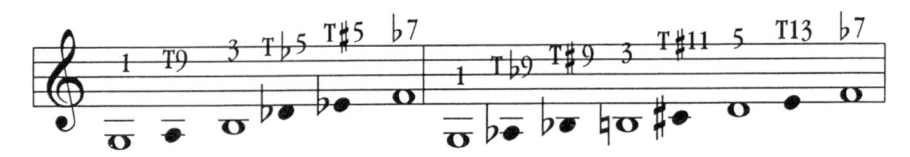

resolução menor

G 7 (alt) $\binom{♭5}{♭9}\binom{♯5}{♯9}\binom{♭5}{♯9}\binom{♯5}{♭9}$ alterado

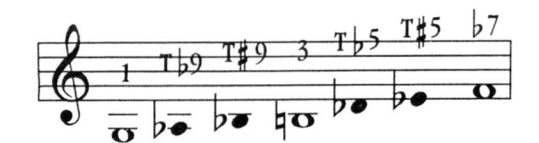

▪ Dominantes estendidos

sugerem a escala mixolídia [V7 ($^{\ 9}_{13}$)] por ela reunir todas as notas do tom do momento, dando-lhe clareza.

▪ Modulação

é um caminho harmônico não-esperado e, para guardar a surpresa, o último acorde *antes da modulação* usa a escala sugerida pela expectativa natural (como se não fosse modular):

Pensativa   *Clare Fisher*

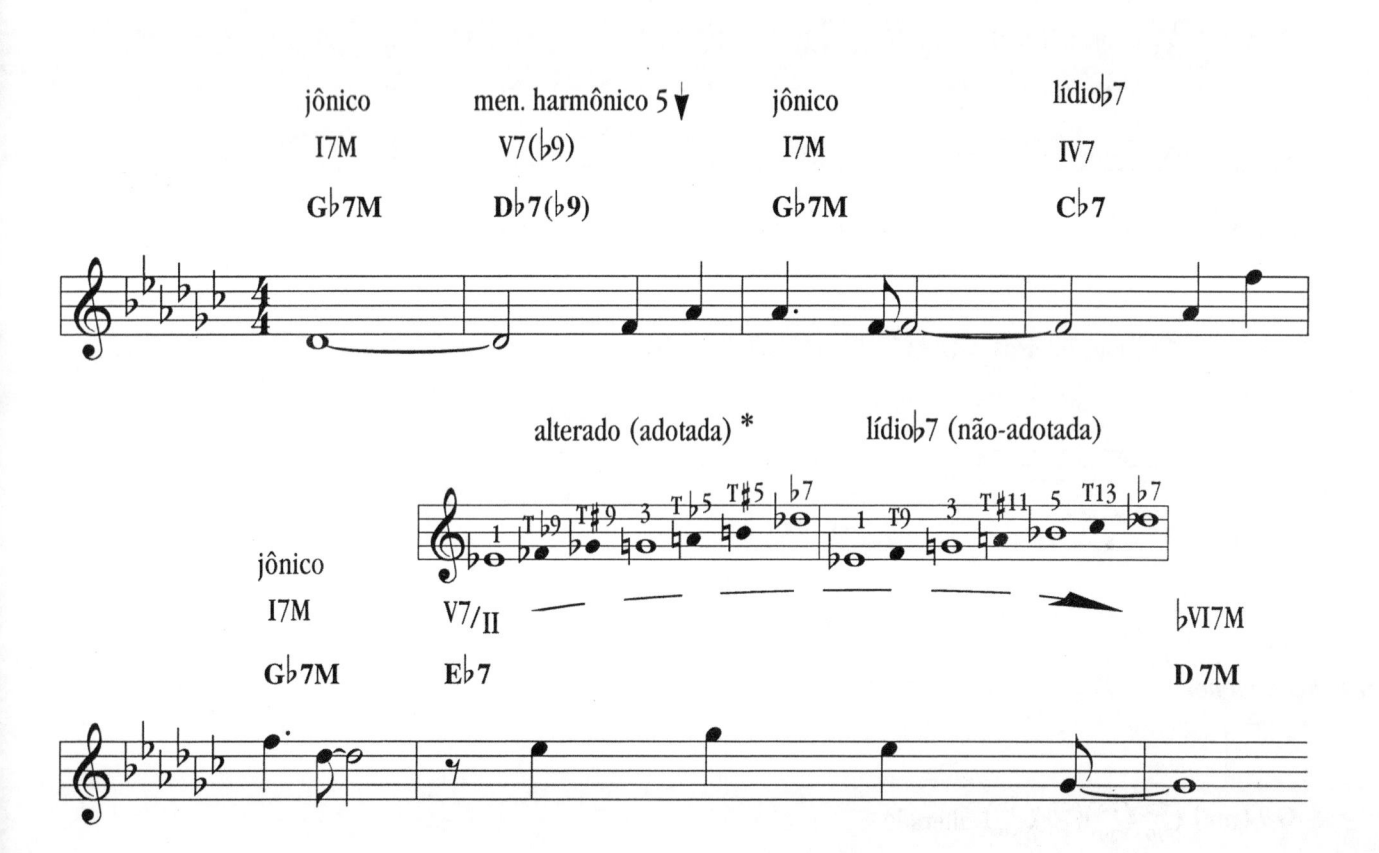

jônico	men. harmônico 5↓	jônico	lídio♭7
I7M	V7(♭9)	I7M	IV7
G♭7M	**D♭7(♭9)**	**G♭7M**	**C♭7**

	alterado (adotada) *	lídio♭7 (não-adotada)	
jônico			
I7M	V7/II		♭VI7M
G♭7M	**E♭7**		**D 7M**

* será a escala adotada pela expectativa de resolver em A♭m7 (dentro do tom estabelecido); a escala lídio ♭7 revelaria a "surpresa", antes do momento próprio, de ir para D7M (fora do contexto do tom estabelecido).

▪ Exemplo de análise harmônica e análise de escala de acorde

A harmonia é elaborada em função de uma melodia estabelecida e só deve ser analisada após a sua conclusão (para que a análise não interfira na escolha dos melhores caminhos harmônicos). Finalmente, verifica-se as escalas de acorde e as notas de tensão disponíveis. A análise que se segue indica esta seqüência de trabalho:

são quatro etapas dispostas de baixo para cima da seguinte forma:
$$\begin{cases} \textbf{4} \text{ escalas de acorde} \\ \textbf{3} \text{ análise harmônica} \\ \textbf{2} \text{ harmonia (cifras)} \\ \textbf{1} \text{ melodia (pauta)} \end{cases}$$

Pensativa   *Clare Fisher*

1 T9 3 5 T13 ♭7
mixolídio
1 T9 3 T♯11 5 6 7
lídio
1 T9 ♭3 T11 5 ♭7
eólio
1 T9 3 T♯11 5 T13 ♭7
lídio♭7
V7/V
♭II7M(♯11)
Im7
IV7
A♭7(9)
G 7M(♯11)
F♯m7
B 7
1 T9 ♭3 T11 5 ♭7
dórico
1 T9 3 T♯11 5 T13 ♭7
lídio♭7
lídio (vide antes)
mixolídio ♭9 (vide antes)
IIm7
V7
♭VI7M
V7(♭9)
E m7
A 7
D 7M
D♭7(♭9)
1 T9 3 T♯11 5 T13 ♭7
lídio♭7
jônico (vide antes)
lídio ♭7 (vide antes)
subV7
I7M
subV7
1º
G 7
G♭7M
G/F

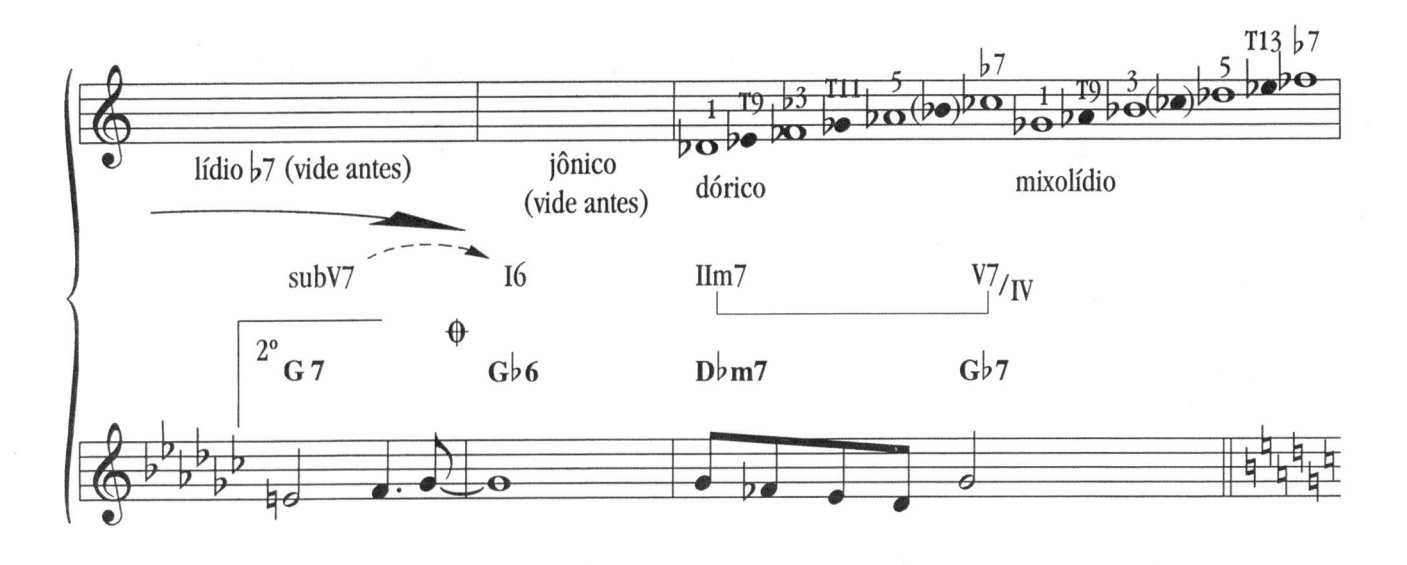

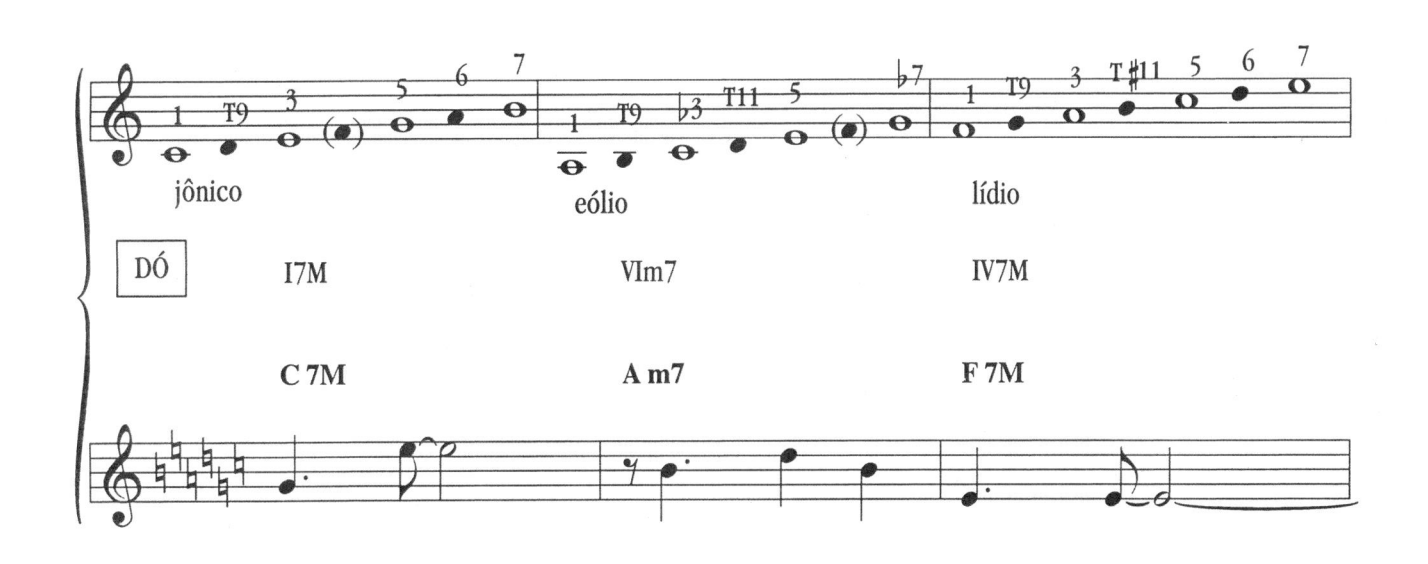

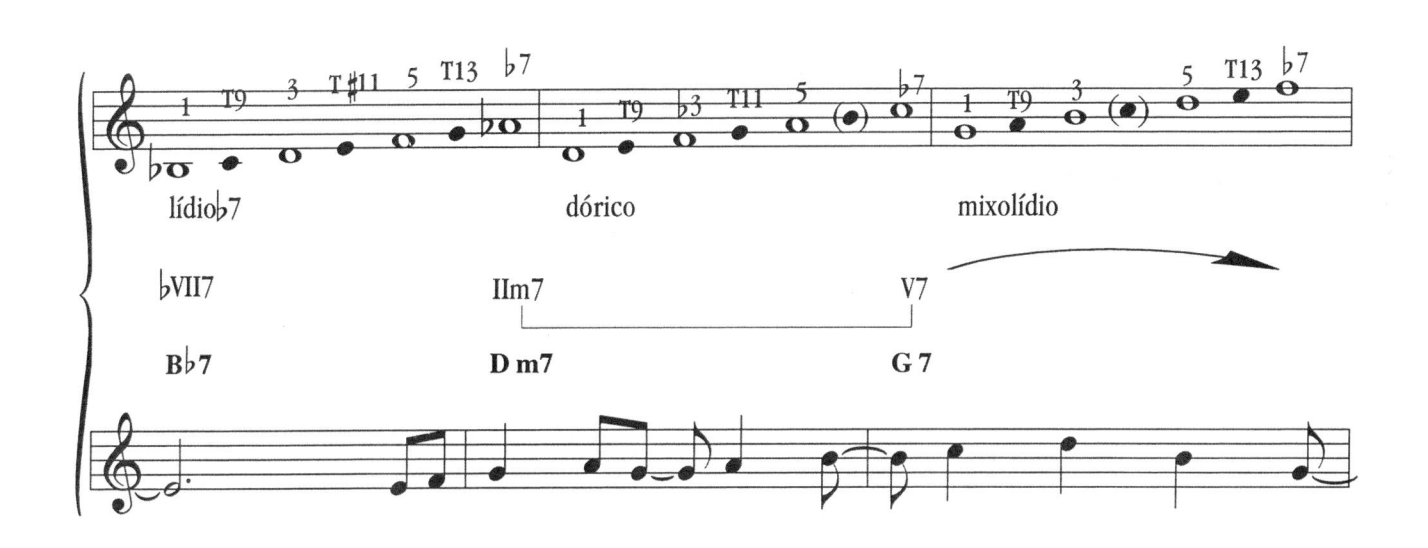

lídio ♭7 (vide antes) | jônico (vide antes) | dórico | mixolídio

subV7 → I6 | IIm7 | V7/IV

2° G7 | G♭6 | D♭m7 | G♭7

DÓ

jônico | eólio | lídio

I7M | VIm7 | IV7M

C 7M | A m7 | F 7M

lídio ♭7 | dórico | mixolídio

♭VII7 | IIm7 | V7

B♭7 | D m7 | G 7

jônico (vide antes)   dórico   lídio ♭7 (vide antes)   jônico   eólio

I7M   LÁ   IIm7   subV7   I7M   VIIm7 *

C 7M   B m7   B♭7   A 7M   G♯m7

* acorde de aproximação - leva a mesma escala do acorde da qual se aproxima

eólio   dórico   diminuto

VIm7   IIm7   V7(♭9)

F♯m7   B m7   E 7(♭9)

jônico (vide antes)   alterado   vide antes

I7M   V7/III   DÓ   IIm7 / IVm7

A 7M   G♯7(♯5)   D m7

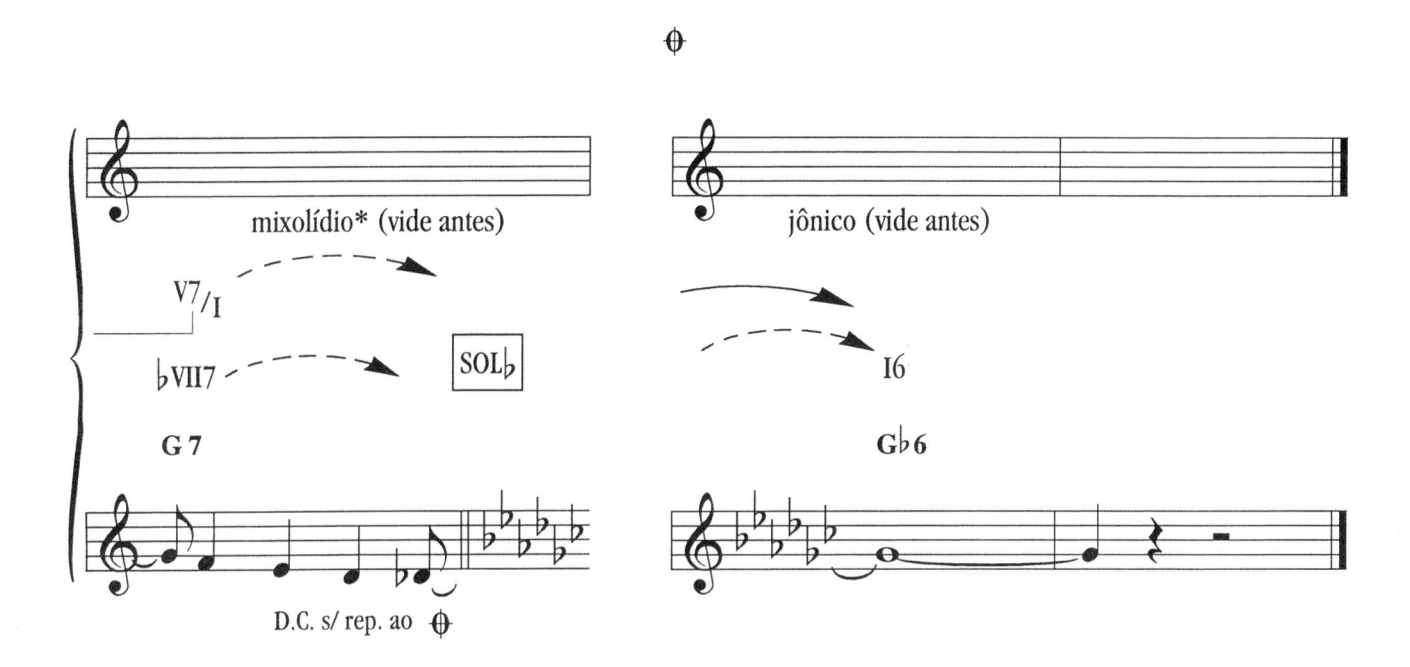

* mesma situação estudada na página 60 (escala lídio ♭7 revelaria a "surpresa" de ir para G♭7M)

Exercício 36 Faça a análise harmônica e em seguida a análise das escalas de acorde, realizando-as na pauta, a exemplo da música anterior:

A felicidade   *Tom Jobim e Vinicius de Moraes*

4ª PARTE
TÉCNICAS MECÂNICAS EM BLOCO

A ♦ TRÍADES A TRÊS E QUATRO VOZES

Na técnica *em bloco*, as vozes (entoadas pelos instrumentos ou canto) tocam na mesma divisão da melodia e representam o som do acorde. Na *posição cerrada*, as notas da tríade estão próximas umas das outras, separadas pelos intervalos de terça ou quarta:

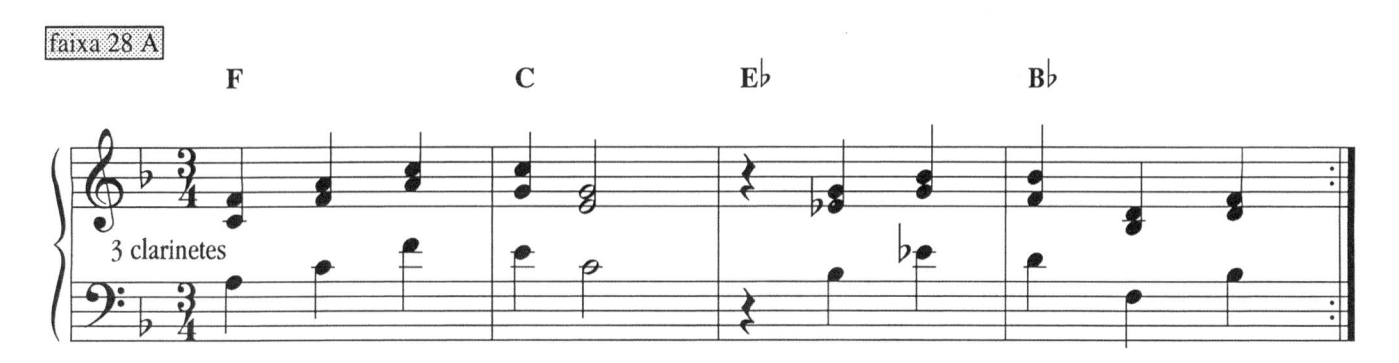

faixa 28 A

Na *posição aberta*, a 2ª voz "cai" uma oitava, por isso recebe o nome de *drop dois* ("drop" = deixar cair, em inglês):

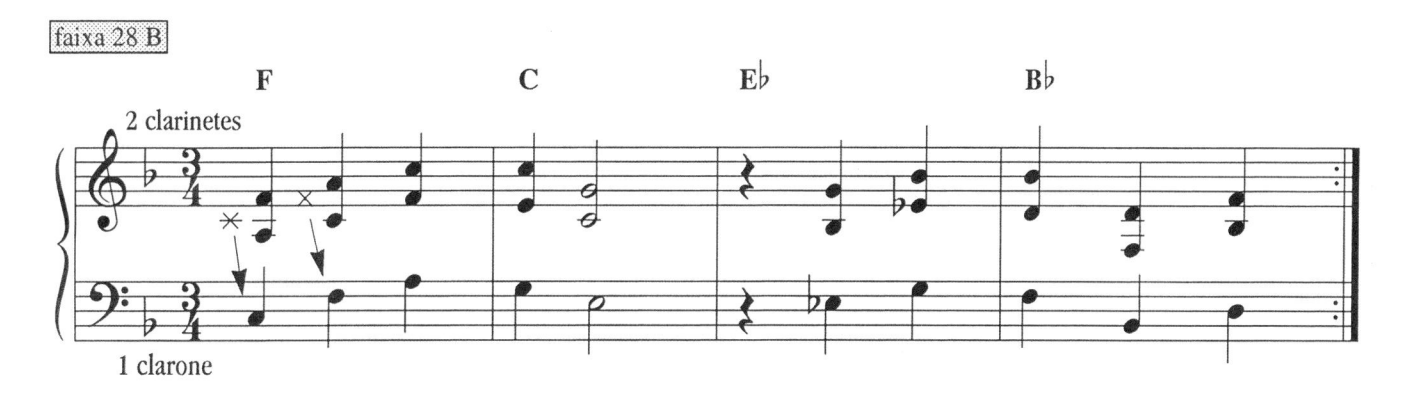

faixa 28 B

Regra – Quando a melodia não é nota de acorde, é considerada *substituta* da nota de acorde imediatamente inferior:

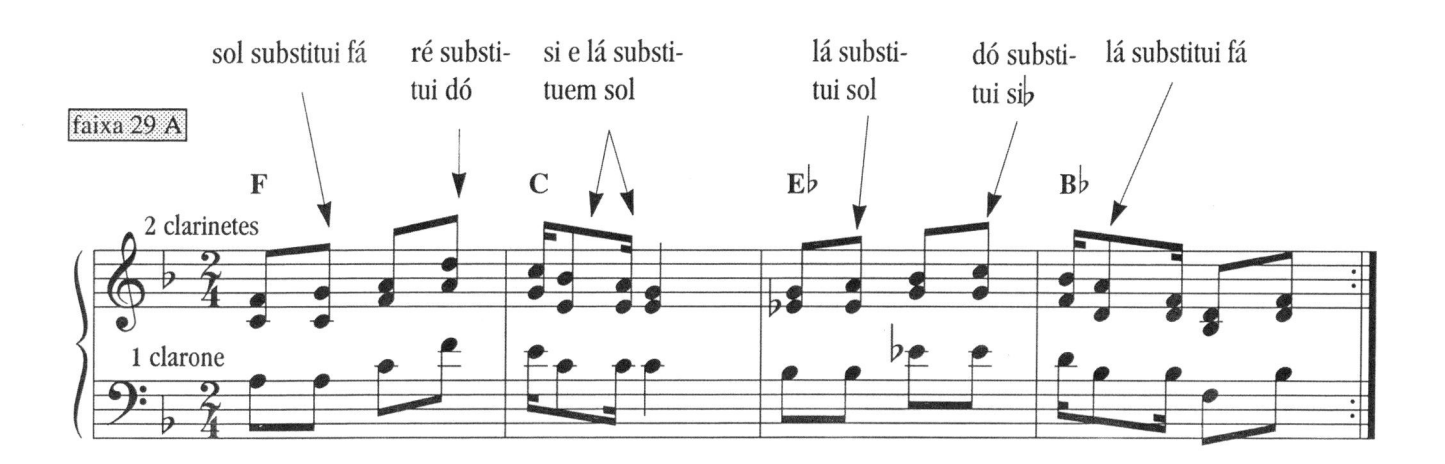

sol substitui fá
ré substitui dó
si e lá substituem sol
lá substitui sol
dó substitui si♭
lá substitui fá

faixa 29 A

ou em *drop 2*:

faixa 29 B

Trabalhando a *4 vozes*, uma delas será o reforço da melodia, oitava abaixo:

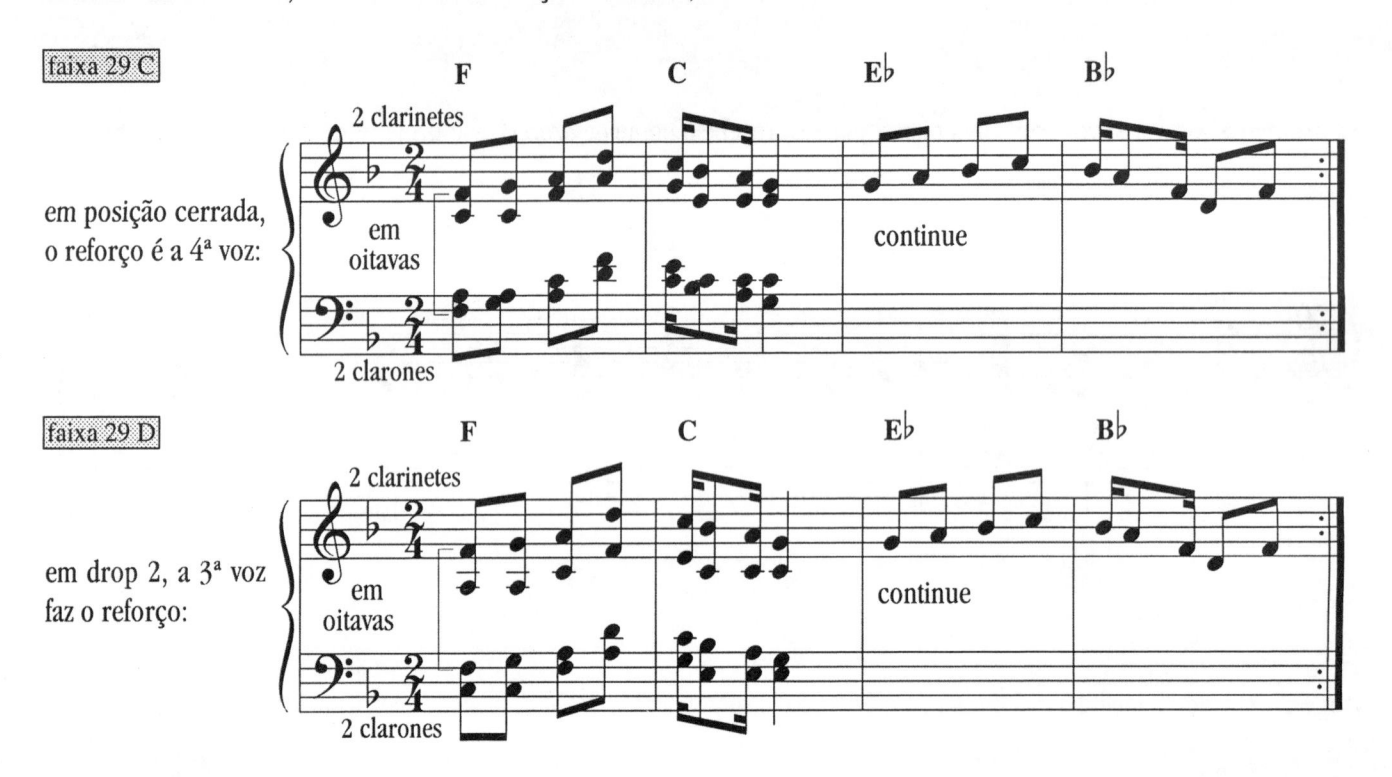

faixa 29 C

em posição cerrada,
o reforço é a 4ª voz:

faixa 29 D

em drop 2, a 3ª voz
faz o reforço:

Exercício 37 Escreva *Boi da cara preta* (folclore):

a. em posição cerrada para 3 vozes
b. em *drop 2* para 3 vozes
c. em posição cerrada para 4 vozes (com melodia reforçada 8▼)
d. em *drop 2* para 4 vozes (com melodia reforçada 8▼)

Use duas pautas (como nos exemplos dados)

[Partitura: Bb Gm Eb Cm F/A Ab F Bb — "Boi, boi, boi da cara preta, pega essa menina que tem medo de careta"]

B ◆ TÉTRADES A QUATRO VOZES

1 Uso restrito de notas de acorde

A linha melódica é potencialmente feita de notas que soam bem com o acorde que a acompanha, já que o acorde foi escolhido para "soar bem" com a melodia. A melodia é feita de notas do acorde e notas de tensão (notas da escala do acorde do momento).

Se o trecho melódico é executado *em bloco*, as vozes têm a mesma divisão da melodia e as notas do acorde são entre elas distribuídas. No caso específico de 4 vozes, cada voz será uma nota da tétrade. Se a melodia não for nota de acorde, ela estará substituindo a n.a. imediatamente inferior.

No exemplo a seguir, realizaremos, a quatro vozes em bloco, o fragmento melódico:

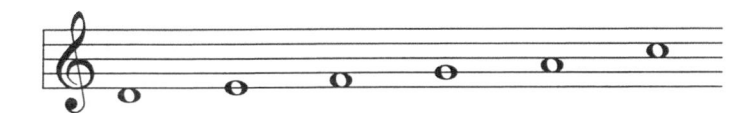

[Fragmento melódico em pauta]

Sendo tom **dó maior** e o acorde do momento Dm7, este fragmento é feito pelas notas da própria escala do acorde Dm7 (evitando **si**, que não soa bem com o mesmo):

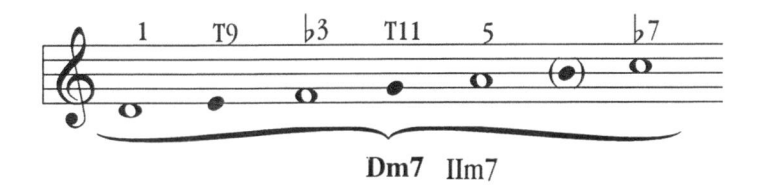

[Fragmento com graus: 1 T9 b3 T11 5 b7 — Dm7 IIm7]

Sabendo que a nota melódica fora de n.a. substitui a n.a. imediatamente inferior, passamos a realizar cada nota a 4 vozes:

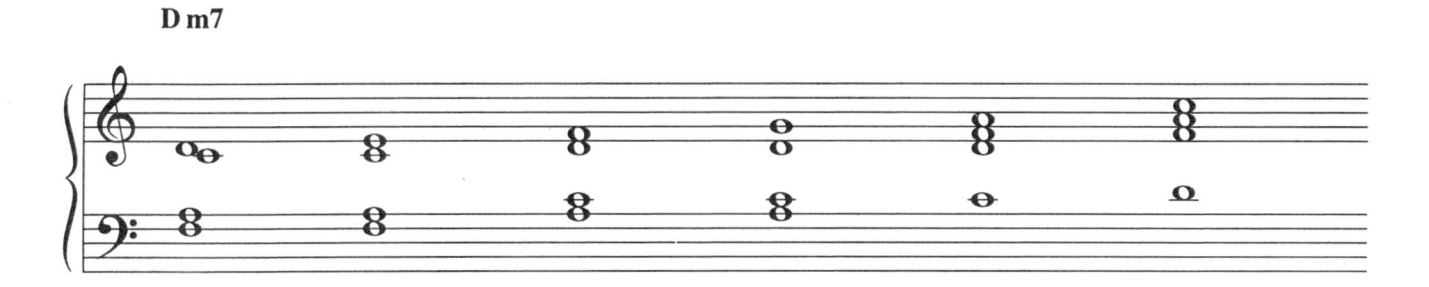

[Realização a 4 vozes do acorde Dm7]

Toda e qualquer elaboração vertical, em bloco, parte da nota da melodia (1ª voz) e prossegue de cima para baixo, utilizando as notas do acorde. Este é o princípio nas técnicas mecânicas, ora estudadas.

- **Posição cerrada**

A posição cerrada se dá pela superposição, em terças, das notas do acorde.

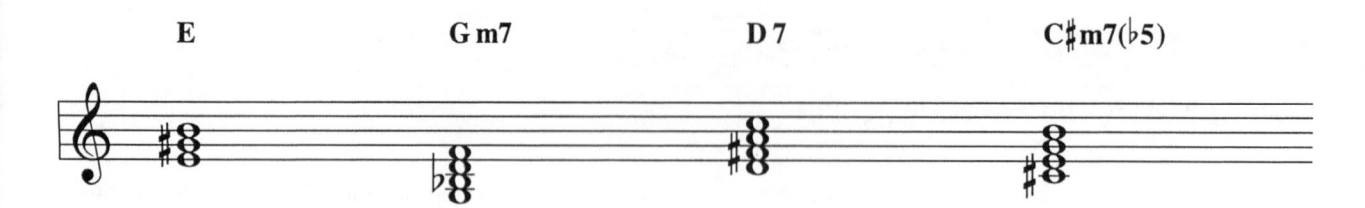

Nas inversões da tríade, surge um intervalo de 4ª entre as vozes vizinhas; nas inversões da tétrade, surge um intervalo de 2ª entre as vozes vizinhas:

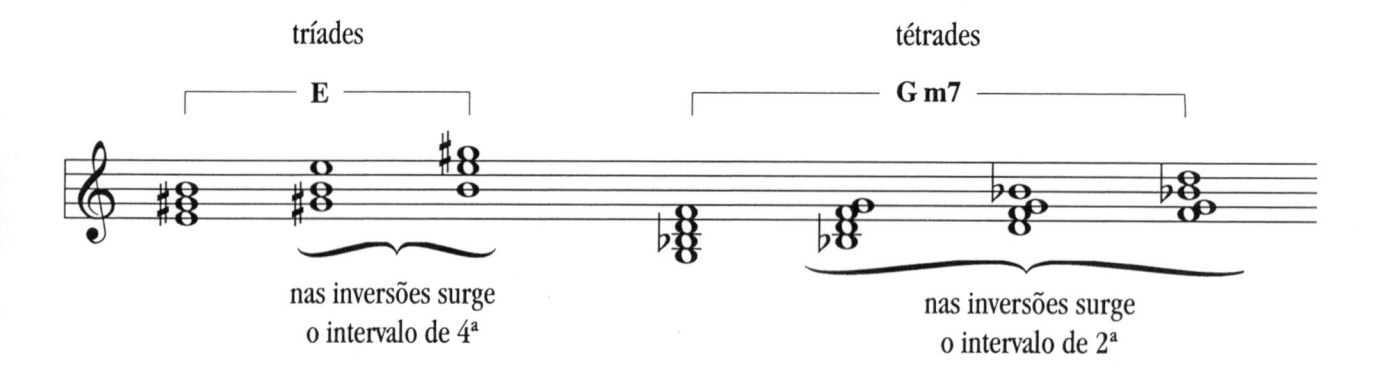

Na posição cerrada, o intervalo entre a 1ª e a última voz do naipe não alcança uma oitava.

Lembre-se: quando a melodia não é a nota de acorde, estará substituindo a nota de acorde imediatamente inferior. No exemplo abaixo, onde se dá essa situação?

I'm getting sentimental over you   *Ned Washington e George Bassman*

faixa 30

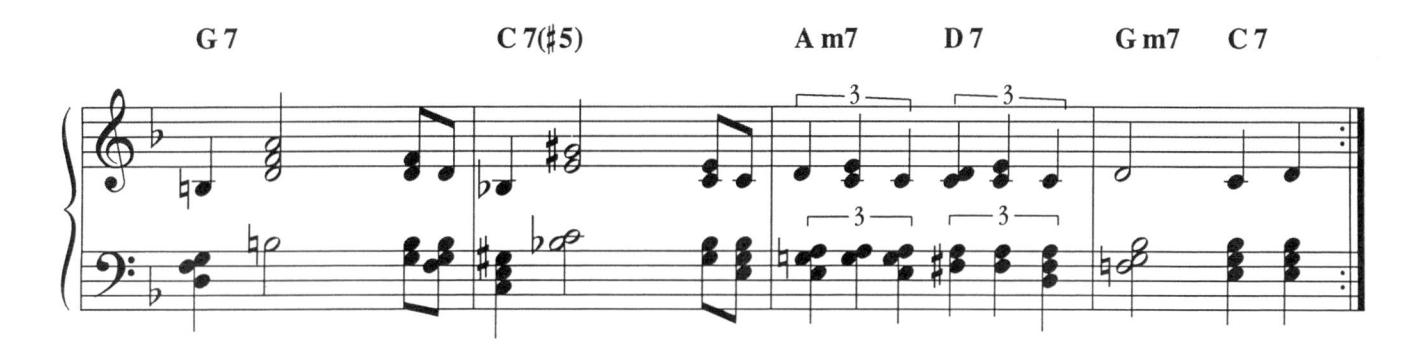

Notação – O exemplo acima e todos os anteriores foram anotados em duas pautas, nas claves 𝄞 e 𝄢. Quando um naipe trabalhar em bloco ou apresentar idéias relativamente simples de orquestração, é prático anotar o arranjo desta forma (em vez de cada instrumento ter a sua pauta individual).

As duas pautas formam um sistema chamado *sistema de onze linhas*; a 11ª linha é a linha suplementar entre as duas pautas, onde é localizada a nota **dó 3** (**dó** central) em ambas as claves (vide escala geral na pág. 14 do volume I).

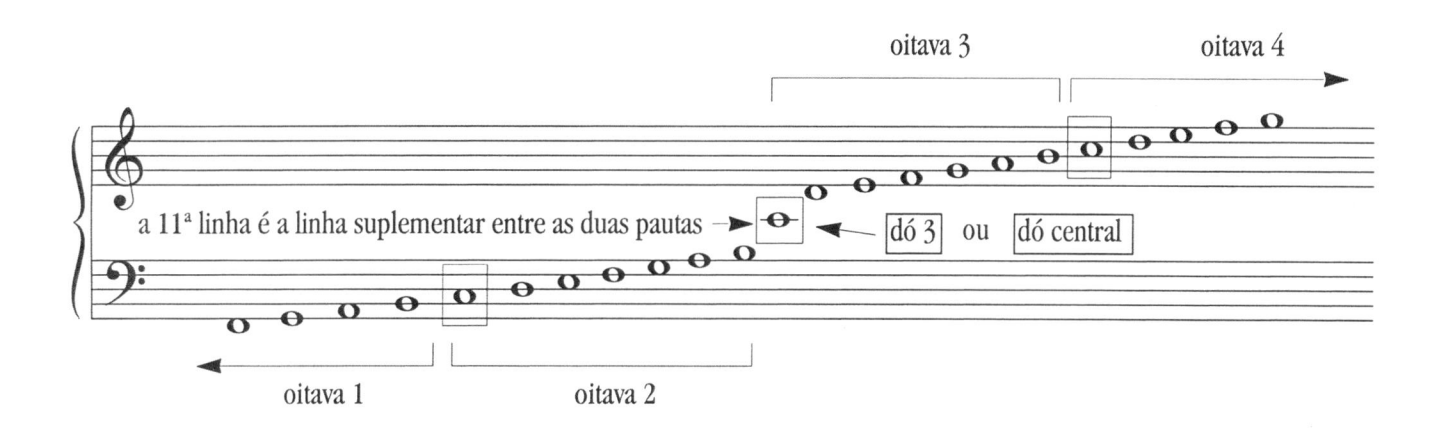

A notação no sistema de 11 linhas reúne várias vantagens. Sendo ela a própria notação pianística, facilita a escrita e releitura ao piano, correções e modificações. Esta notação "em bloco" tem boa visualização, harmônica e melodicamente, e permite a fácil memorização da extensão de cada instrumento.

A melhor região de execução instrumental está situada *dentro* do sistema de 11 linhas, qualquer que seja a instrumentação do naipe, e a nota **dó 3** (**dó** central) não só representa o centro do sistema, como também o centro da extensão aconselhável para a elaboração do arranjo.

Ao usar a notação no sistema de 11 linhas, não se deve utilizar linhas suplementares entre as duas pautas, exceto a nota **dó 3** (as linhas das vozes transitam livremente entre as duas pautas, conforme visto no exemplo acima). Só são usadas outras linhas suplementares quando a última voz passar acima do **dó 3** ou a primeira voz passar abaixo do **dó 3** (as duas vozes extremas nunca devem abandonar a respectiva pauta).

Estaria errado, por exemplo, anotar o início do exemplo *I'm getting sentimental over you* desta forma:

ou ainda:

Regra – Evitar o semitom entre 1ª e 2ª vozes, para não obscurecer a linha da melodia. Em nosso exemplo, a segunda nota da melodia é **fá** e a cifra, F7M. Obedecendo à técnica da posição cerrada, teríamos:

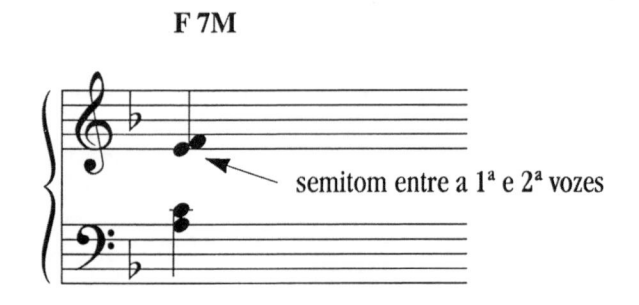

Para evitar o semitom entre 1ª e 2ª vozes, trocamos **mi** (7M do acorde) por **ré** (6M), igualmente disponível na escala do acorde:

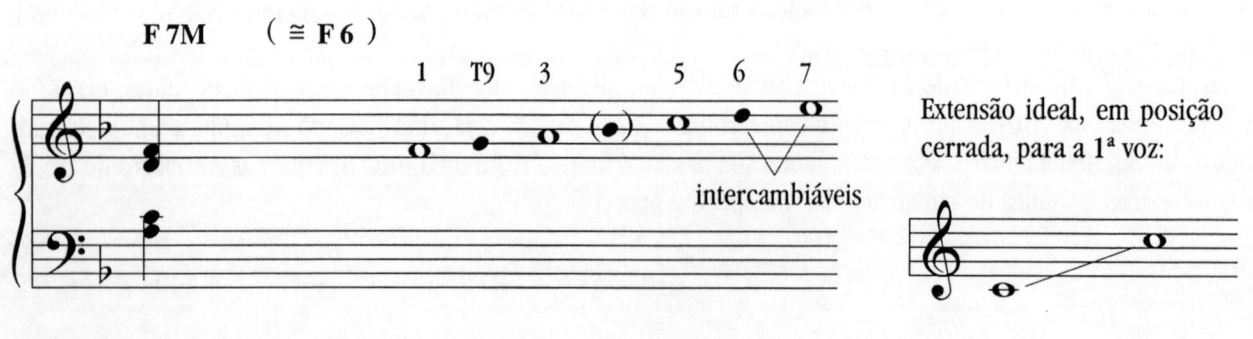

Extensão ideal, em posição cerrada, para a 1ª voz:

Exercício 38 Escreva *Sampa* (Caetano Veloso) em bloco, a 4 vozes, posição cerrada, no sistema de 11 linhas. Não esqueça que a nota antecipada ($1/2$ tempo ou menos, antes do tempo forte) faz antecipar também o novo acorde.

Exceção à regra – Quando a melodia é ♯11 do acorde (a nota **lá** em E♭7, no compasso 14 da música acima), estará substituindo 5 (a nota de acorde que fica acima e não a que fica abaixo, como anteriormente estudado).

Compare:

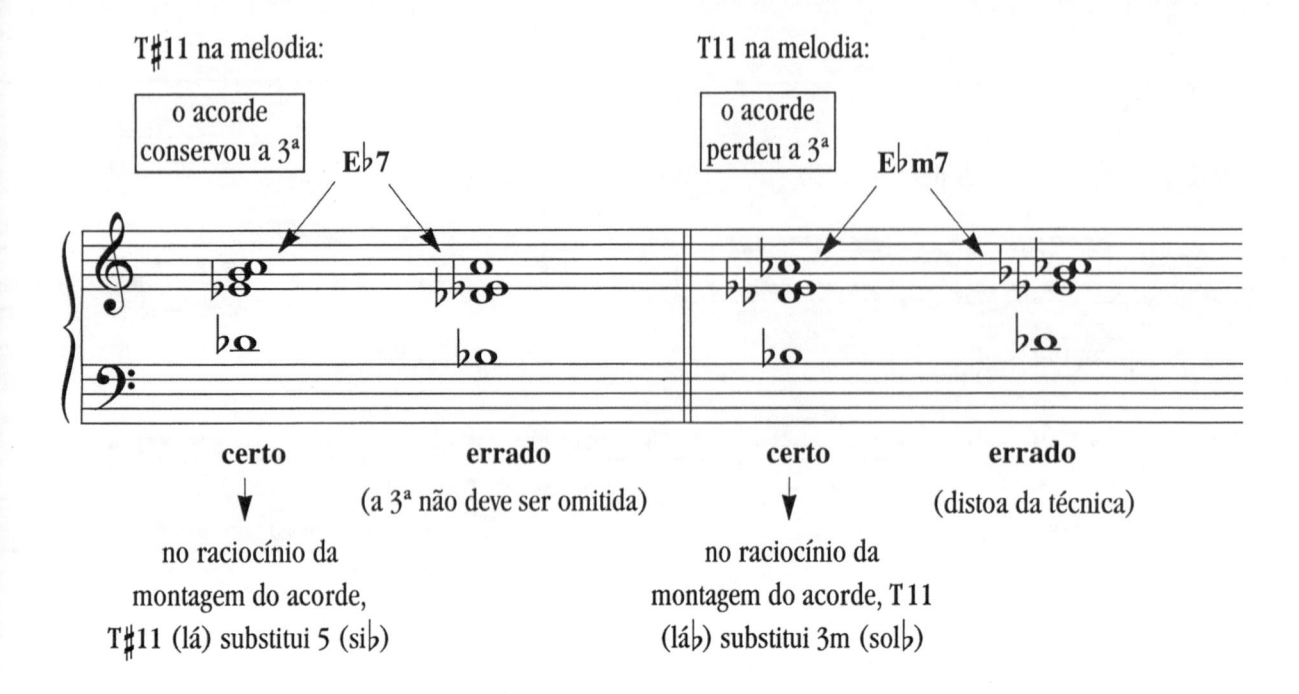

T♯11 na melodia: o acorde conservou a 3ª   E♭7
certo   errado
         (a 3ª não deve ser omitida)
↓
no raciocínio da
montagem do acorde,
T♯11 (lá) substitui 5 (si♭)

T11 na melodia: o acorde perdeu a 3ª   E♭m7
certo   errado
         (distoa da técnica)
↓
no raciocínio da
montagem do acorde, T11
(lá♭) substitui 3m (sol♭)

- **Posição aberta:** *drops*

No capítulo **A** vimos que a posição cerrada da tríade pode ser transformada em aberta quando a 2ª voz "cai" uma oitava: drop 2 (ou ↓2).

Nas tétrades a 4 vozes, a posição cerrada pode se transformar em aberta se efetuarmos um dos seguintes drops:

Seja a cifra **Dm7**

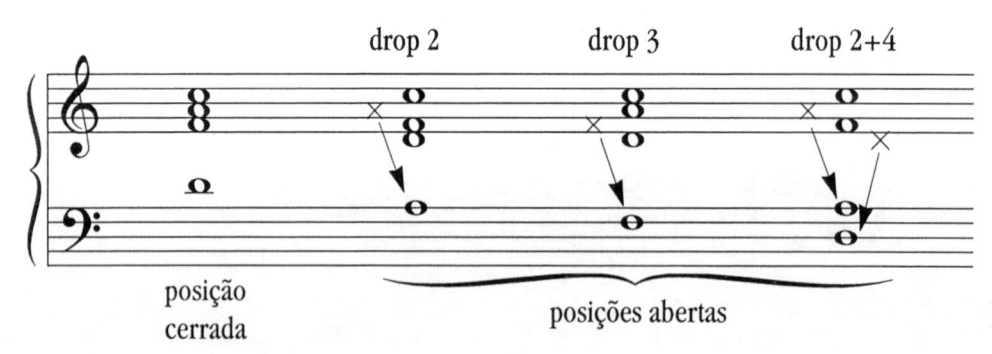

posição cerrada   drop 2   drop 3   drop 2+4
                   posições abertas

Com as técnicas de drops, conseguimos *aberturas* diferentes na posição (perfil) do acorde. Quanto mais aguda for a melodia, mais abrimos a posição (culminando em drop 2+4) e quanto mais grave, mais fechamos a posição (culminando em posição cerrada). Entretanto, numa frase melódica, a mesma posição deve ser mantida por todo o trecho – salvo grande salto – garantindo assim um som homogêneo.

Decidimos por esta ou aquela posição, baseados na altura *média* do trecho dado. Também devemos ter em mente que quanto mais aberta a posição, mais grossa e pesada será a sua textura. Drop 2 destaca a melodia, devido ao maior intervalo entre a 1ª e a 2ª voz.

Observação – Resultando de drop, pode surgir o intervalo de **9m** entre quaisquer vozes – não soa bem e *deve* ser evitado. Neste caso, troca-se a nota do acorde por nota alternativa (nota da escala).

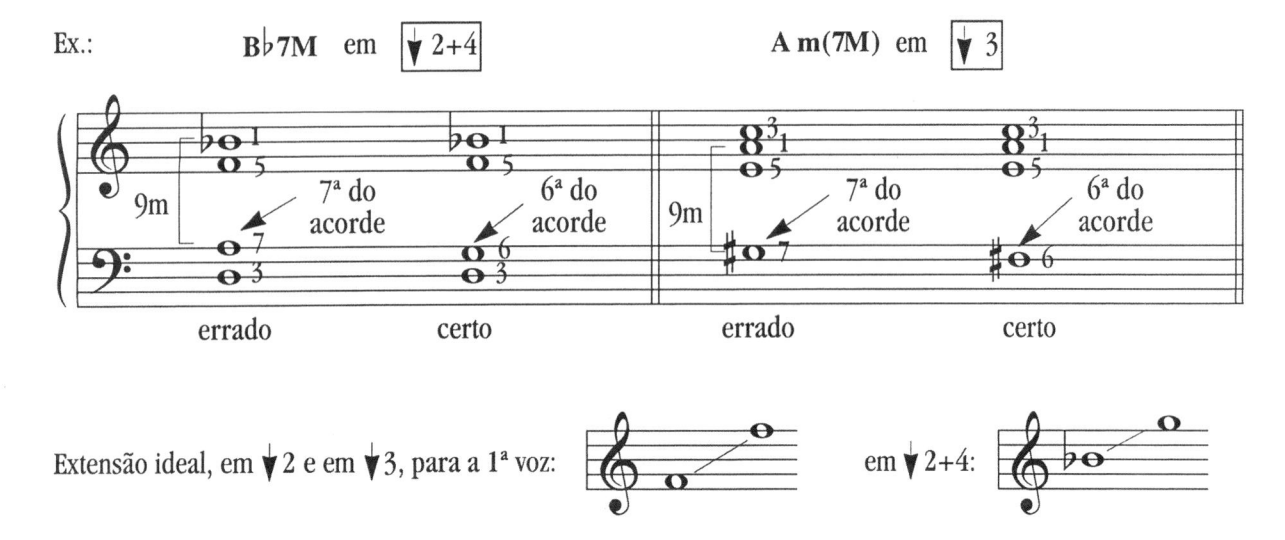

Ex.:   Bb7M em ↓2+4   A m(7M) em ↓3

        errado   certo   errado   certo

Extensão ideal, em ↓2 e em ↓3, para a 1ª voz: em ↓2+4:

Nos exemplos abaixo, as notas melódicas serão as *escalas de acordes* relativas a cada cifra (para explorar todas as notas melódicas possíveis). Se a melodia ficar aguda demais para a posição escolhida, a escala será interrompida, continuando oitava abaixo.

Exemplo 1

D 7M   lídio   IV7M   ↓2

lá maior

(a escala segue 8ª abaixo para continuar na região ideal)

si substitui dó# para evitar b9 vertical

Exemplo 2

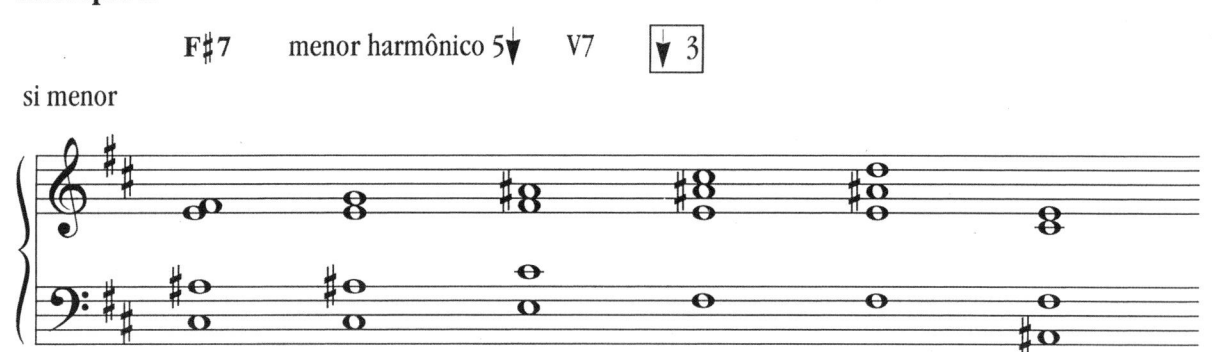

F#7   menor harmônico 5↓   V7   ↓3

si menor

Observe: a 4J é evitada na escala, não aparecendo na harmonia nem na melodia.

Exercício 39 Escreva as escalas de acordes indicadas pelas cifras e faça a realização de cada nota, na posição indicada (como nos exemplos anteriores). Faça a análise harmônica das cifras para chegar às escalas.

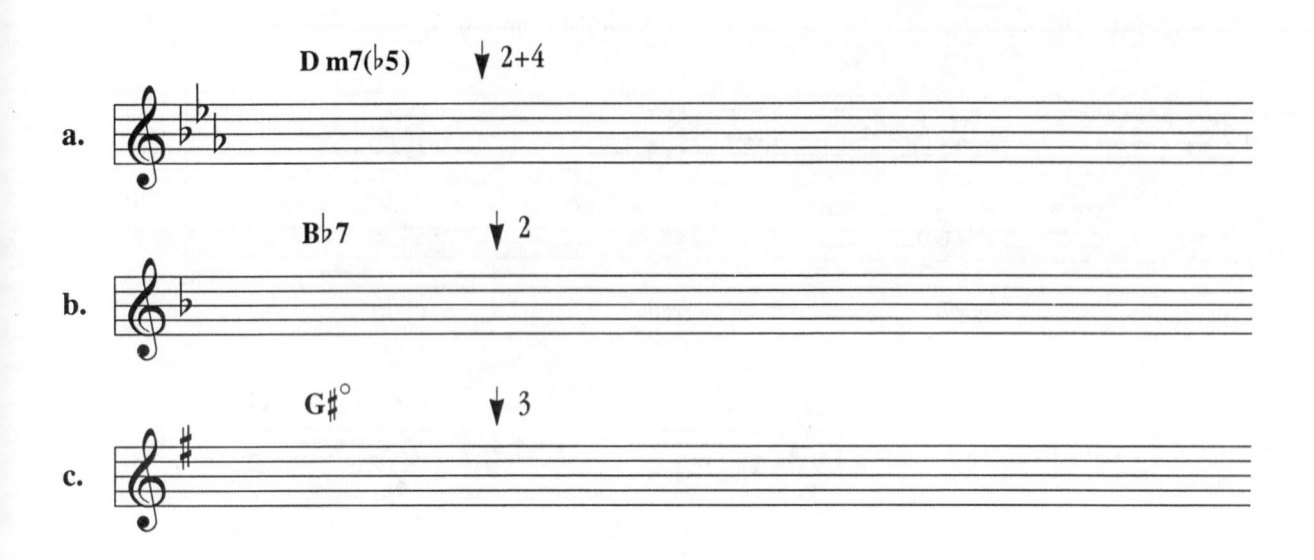

a. D m7(♭5) ↓2+4

b. B♭7 ↓2

c. G♯° ↓3

Exercício 40 Escreva *Sampa* (Caetano Veloso) em bloco, a 4 vozes, posição ↓2. A melodia deve ser transposta (a partir do exercício 38) para tom que resulte em região favorável para o drop 2.

Exercício 41 Escreva *I'm getting sentimental over you* (Ned Washington e George Bassman) em bloco, a 4 vozes, posição ↓2+4 (vide exemplo na pág. 72). Procure o tom ideal para a posição indicada.

Exercício 42 Dado o tom (sempre maior) pela armadura, a cifra, a nota melódica (1ª voz) e a posição, escreva o acorde. Faça a análise harmônica e a de escala.

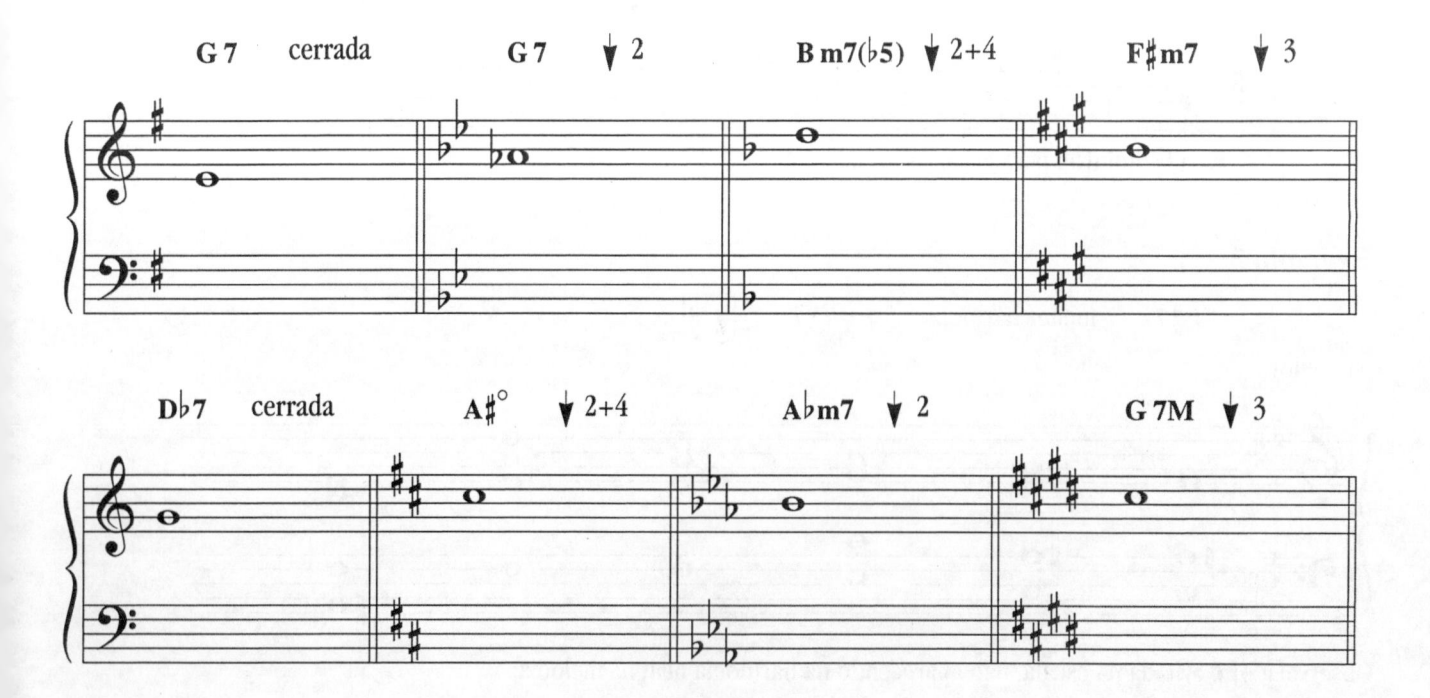

G 7   cerrada   G 7   ↓2   B m7(♭5) ↓2+4   F♯m7   ↓3

D♭7   cerrada   A♯°   ↓2+4   A♭m7   ↓2   G 7M   ↓3

Exercício 43 Identifique os acordes e as posições. Faça a análise harmônica nos tons respectivos (sempre maiores):

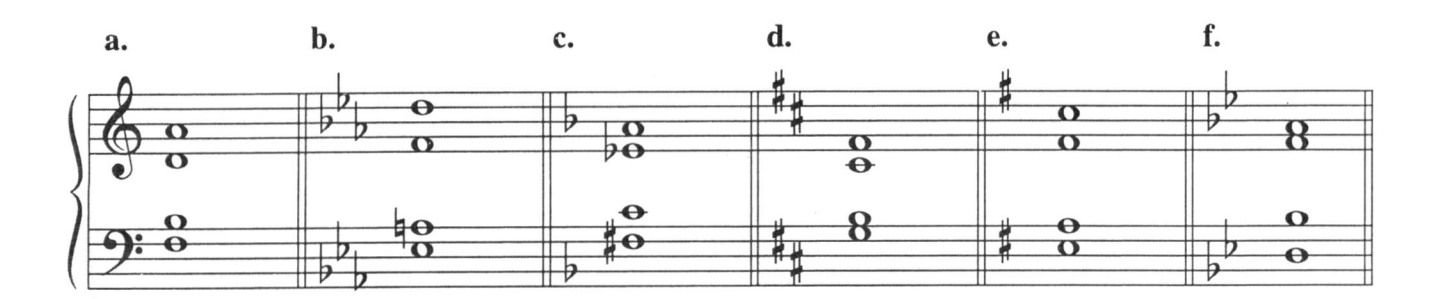

2 | Uso de notas de acorde e de tensão harmônica

As notas que caracterizam o som do acorde não devem faltar na sua formação. São elas:

TIPO DE ACORDE	NOTAS CARACTERÍSTICAS	
	imutáveis	alternativas
7M	3M	7M/6M
m7	3m * 7m	
6	3M 6M	
m6	3m 6M	
m(7M)	3m	7M/6M
dom 7	3M 7m	
dom 7_4	4J 7m	

* exceto em m7(11)

As notas 1 e 5, entretanto, podem ser substituídas por notas de tensão que lhes sejam vizinhas e estejam disponíveis na escala do acorde (assim, 9 ♭9 ♯9, substituem 1; ♯11 13 ♭13, substituem 5):

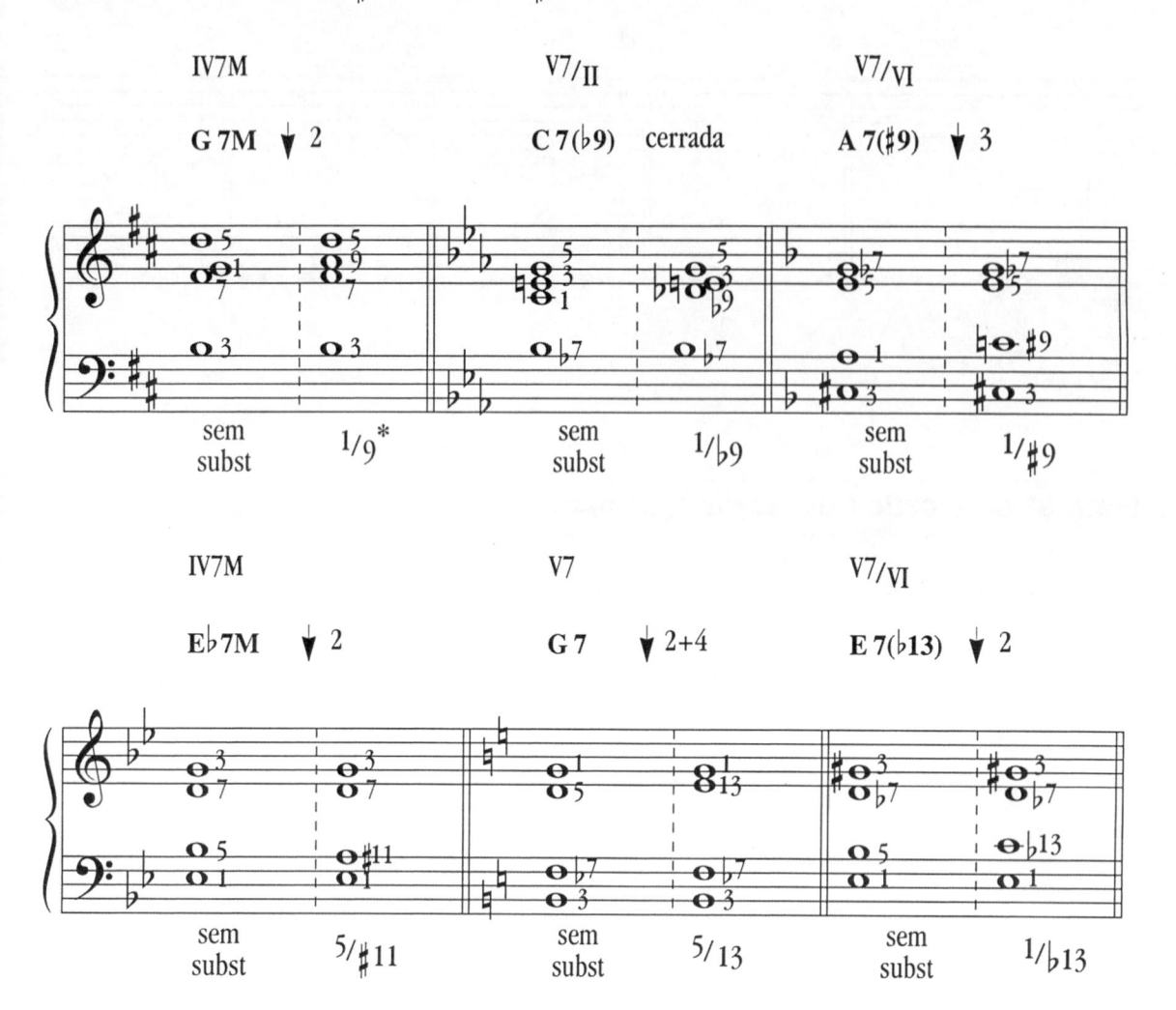

* leia-se: "1 substituído por 9" (note como o acorde fica mais "equilibrado", com maior simetria entre seus intervalos internos)

Nos *acordes diminutos*, todas as notas de acorde são características, mas podem ser substituídas por notas de tensão (que se encontram um tom acima das notas de acorde):

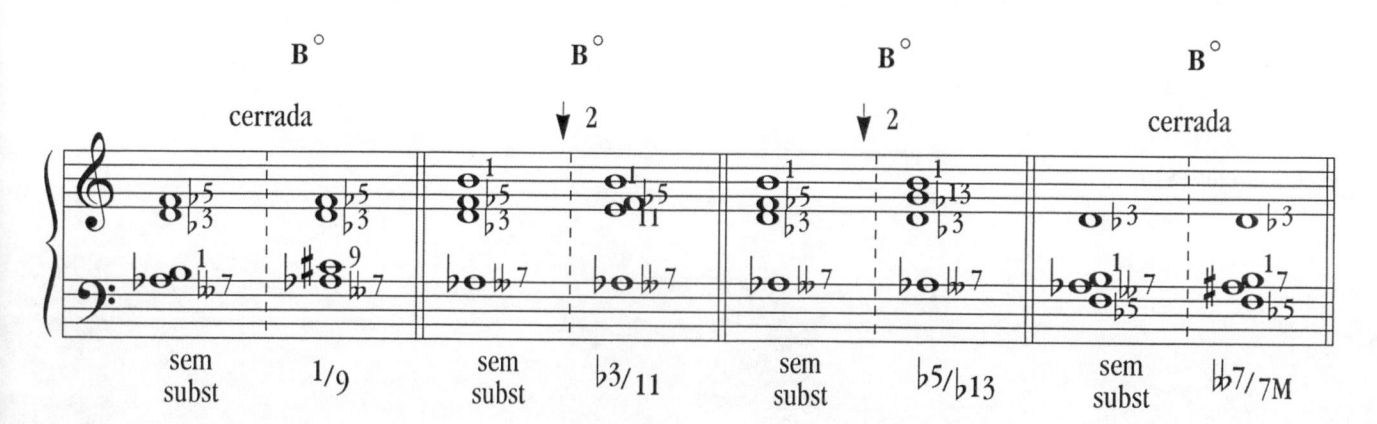

Atenção: para as notas de tensão nos acordes diminutos, só as notas diatônicas à tonalidade são disponíveis, sendo recomendada apenas *uma* substituição em cada posição.

exemplo

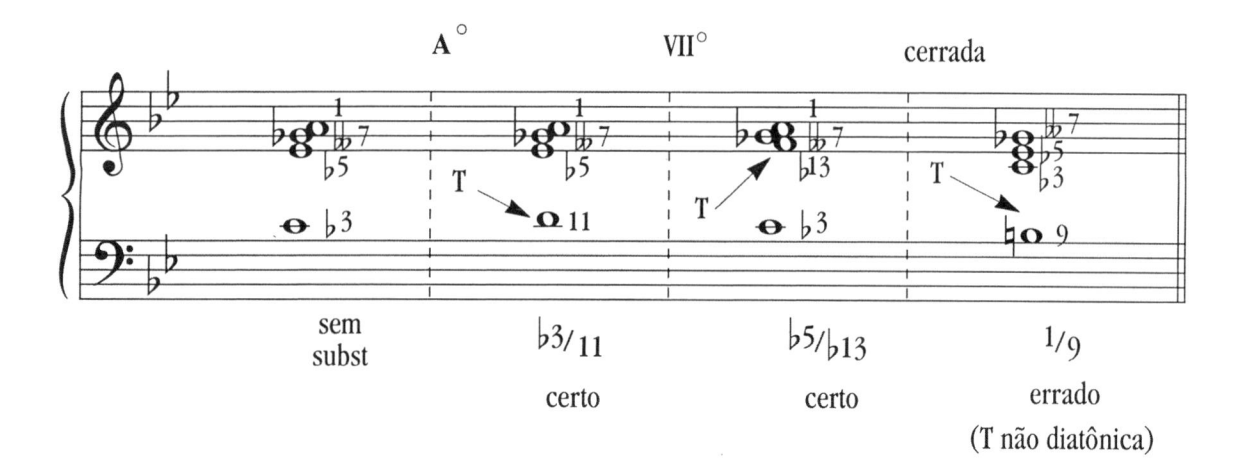

sem subst	♭3/11	♭5/♭13	1/9
	certo	certo	errado
			(T não diatônica)

A exemplo dos acordes diminutos, todas as notas de acorde dos *meios-diminutos* são características, e 1 é substituído por 9, se diatônica. Outras substituições não são disponíveis. *

exemplo

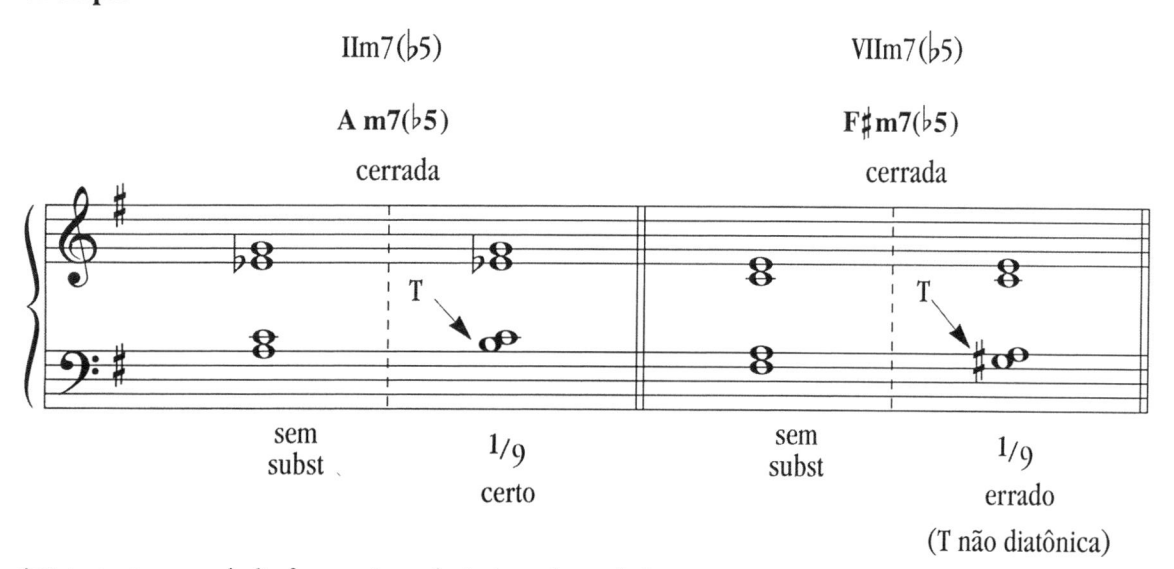

sem subst	1/9	sem subst	1/9
	certo		errado
			(T não diatônica)

* Entretanto, se melodia for tensão, substitui n.a. logo abaixo.

Essas notas são as *tensões harmônicas* (em contrapartida às tensões melódicas, já estudadas no capítulo B 1) e enriquecem notavelmente o som do naipe em bloco. Na linguagem jazzística, ou onde dissonância é desejada, o uso restrito de notas de acorde (estudado no capítulo B 1) deve ser evitado; o uso de notas de tensão harmônica deve ser adotado.

CUIDADOS ESPECIAIS NA MONTAGEM DE QUALQUER POSIÇÃO:

1 Em tétrades a 4 vozes, não há dobramento de notas em uníssono ou em oitavas
2 O intervalo entre vozes adjacentes deve ser inferior à oitava
3 Semitom entre 1ª e 2ª vozes deve ser evitado

Ex.:

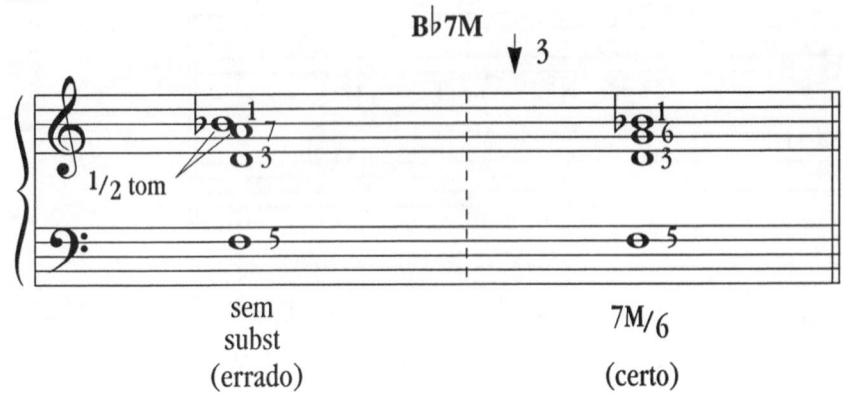

4 Evitar 9m entre quaisquer vozes, adjacentes ou não, exceto ♭9/1 em dom7

Ex.:

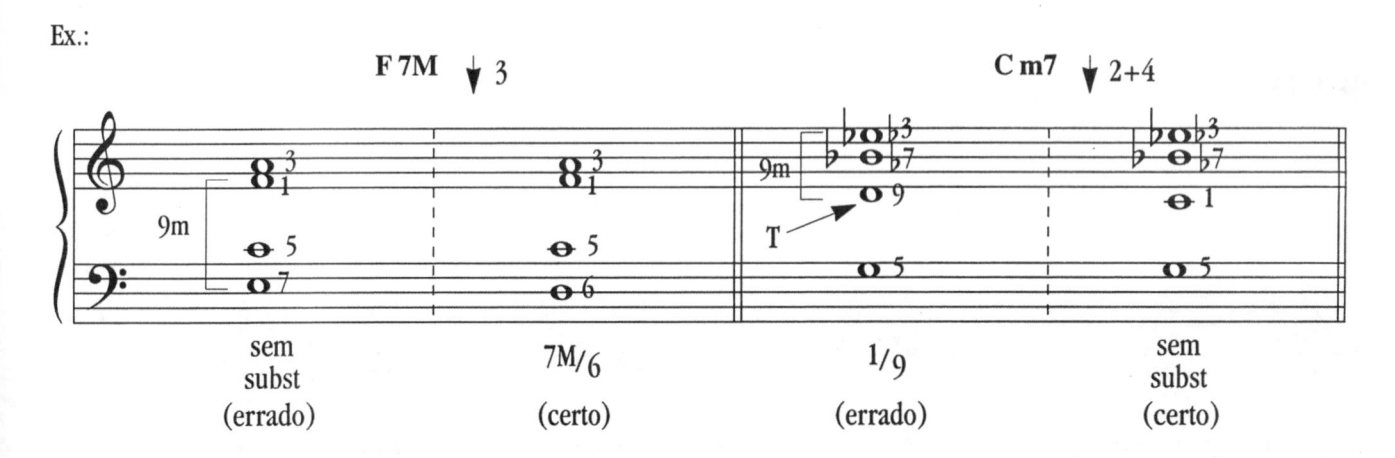

5 *Limite de intervalo grave (LIG)*. Na região grave, cada intervalo tem seus próprios limites, abaixo dos quais perdem a clareza sonora, prejudicando a percepção harmônica. Esses limites independem da qualidade da fonte sonora ou da função que ocupam no acorde, mas são inerentes a cada intervalo:

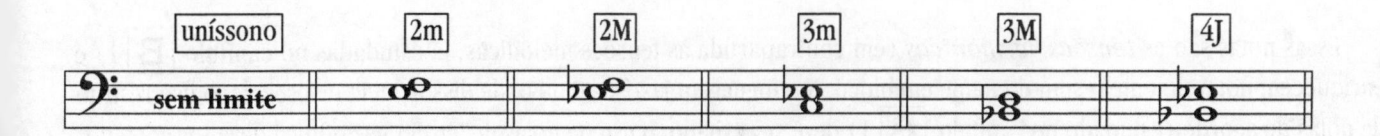

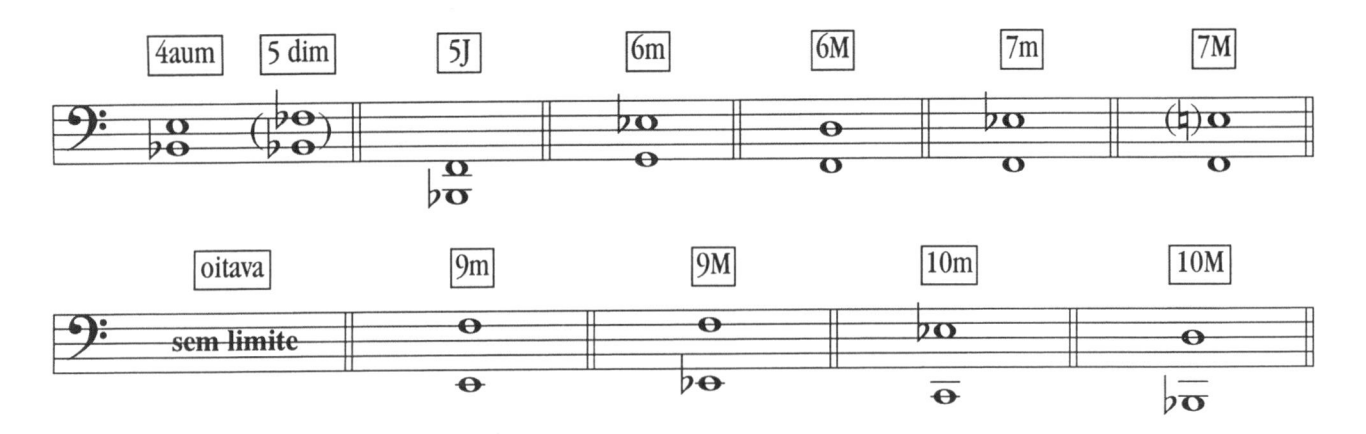

Exemplos de violações de LIG:

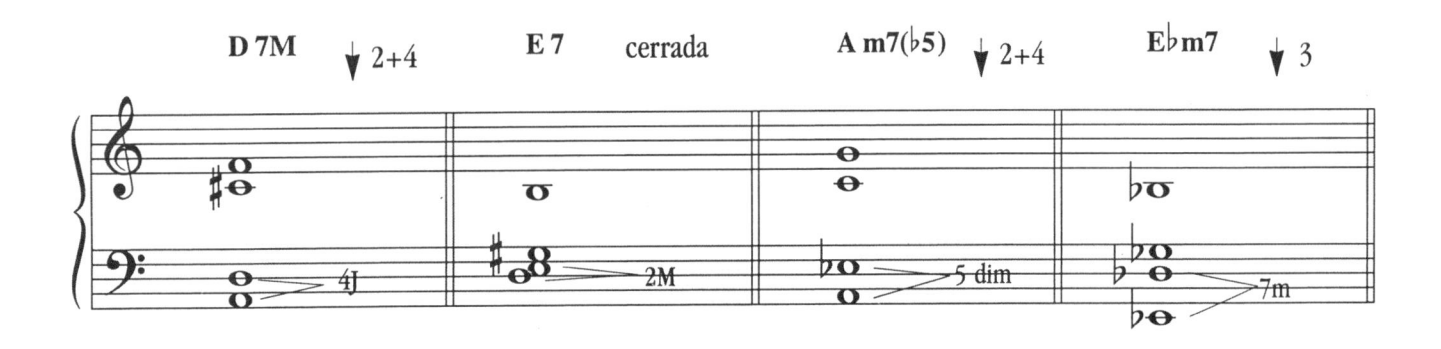

Quando a última voz do naipe não for o baixo do acorde, o baixo deve ser "assumido" e o LIG também a ele aplicado.

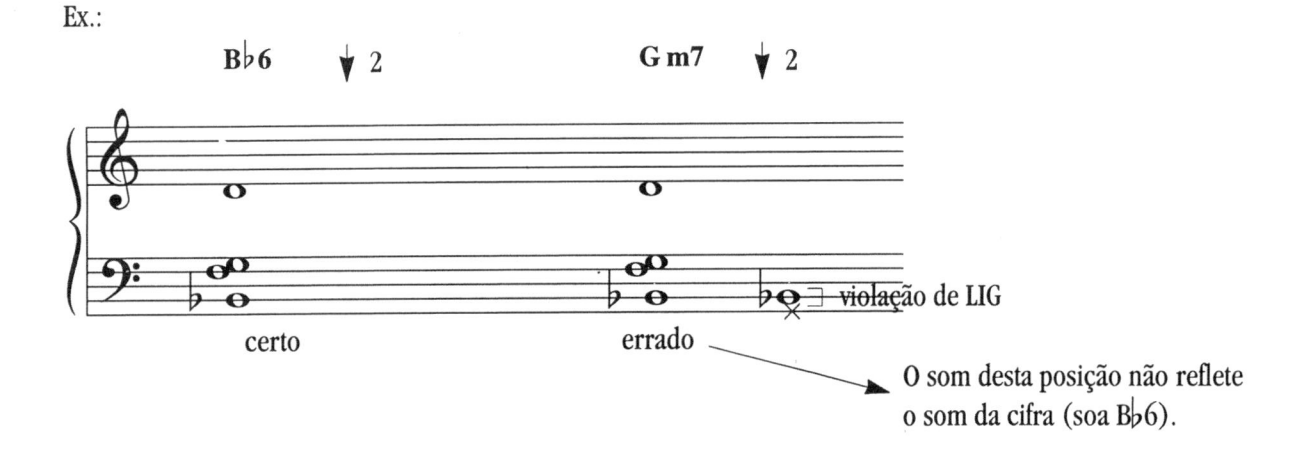

Ex.:

O som desta posição não reflete o som da cifra (soa B♭6).

6 Não usar em posição aberta resultante de drops, as tensões 13 ♭13 ou ♯9 na *última voz* (♭9 é permitido), pois o som não refletirá o acorde indicado e, no caso de 13 e ♯9, surgirá o intervalo 9m (a ser evitado).

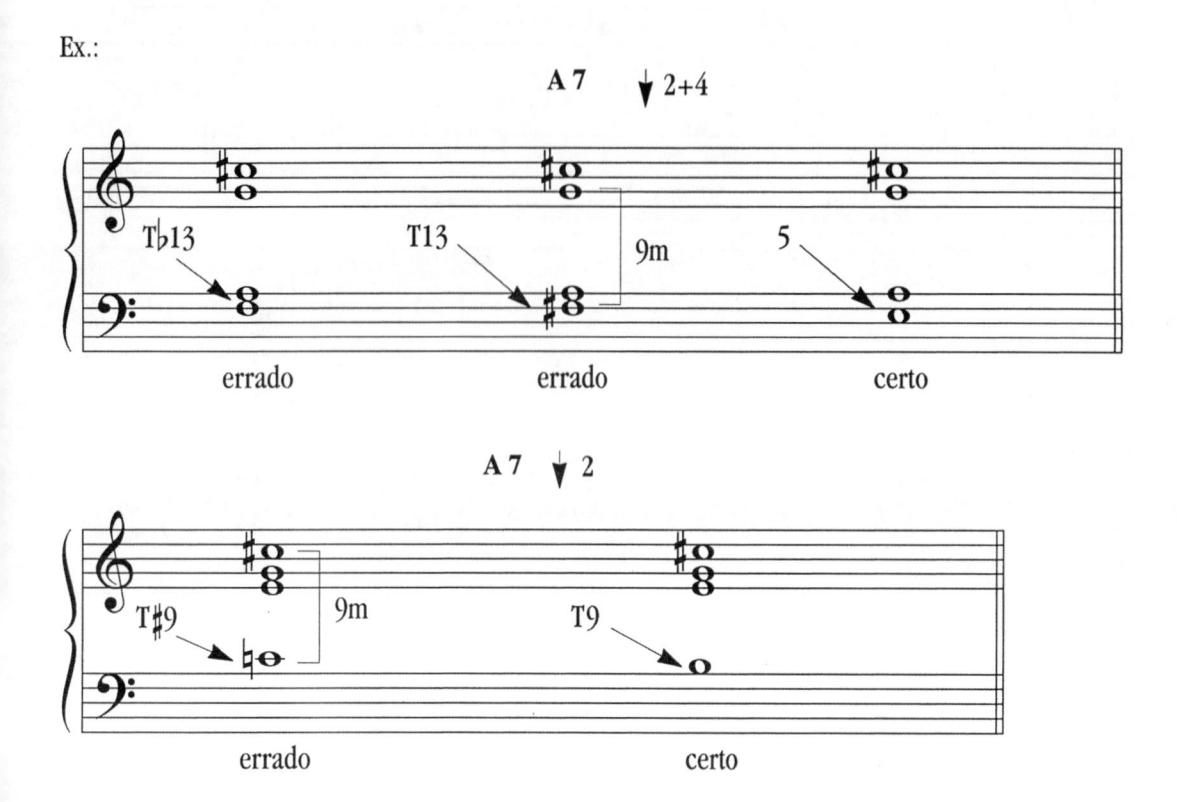

Ex.:

Exercício 44 Por que o intervalo de 9m aparece na posição aberta, quando 13 ou ♯9 estão na última voz?

7 Note que T11 substitui 5; entretanto, se T11 for nota melódica (tensão melódica), substitui ♭3 (n.a. imediatamente inferior), já visto no capítulo A .

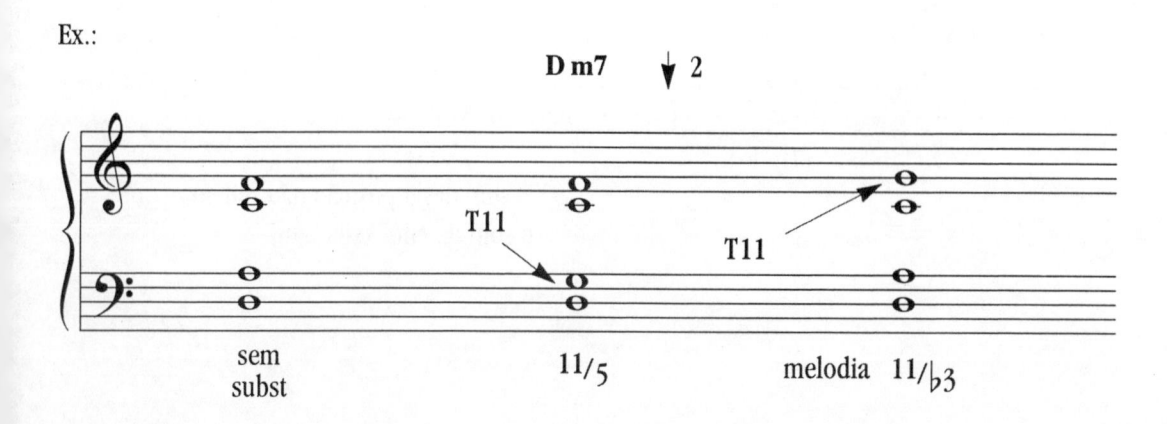

Ex.:

8 No caso específico em que a melodia é 1 do acorde dom7(♭9) e a posição é cerrada, tem ótimo efeito omitir 7 e usar ♭9 (a 7ª não faz falta porque ♭9 define claramente o som dom7, já que ocorre apenas neste tipo de acorde).

Ex.:

normal (T♭9 não é possível)   melhor (com ♭9 e sem 7)

Giant steps   *John Coltrane*

* opção para 3ª voz.

Comentários

Para a realização de *Giant steps* a 4 vozes em bloco, foi escolhido um tom ideal para a boa sonoridade do quarteto, dados os instrumentos que nele participam. A música foi dividida em seis trechos (ou frases) e em cada trecho foi adotada uma posição própria (cerrada ou drops dos 3 tipos) para que cada instrumento permanecesse dentro de sua faixa de boa sonoridade e execução confortável. Na escolha da posição, bastou definir a extensão melódica de cada trecho. As notas melódicas foram numeradas para identificação, na análise.

Por exemplo, no 1º trecho (notas 1-5), a extensão da melodia é:

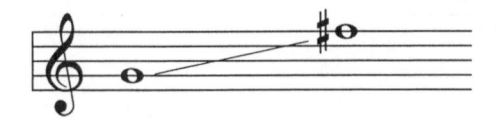

e a posição escolhida ficou drop 2 (quanto mais aguda a melodia, mais aberta a posição). Sabe-se também que a região mais grave resulta em som mais rico em harmônicos, tendo em mente, entretanto, a região de violação de limite de intervalo grave (LIG).

Exercício 45 **a.** Assinale, no exemplo *Giant steps*, os seis trechos escolhidos e a extensão de cada um;
b. quais as posições escolhidas em cada trecho;
c. dê duas formações instrumentais, entre saxes e metais, para que o arranjo resulte em boa sonoridade;
d. coloque as quatro posições aprendidas em ordem de abertura (tamanho), começando pela menor.

A montagem vertical dos acordes foi feita com a utilização de notas de acordes e substituições por tensão. Para decidir as tensões disponíveis, foi necessário deduzir *escalas* relativas a cada acorde, a partir da análise harmônica completa:

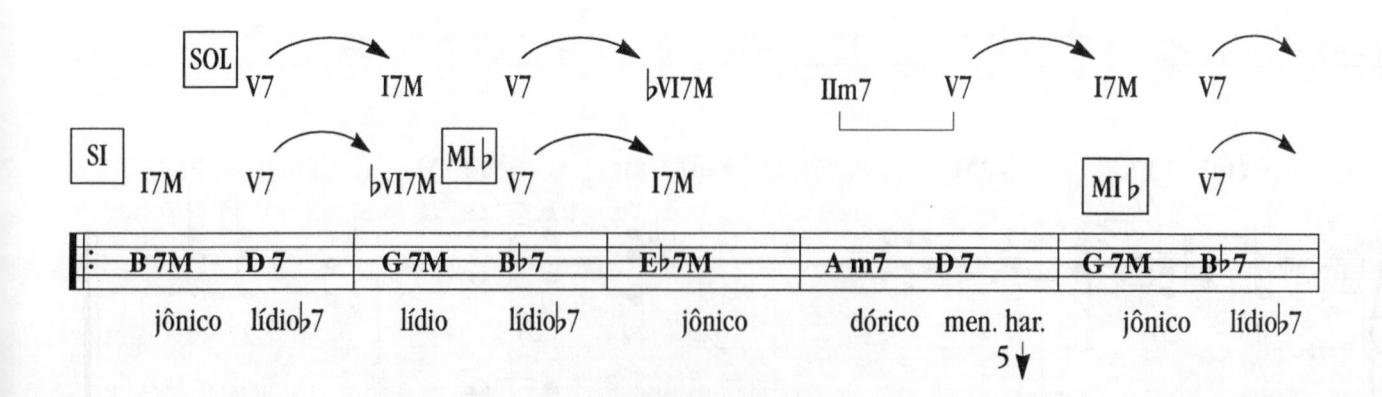

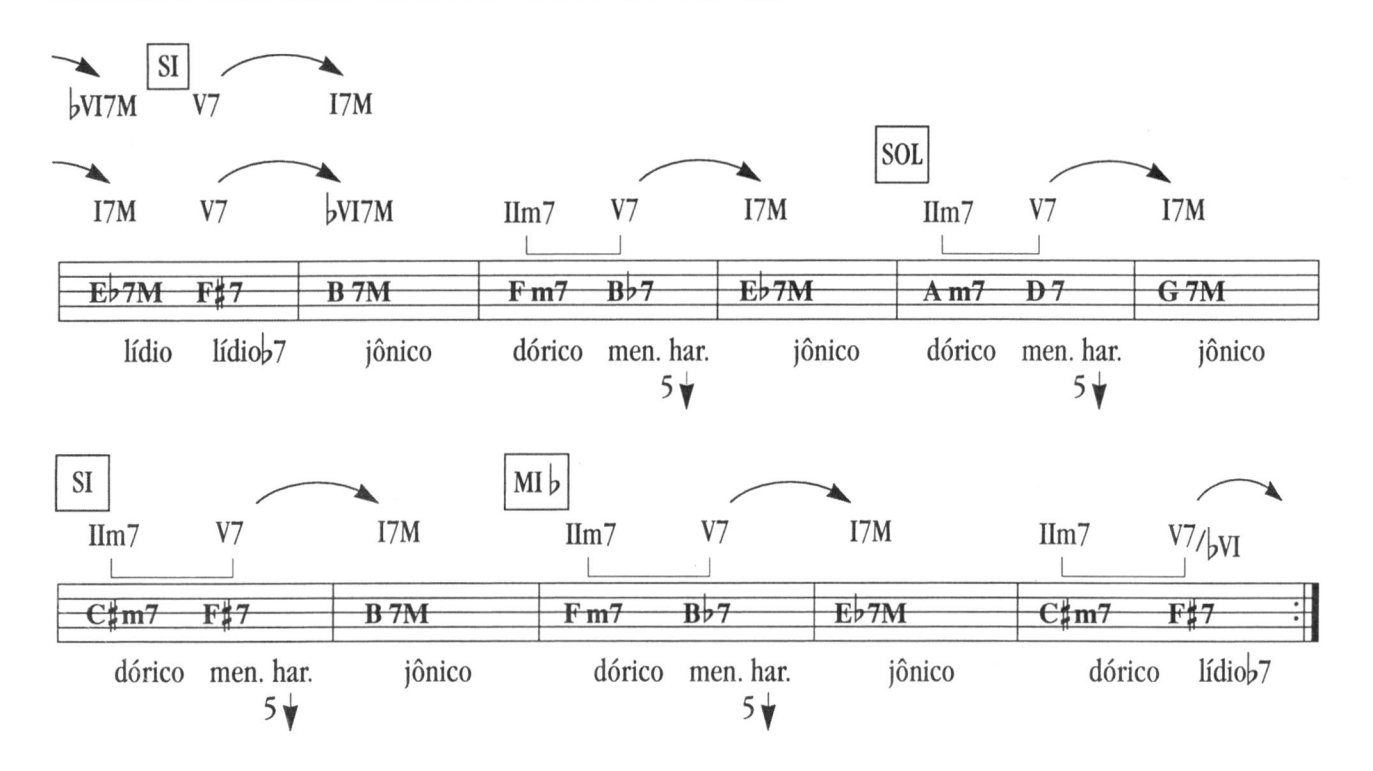

```
    ↘  [SI]
  ♭VI7M    V7      I7M
                                                          [SOL]
  ↘       ↘        ↘              ↗                ↗              ↗
  I7M     V7      ♭VI7M    IIm7   V7      I7M    IIm7   V7      I7M
```

| E♭7M F♯7 | B 7M | F m7 B♭7 | E♭7M | A m7 D 7 | G 7M |

lídio lídio♭7   jônico   dórico men. har.   jônico   dórico men. har.   jônico
                                      5↓   5↓

```
 [SI]                          [MI♭]
 IIm7   V7      I7M    IIm7   V7      I7M    IIm7   V7/♭VI
```

| C♯m7 F♯7 | B 7M | F m7 B♭7 | E♭7M | C♯m7 F♯7 :||

dórico men. har.   jônico   dórico men. har.   jônico   dórico lídio♭7
         5↓   5↓

Exercício 46 a. As notas de tensão ou de escala disponíveis são

– em jônico   9M 6 7   (continue)

– em lídio♭7 ...

– em dórico ...

– em menor harmônico 5↓ ...

b. Em cada acorde (no exemplo *Giant steps*) onde houve substituição de nota de acorde por tensão ou por nota de escala, assinale as substituições. Por ex.: no 1º acorde $1/9$, no último acorde $5/{\sharp}11$. Obs.: nota melódica não conta.

c. Por que foi usado 6 no acorde 22?

d. Qual é o acorde onde a 3ª foi dispensada e por quê?

Exercício 47 Escreva *When I fall in love*, em bloco, a 4 vozes, tom de **sol maior**, para quarteto de saxes (2 altos e 2 tenores). Adote o seguinte plano de trabalho:

– análise harmônica
– decisão pelas escalas de acordes (que darão as notas de tensão e de escala disponíveis), baseada na análise harmônica
– divisão da música em trechos (frases melódicas)
– levantamento da extensão melódica em cada trecho
– decisão pela posição a usar em cada trecho, baseada nas respectivas extensões melódicas (no compasso 18 use a posição cerrada na última nota, pois ela, sendo grave, está isolada entre notas agudas)
– na realização das posições dos acordes debaixo das notas melódicas, utilizam-se as notas das escalas dos respectivos acordes, sendo recomendada a substituição de notas de acordes por tensão onde possível, para obter riqueza de som.

When I fall in love
Heyman e Young

balada, lento

C ♦ APROXIMAÇÃO HARMÔNICA

1 Generalidades

recordação – Quando um naipe toca em bloco, as vozes executam notas diferentes com a mesma divisão e são extraídas do acorde do momento (notas de acorde, notas de tensão ou notas de escala).

definição – Certas notas melódicas de duração curta podem ser harmonizadas com acorde diferente do indicado pela cifra. Para que o ouvido aceite esse novo som (chamado *aproximação harmônica*), duas condições são necessárias:

a. que a melodia seja *nota de aproximação* *
b. que o som do novo acorde tenha um vínculo com o acorde que o segue

Vejamos cada uma das condições:

a. A nota de aproximação melódica deve:

– ser de duração curta (menos de 1 tempo, eventualmente 1 tempo)
– ser imediatamente seguida pela nota de chegada e deve alcançá-la por grau conjunto (tom ou semitom); a nota de chegada deve ser harmonizada com o acorde original
– ocupar tempo ou parte de tempo mais fraco do que a nota de chegada (a nota de chegada deve ocupar tempo ou parte de tempo mais forte, não necessariamente em relação à métrica do compasso, mas dentro da acentuação que a pulsação rítmica lhe atribui).

b. Os *vínculos* possíveis entre o acorde de aproximação e de chegada são:

– identidade de estrutura
– relação dominante ⌢▶ resolução

observações

– A condução de vozes em bloco caracteriza-se pelo movimento constante, nos mesmos padrões rítmicos da melodia, onde notas repetidas são indesejáveis, embora toleráveis. A aproximação harmônica evita repetição de notas e deve ser aplicada onde a linha melódica progride por notas vizinhas. Empresta colorido e enriquece o som do naipe quando, nos momentos de aproximação, oferece harmonia diferente da original.
– A aproximação harmônica é inevitável em casos de notas melódicas *fora* do som de acorde (nota cromática ou "evitada")
– Quando a nota de aproximação melódica for nota de acorde, de tensão ou de escala, o acorde de aproximação torna-se opcional, apesar de bastante recomendado.
– A seção rítmico-harmônica (guitarra-piano-baixo) *não* participa na aproximação harmônica; a dissonância produzida pela audição simultânea do acorde de aproximação do naipe e da harmonia original do acompanhamento gratifica o ouvido pela sua riqueza (entretanto, a participação da seção rítmico-harmônica, nas chamadas *convenções*, deve ser anotada).
– A análise melódica pode levar a várias soluções no que se refere à localização da nota de aproximação e da nota de chegada. Entretanto, deve-se procurar o som de aproximação nas notas de "movimento" e o som de chegada nas notas de "repouso" relativo, revelando a tendência natural da linha melódica, com suas ondulações e impulsos rítmicos, sem contrariá-la.

* leia o capítulo "Análise melódica" - Vol I - 2ª parte - C 2

exemplo

Chega de saudade   *Tom Jobim e Vinicius de Moraes*

Dada a melodia cifrada, iremos em busca de notas melódicas às quais podem ser atribuídos *acordes de aproximação*. Estas serão as *notas de aproximação*. A busca a essas notas deve seguir a seqüência abaixo:

① análise harmônica
② análise melódica
③ análise de escalas
④ localização de notas melódicas não-disponíveis na escala de acorde ("evitadas" e cromáticas)
⑤ notas melódicas curtas que precedem, por grau conjunto, notas mais longas ou seguidas por salto
⑥ quando houver uma série de notas melódicas curtas e de duração igual, separadas por grau conjunto, elas poderão alternar entre "aproximação" e "chegada"; primeiro deve ser identificada a última nota de chegada e em seguida as outras em ordem retrógrada, alternadas entre aproximação e chegada:

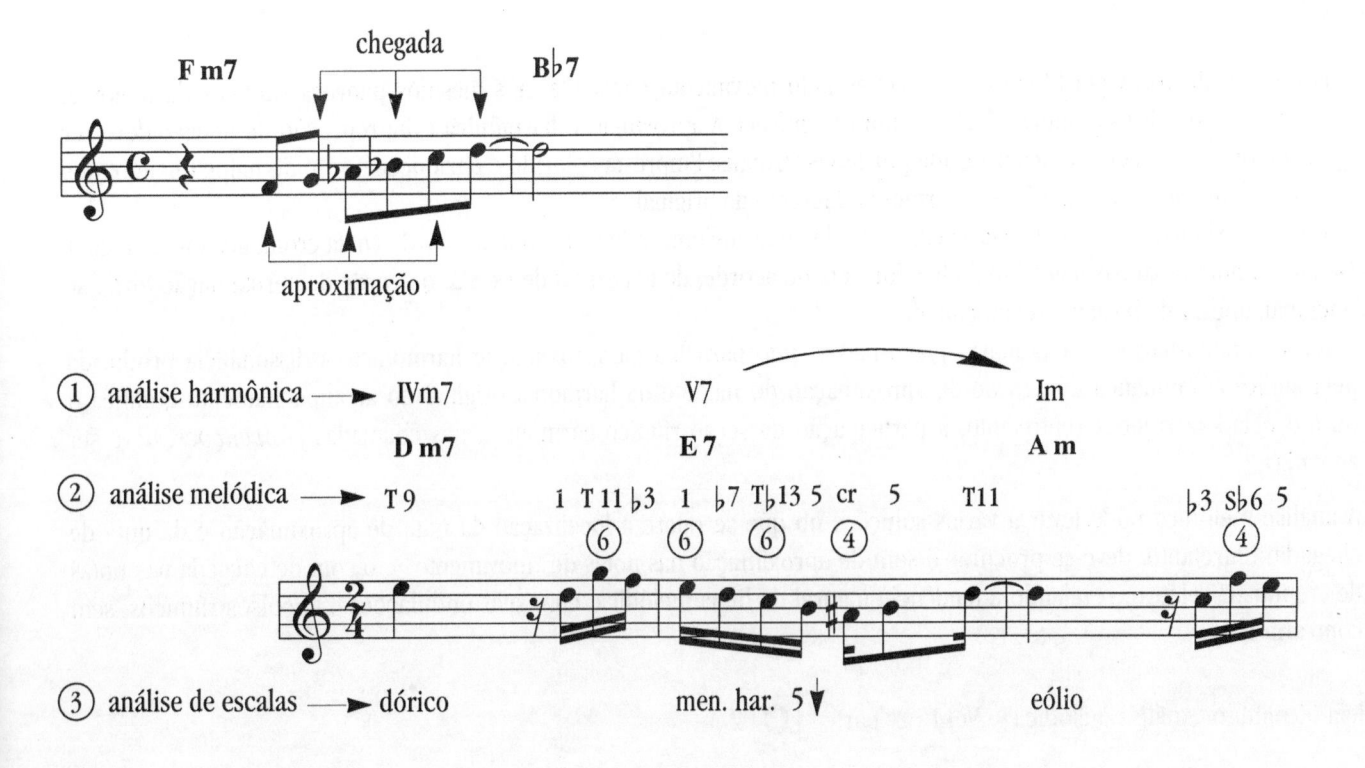

① análise harmônica ⟶ IVm7   V7   Im
                      D m7   E 7   A m

② análise melódica ⟶ T 9   1 T11 ♭3   1 ♭7 T♭13 5 cr 5   T11   ♭3 S♭6 5
                             ⑥   ⑥   ⑥ ④   ④

③ análise de escalas ⟶ dórico   men. har. 5↓   eólio

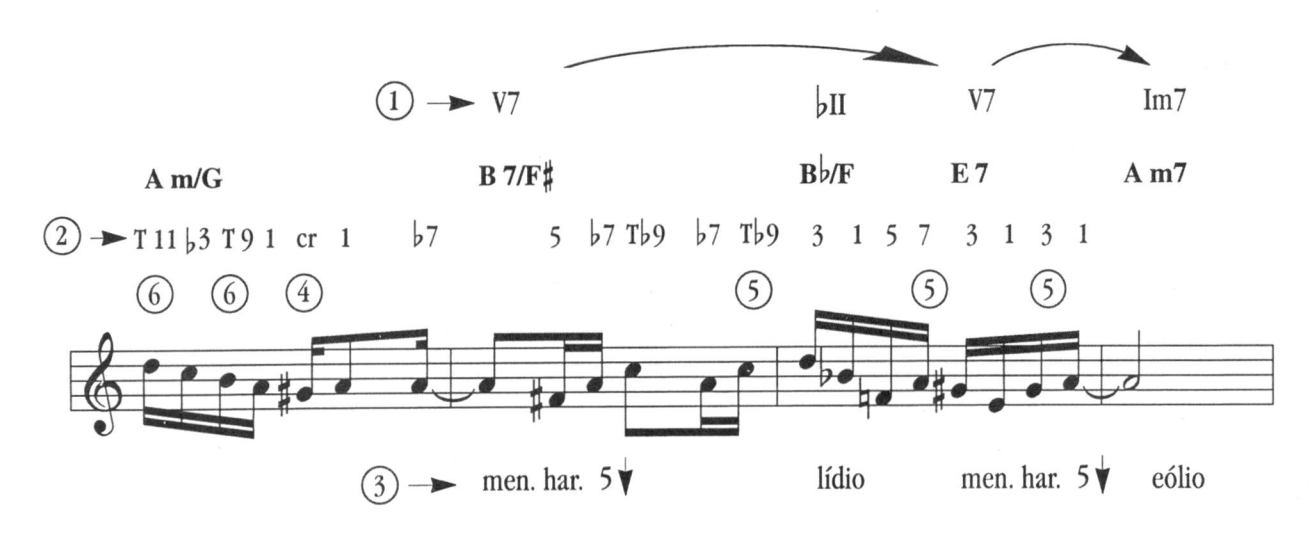

Exercício 48 Escolher as notas mais próprias para aproximação em *Samba de verão* (Marcos Valle e Paulo Sérgio Valle). Use o método proposto no exemplo anterior.

2 Aproximações

Preliminar – Ao elaborar as aproximações de qualquer melodia, em qualquer formação instrumental, a divisão do trabalho em etapas distintas facilita muito a tarefa. É conveniente partir de uma etapa para a outra somente após a definição da primeira, adotando a seguinte ordem:

1. decidir quais as notas melódicas a serem harmonizadas por acorde de aproximação
2. elaborar, para o naipe, os acordes que *não* sejam de aproximação (usando a técnica / perfil escolhido)
3. decidir qual o tipo de aproximação a ser usado nos pontos escolhidos (eliminar as aproximações inviáveis, através da análise da linha melódica)
4. elaborar os acordes de aproximação, um por um (sempre em sentido retrógrado), partindo do acorde de chegada previamente elaborado.

Aproximações simples

- **Aproximação cromática**

É aplicada onde a nota de aproximação alcança a nota da chegada por *semitom* (cromático ou diatônico). Todas as vozes andam por semitom, e na mesma direção.

Yes sir, no sir

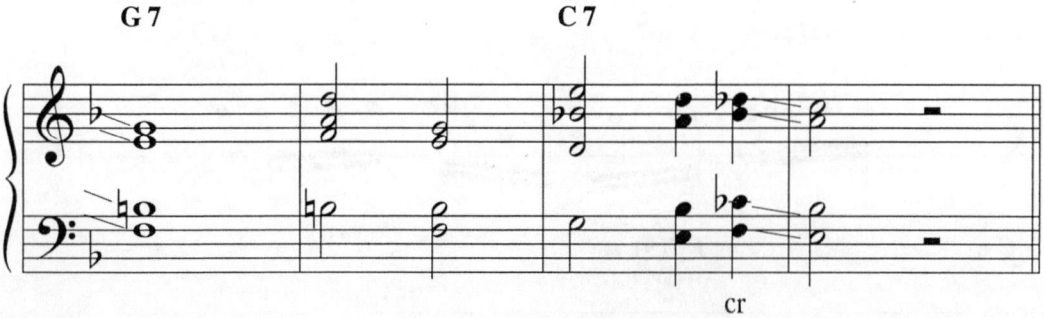

Exercício 49 Identifique os perfis (drops) no exemplo anterior.

Exercício 50 No trecho abaixo, escolha as notas para aproximação cromática e execute o bloco para naipe a 4 vozes com o perfil indicado. Use o plano de trabalho apresentado.

Estrada branca (2ª parte)   *Tom Jobim e Vinicius de Moraes*

- Aproximação diatônica

É aplicada onde as notas de aproximação e de chegada pertencem a um trecho melódico diatônico, separadas por 2M ou 2m, sendo a nota de chegada harmonizada por acorde diatônico. Todas as vozes caminham por grau conjunto diatônico e na mesma direção, de forma que o acorde de aproximação resulte também em acorde diatônico, sendo, portanto, cifrável.

Ex.:

Exemplo

Eu não existo sem você   *Tom Jobim e Vinicius de Moraes*

faixa 32 B

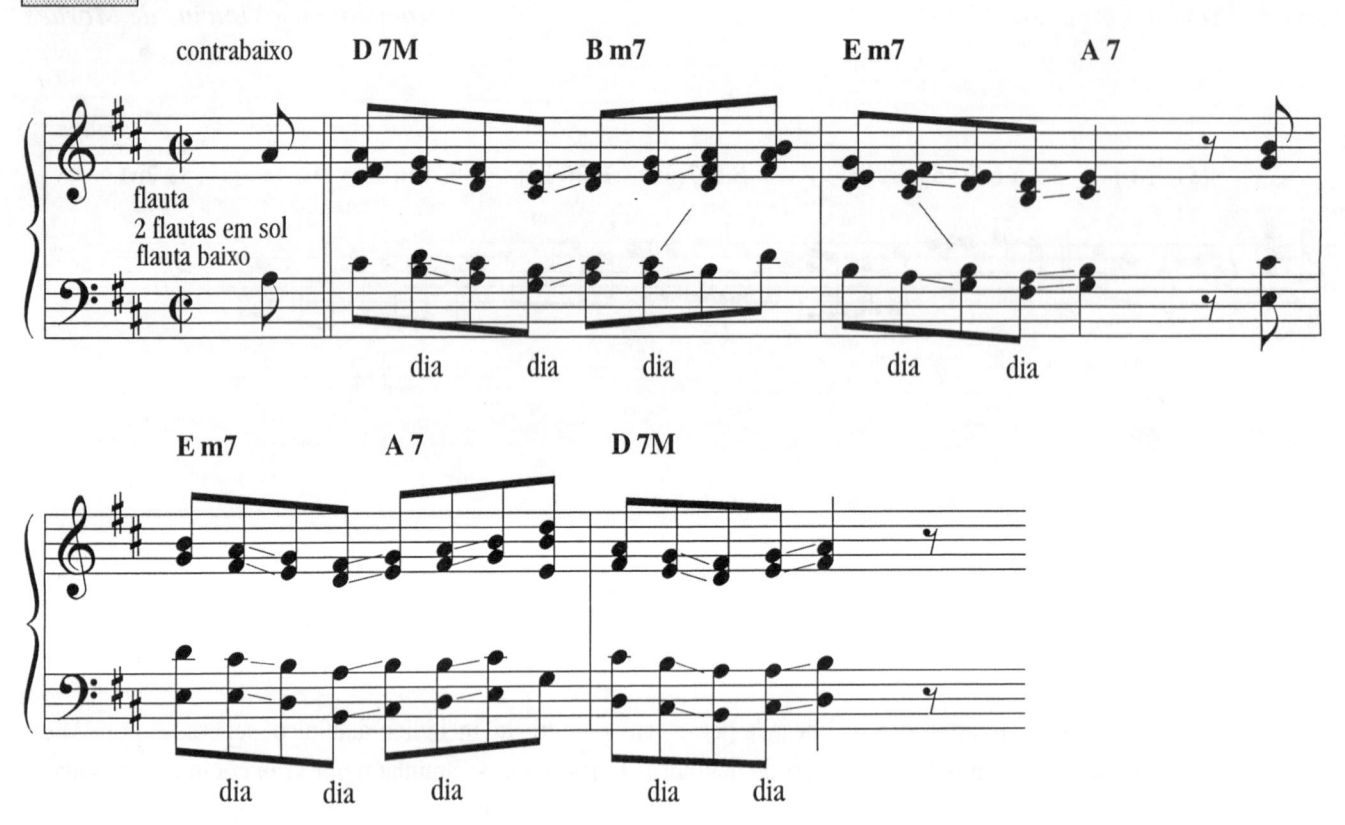

Exercício 51 Identifique os perfis (drops) no exemplo anterior.

Exercício 52 Escreva as cifras do momento em cada acorde de aproximação do exemplo acima. Compare estas cifras com as cifras reais dos acordes de chegada.

Exercício 53 No trecho seguinte, escolha as notas para aproximação diatônica e execute o bloco para naipe a 4 vozes com o perfil indicado. Use o plano de trabalho visto anteriormente.

Estrada branca   *Tom Jobim e Vinicius de Moraes*

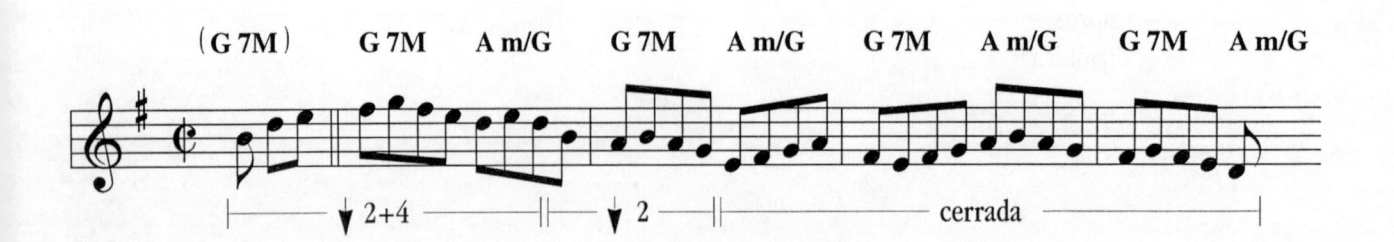

Exercício 54 Execute o bloco para naipe a 4 vozes com o perfil indicado. Determine os momentos de aproximação cromática ou diatônica onde apropriado.

Lullaby of birdland   George Shearing e George David Weiss

Obs.: as cifras são, como devem ser, simples. Nos acordes dominantes onde soa bem a (♭9) e/ou (♭13), aplique a escala men. har. 5♼ ou alt.

▪ Aproximação dominante

É aplicada onde a nota de aproximação alcança a nota da chegada por semitom ou tom inteiro. O acorde de aproximação cumpre a função *dominante* do acorde real por conter as duas notas do trítono característico da preparação dominante.

Exercício 55 Escreva o trítono característico do acorde dominante que *prepara* cada um dos acordes abaixo:

G m7   Ab7M   F 7M(#5)   D 7   B m(7M)   F#m7   Db7M

O acorde diminuto ou meio-diminuto [m7(b5)] não possui som de resolução. Por este motivo, não deve ser precedido por aproximação dominante.

Entretanto, quando a estrutura diminuta ou meio-diminuta do acorde de chegada puder ser substituída por estrutura dom7(b9) ou dom7(9), respectivamente (baixo 3M abaixo de sua nota fundamental: B° = G7(b9); Bm7(b5) = G7(9)), a estrutura dom7 atribuída lhe dará a estabilidade de som de resolução e, por isso, poderá ser precedida por aproximação dominante.

Ex.:

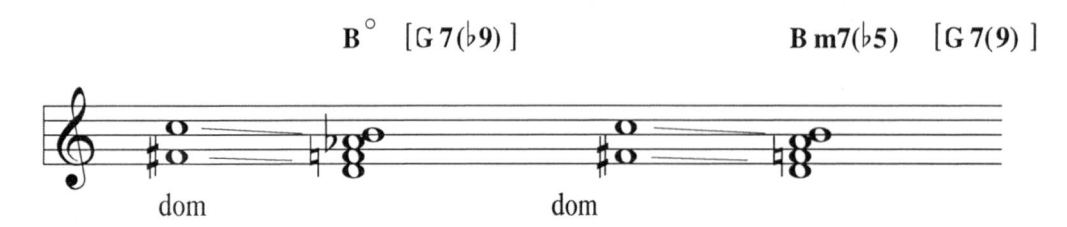

B°   [G 7(b9)]   B m7(b5)   [G 7(9)]

   dom   dom

Note que o acorde de chegada não se transforma em G7. Este fica apenas subentendido.

O estudante verificará que em alguns casos (notadamente quando o acorde diminuto ou meio-diminuto não cumprir função dominante) sua substituição por estrutura dom7 soará bastante forçada, como em:

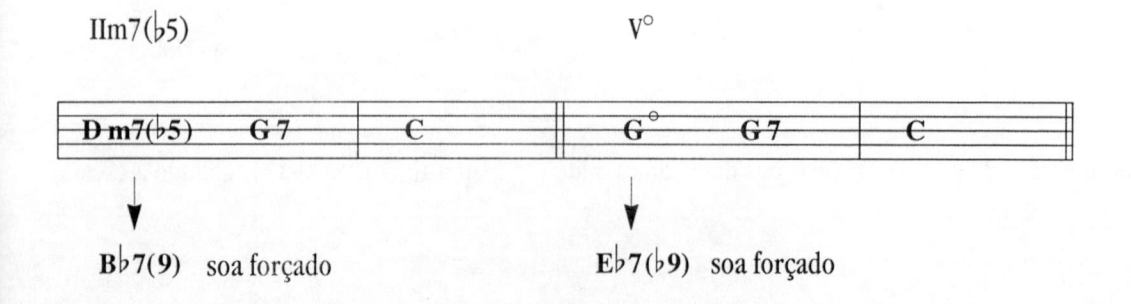

IIm7(b5)   V°

| D m7(b5)   G 7 | C | G°   G 7 | C |

↓   ↓

Bb7(9)   soa forçado   Eb7(b9)   soa forçado

e, então, a aproximação dominante não deve acontecer.

Exemplo:

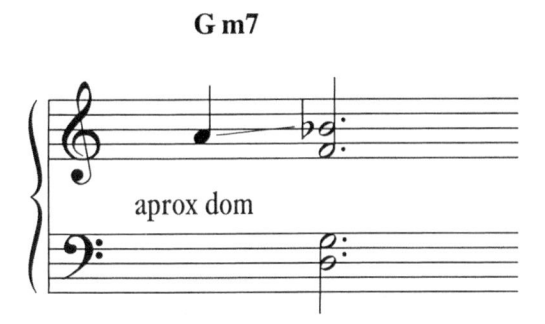

G m7

aprox dom

A montagem do acorde de aproximação dominante é feita através da condução de cada uma das vozes no sentido retrógrado, a partir do acorde da chegada.

1ª etapa: conduzir duas vozes do acorde da chegada para o trítono da aproximação dominante, por semitom ou tom inteiro:

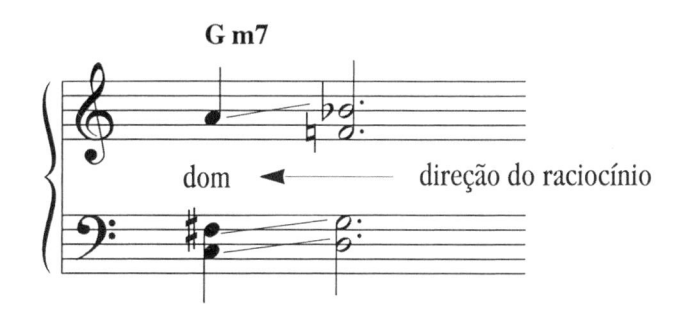

G m7

dom ← direção do raciocínio

2ª etapa: conduzir a(s) voz(es) restante(s) por semitom ou, no máximo, por tom inteiro; utilizar qualquer nota, exceto as duas evitadas em dom7 (4J e 7M). Não duplicar notas no acorde de aproximação:

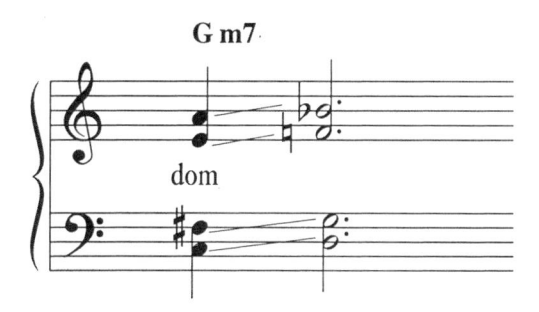

G m7

dom

Observações:
– todas as vozes devem se movimentar por tom ou semitom, dando preferência ao semitom; uma das vozes pode repetir a nota, quando inevitável
– o paralelismo entre as vozes não é necessário (as vozes podem movimentar-se em sentido contrário)
– se a nota da aproximação melódica for 4J ou 7M do acorde dom7 da aproximação, a aproximação dominante é impraticável (não há como fazer o trítono)
– note que o acorde de aproximação dominante não segue a estrutura do acorde de chegada, nem precisa ter estrutura definida como dom7 ou diminuto ou meio-diminuto; basta o trítono para o som ser dominante
– neste exemplo poderia ter sido usada a aproximação cromática (melodia andou por semitom).

A escapada como aproximação dominante

A escapada é uma nota curta não-acentuada que, geralmente, resolve por 3ª descendente, sendo precedida por 2ª ascendente. Na nota seguinte, forte, ocorre a mudança de cifra:

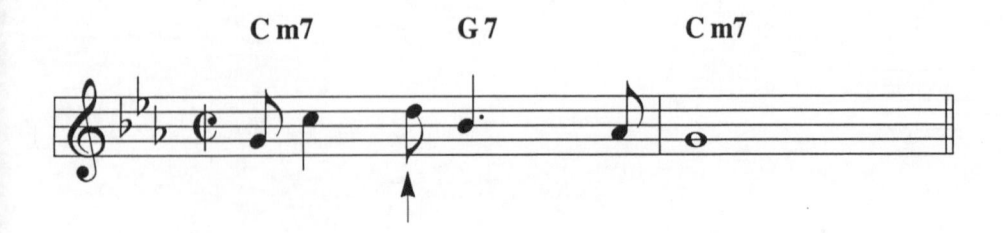

A escapada pode ser harmonizada como dominante:

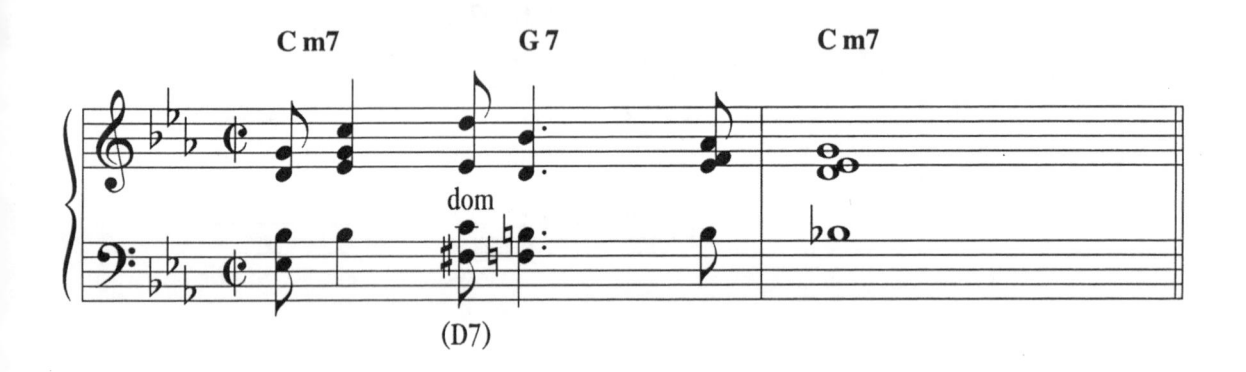

Exercício 56 Complete o acorde de aproximação dominante nas situações seguintes:

Exercício 57 a. Verifique se as notas de aproximação escolhidas no exemplo *Eu não existo sem você* (pág. 94) podem ser harmonizadas com aproximação dominante.

   b. Execute as aproximações dominantes naquele exemplo, usando os mesmos perfis (drops).

Exercício 58 Escreva o trecho em bloco a 4 vozes, com os perfis e tipos de aproximação indicados:

Carinhoso   *Pixinguinha e João de Barro*

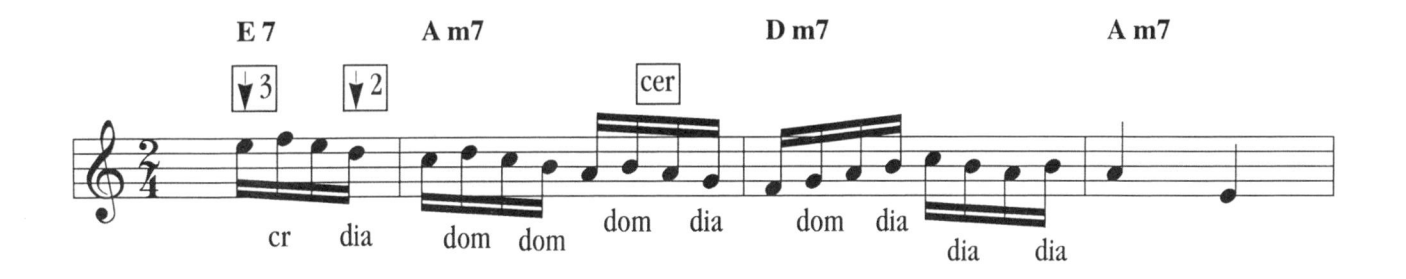

Exercício 59 a. Determine os momentos de aproximação na música abaixo.
      b. Planeje o tipo de cada aproximação (cromática, diatônica ou dominante).
      c. Escreva a música em bloco a 4 vozes, com os perfis indicados.

Four   *Miles Davis*

- **Aproximação por acordes relacionados ao tom**

O emprego (como aproximação) de qualquer acorde relacionado ao tom do momento*, produzirá um contraste especial com o acorde de chegada:

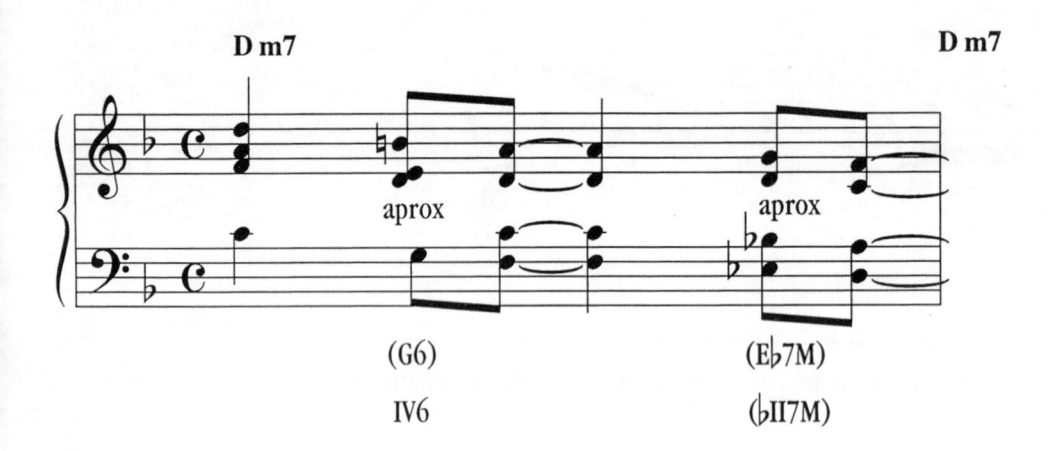

[partitura: Dm7 — aprox (G6) IV6 — Dm7 — aprox (E♭7M) (♭II7M)]

Em blues, IV7 pode ser aproximação no contexto I7 ou vice-versa:

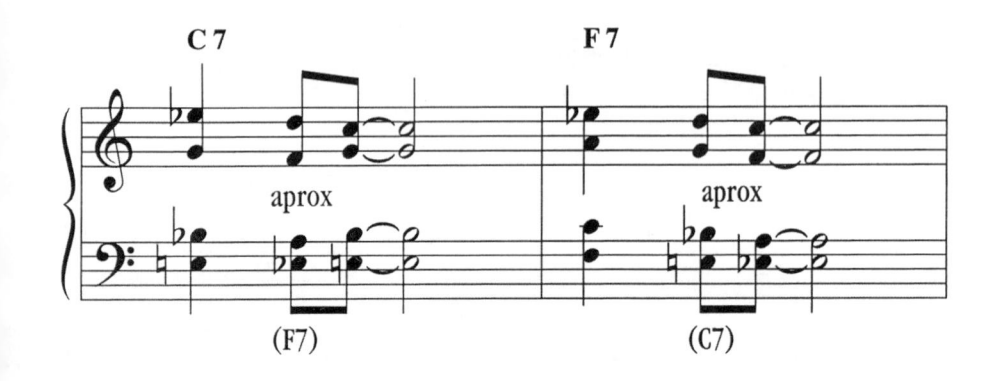

[partitura: C7 — aprox (F7) — F7 — aprox (C7)]

Aproximações duplas

- **Aproximação cromática dupla**

É aplicada onde a melodia se movimenta na mesma direção por dois semitons consecutivos curtos e de valores iguais, até alcançar a nota de chegada. Ambas as notas são harmonizadas por acordes de aproximação e todas as vozes andam por semitom e na mesma direção, a exemplo da melodia:

* acorde relacionado ao tom é o que normalmente pode ocorrer na progressão (analisável)

Blue monk *Thelonious Monk*

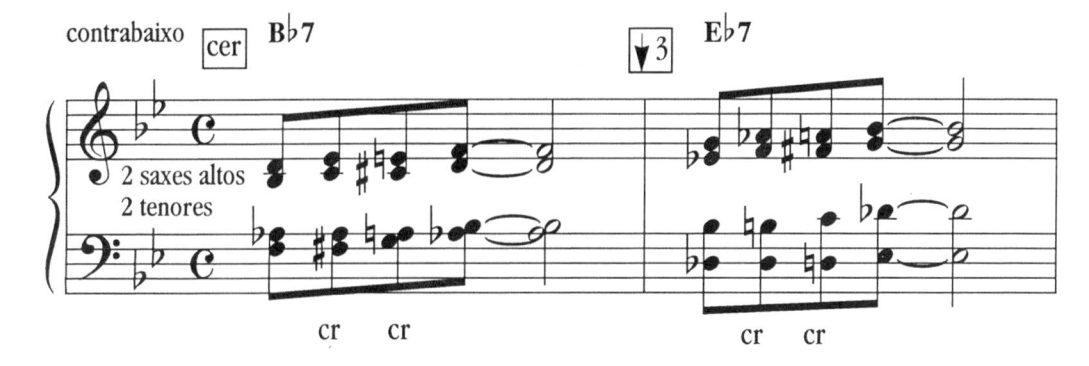

faixa 32 C

[sheet music excerpt: contrabaixo, 2 saxes altos, 2 tenores — Bb7, Eb7]

- **Aproximação indireta**

A nota melódica de chegada pode ser precedida por dois semitons ou tons consecutivos curtos e de valores iguais, vindos de sentidos opostos:

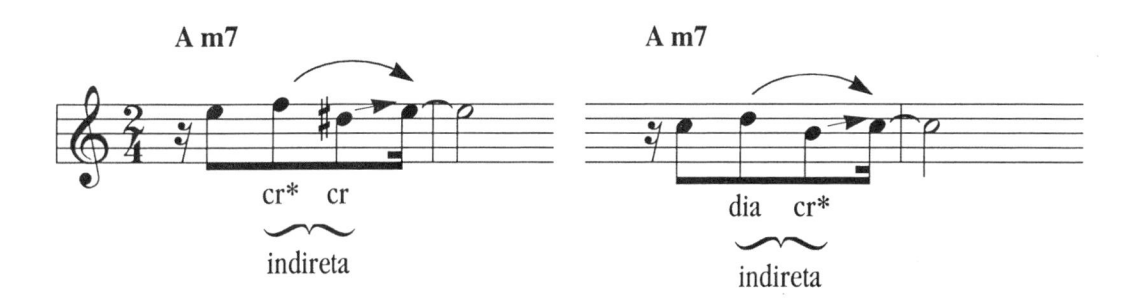

[sheet music excerpts: A m7, A m7 — indireta examples]

As duas notas são harmonizadas por acordes de aproximação cromática (se o movimento for de semitom cromático ou diatônico) ou aproximação diatônica (se o movimento for de tom ou semitom diatônico), e as aproximações são relacionadas com a nota (acorde) de chegada. Ex.: *Mulher de trinta*

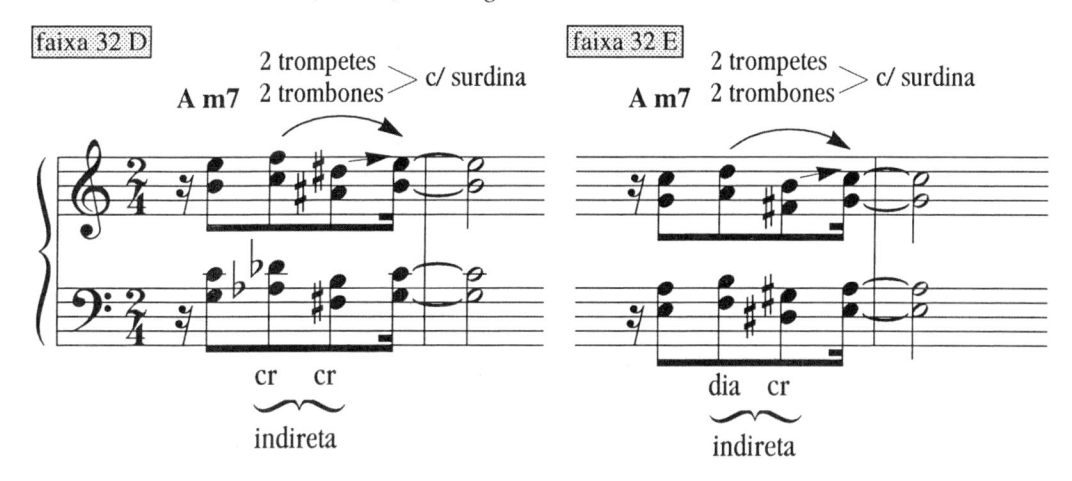

faixa 32 D faixa 32 E

[sheet music excerpts: 2 trompetes, 2 trombones c/ surdina — A m7, A m7]

* No caso de semitom (diatônico ou cromático), é preferível usar aproximação cromática.

Aproximações raras

▪ Aproximação cromática com melodia parada

Mesmo com nota repetida na melodia, é possível usar nas demais vozes a aproximação cromática ou a cromática dupla.

Ex.:

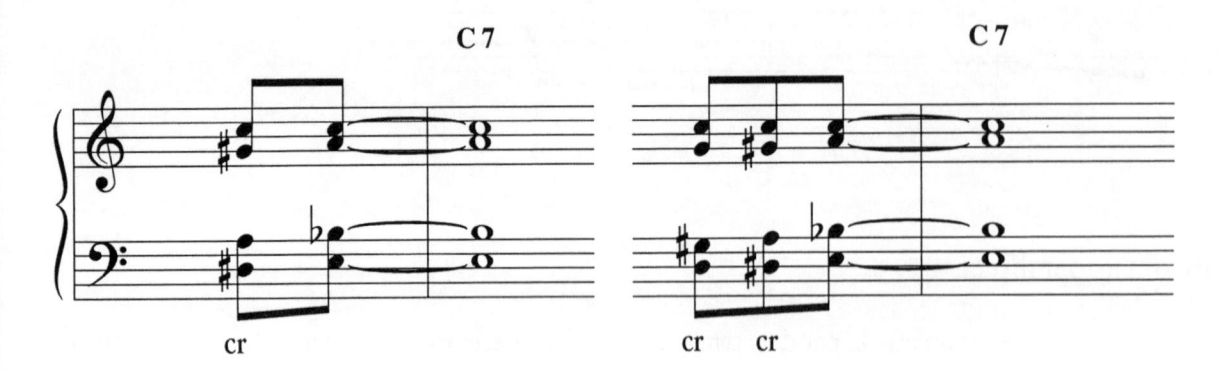

Em casos como estes a direção ascendente ou descendente fica a critério do arranjador; o paralelismo é obrigatório nas partes em movimento.

▪ Aproximação por estrutura constante

a. *Por tom inteiro*. É aplicada onde a nota de aproximação alcança a nota de chegada por *tom inteiro*. Todas as vozes se movimentam por tom inteiro e na mesma direção.

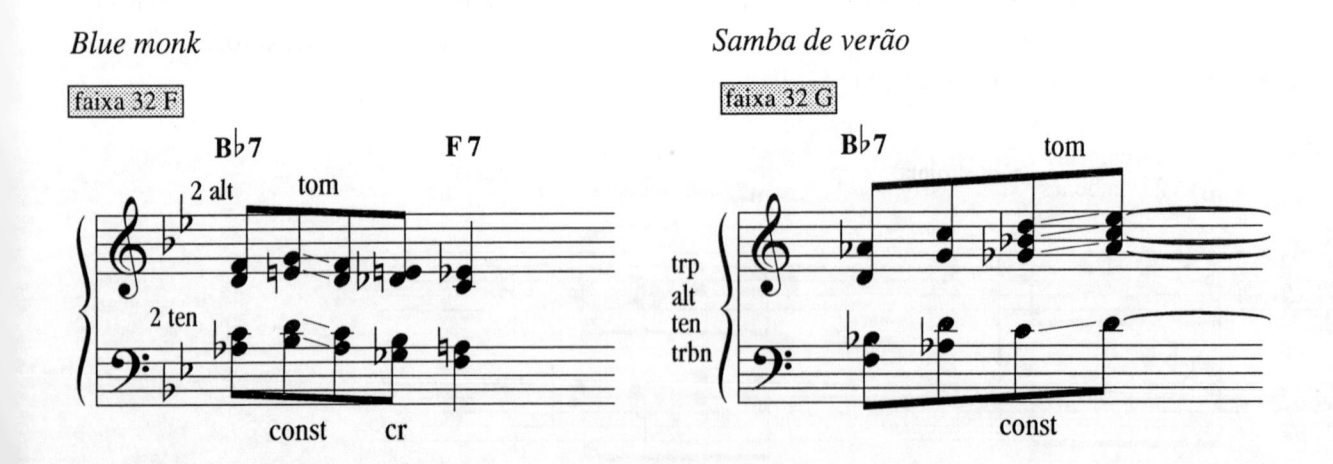

Blue monk

Samba de verão

Notar o som "exótico" do acorde de aproximação devido à presença de nota não-diatônica, resultado da estrutura constante entre ele e o acorde de chegada.

b. *Por estrutura constante de 3m ou mais*. É de efeito ainda mais exótico estender a idéia de tons inteiros por estrutura constante a intervalos maiores. Resulta em som dissonante e deve ser usado com cautela.

faixa 32 H

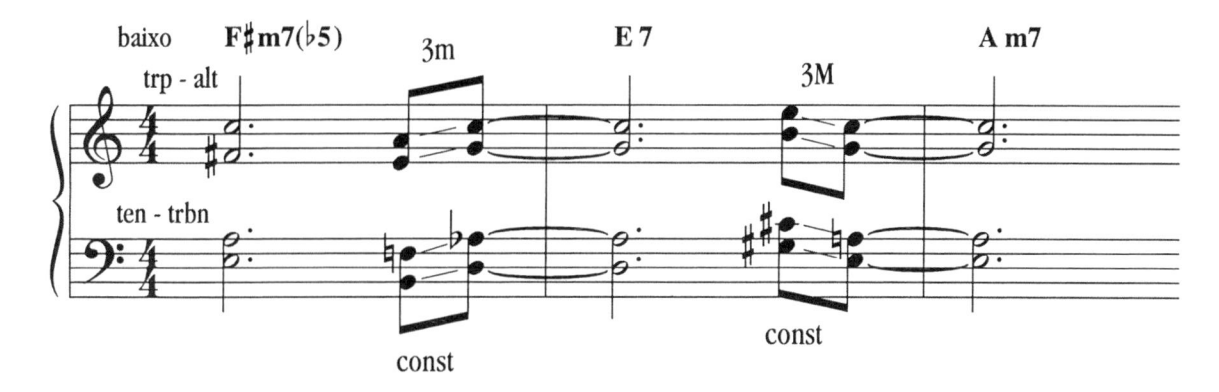

- Dupla antecipação rítmica

Num grupo de 4 colcheias ou semicolcheias, onde a 3ª nota é repetição da 1ª e a 4ª nota é repetição da 2ª, sendo a 4ª uma antecipação rítmica de novo acorde:

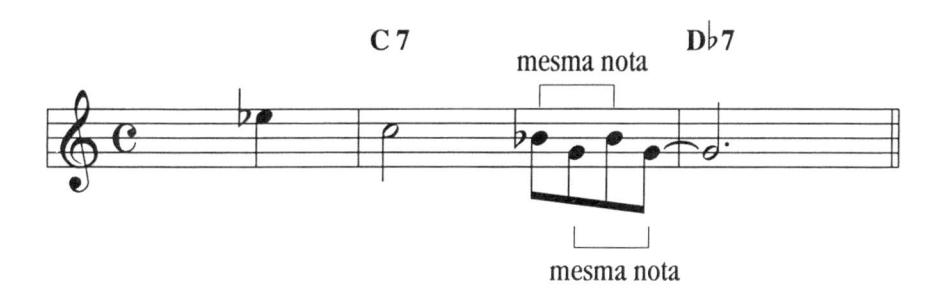

a 1ª e a 2ª notas serão harmonizadas como a 3ª e a 4ª:

faixa 32 I

Não é necessário grau conjunto entre as notas.

- **Melodia independente**

Há ainda a possibilidade de sustentação das vozes inferiores, quando estas aparecem apenas nos pontos mais importantes da melodia.

Ex.:

Blue monk *Thelonious Monk*

Em situação de anacruse (notas antes do tempo forte), as vozes inferiores também podem não participar:

---

3 | A elaboração de um naipe em bloco

Plano de trabalho:

a. escolher tom adequado para o naipe proposto (tom adequado para o instrumento responsável pela 1ª voz, ou melodia)
b. anotar melodia e cifras no tom escolhido
c. dividir a melodia em trechos (por regiões de altura) e escolher o perfil (cerrado ↓2 ↓3 ↓2+4) em cada trecho. Mudanças de perfil devem ocorrer entre células (idéias) melódicas diferentes ou onde houver mudança brusca de região
d. escolher as notas melódicas a serem harmonizadas com acordes de aproximação
e. definir o tipo de aproximação a ser aplicada em cada nota melódica escolhida
f. montar os acordes, de cima para baixo, sob cada nota melódica, exceto as aproximações
g. montar os acordes de aproximação, a partir dos acordes de chegada, no sentido retrógrado

ARRANJO (MÉTODO PRÁTICO)

Exemplo Naipe a 4 vozes: trompete, sax alto, sax tenor, trombone

Samba de verão *Marcos Valle e Paulo Sérgio Valle*

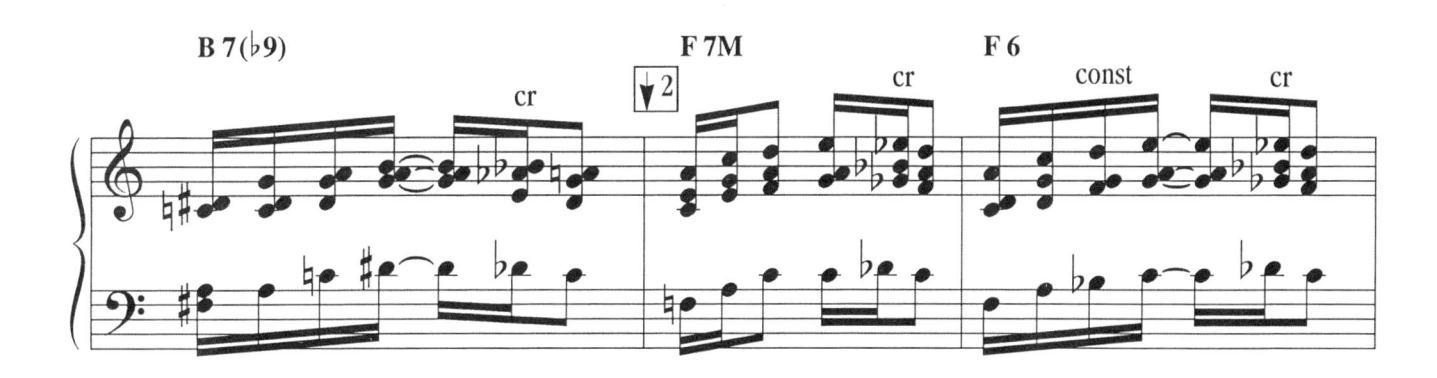

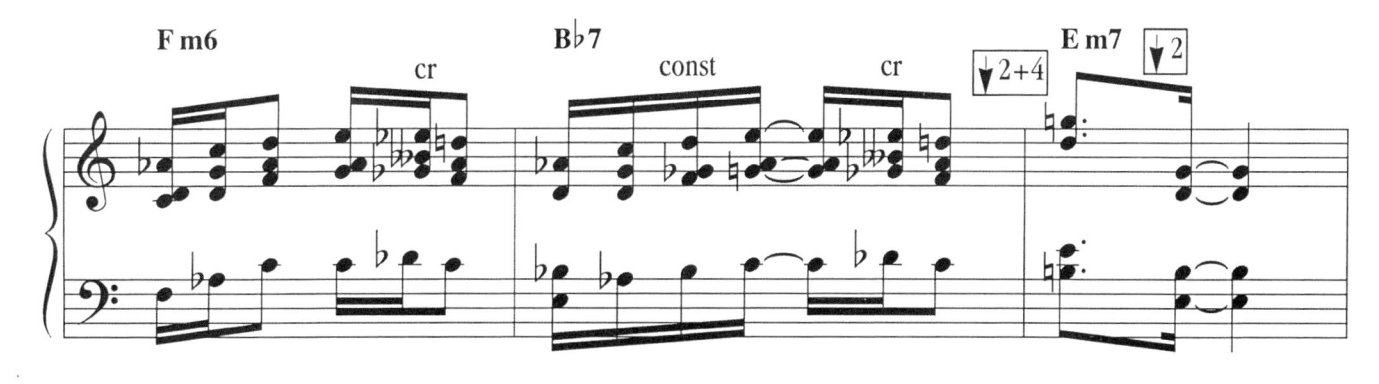

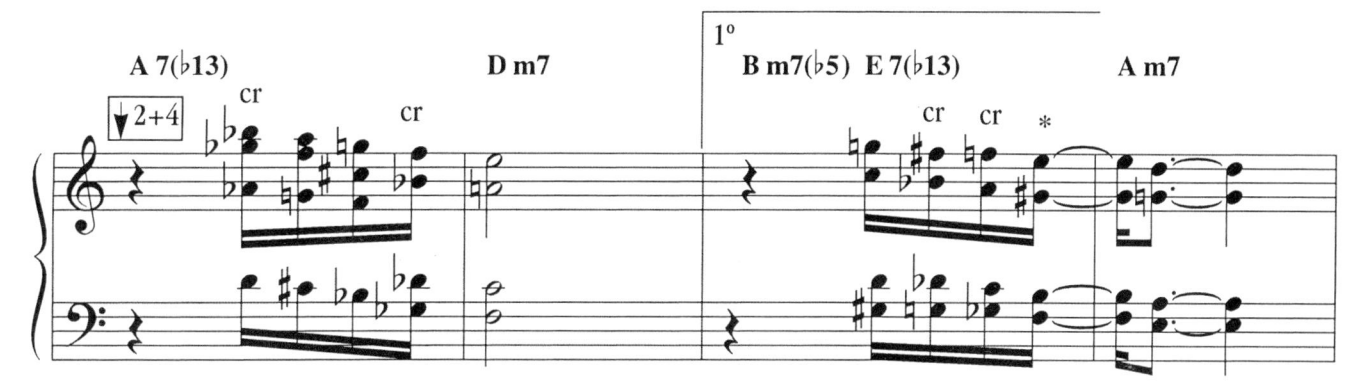

* esta nota antecipada ainda foi harmonizada com o acorde E7(♭13), reservando o acorde novo para a nota longa e acentuada

Exemplo Naipe a 4 vozes: sax alto, trompete, sax tenor, trombone

Blues for Alice *Charlie Parker*

Exercício 60 A exemplo das duas realizações anteriores, escreva para naipe (4 vozes) em bloco, a música *Mulher de trinta*; instrumentação: sax alto, trompete, sax tenor, trombone. Adote o programa de elaboração indicado na pág. 104; os itens **a. b. c.** já foram resolvidos neste exercício.

Mulher de trinta — *Luiz Antonio*

Exercício 61 Escreva para naipe a 4 vozes; instrumentos: trompete, sax alto, sax tenor, trombone. A escolha dos perfis fica a seu critério (item **c.** do cronograma da pág. 104)

Blue monk *Thelonious Monk*

| D | ♦ POSIÇÃO LIVRE |

1 Tétrades a três vozes

Quando três vozes representam tétrades em bloco, a 1ª voz toca a melodia e as demais vozes representam o som do acorde, não deixando faltar a 3ª (ou 4ª) e a 7ª (ou 6ª), caso essas não sejam notas da melodia. Uma vez representado o som do acorde por duas notas, a terceira pode ser tensão ou outra nota disponível na escala do acorde. Estas três vozes não formam uma posição cerrada (ao menos não rigorosamente cerrada), mas é recomendável que as vozes extremas não cheguem ao intervalo de uma oitava.

Pra que chorar (refrão) *Baden Powell e Vinicius de Moraes*

faixa 35

Exercício 62 Na realização acima, assinalar as notas na 2ª e 3ª vozes que não sejam notas características (3ª ou 7ª/6ª) do acorde, colocando o intervalo que as mesmas formam com a nota fundamental da cifra do momento (por exemplo, 5 no acorde de número 1).

Todas as técnicas de aproximação estão disponíveis. Convém lembrar que as aproximações não dependem do perfil (posição vertical) do acorde e são montadas em sentido retrógrado (a partir do acorde de chegada):

Carinhoso (2ª parte)   *Pixinguinha*

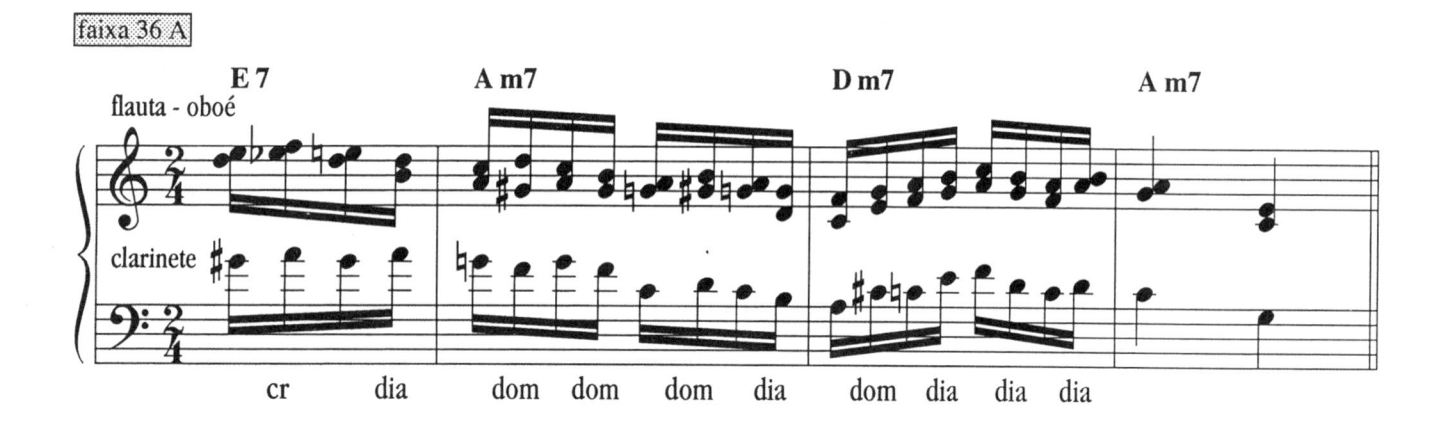

faixa 36 A

Quando a melodia estiver na região grave, é aconselhável conservar as 3 vozes próximas entre si, com intervalos de 2ª ou 3ª (mesmo o acorde ficando sem uma das notas características):

faixa 36 B

Assinale o acorde sem uma das notas características.

Exercício 63 Escreva a música abaixo para 3 vozes, em bloco:

Triste *Tom Jobim*

2 | Posição espalhada

Colocando a fundamental (ou o baixo indicado pela cifra) na voz mais grave do naipe em bloco, temos a posição *espalhada* ("spreads" em inglês, do verbo "to spread" = espalhar). É feita por nota da melodia na 1ª voz, nota do baixo na última, e vozes intermediárias complementando a representação do som do acorde indicado pela cifra. Não devem faltar a 3ª (ou 4ª) e a 7ª (ou 6ª) do acorde. Uma vez representado o som do acorde, as demais vozes podem ser tensão ou, ainda, outra nota disponível na escala do acorde. Leia com atenção os 8 pontos de "Cuidados especiais na montagem de qualquer posição" (pág. 82, capítulo "Uso de notas de acorde e de tensão harmônica"). Tudo lá se aplica à posição espalhada, destacando-se o ponto 5 (limite de intervalo grave LIG).

A posição espalhada é a mais aberta das posições, e a voz mais grave normalmente estará na região grave ou médio-grave, ocupando a parte médio-inferior da pauta em 𝄢 . As vozes adjacentes ficam em posição bastante aberta e, de preferência, bem distribuídas (perfil simétrico), não devendo alcançar a distância de uma oitava (exceto entre as 2 vozes mais graves, onde o intervalo poderá chegar à 10ª e, eventualmente, ultrapassá-la).

Algumas montagens de acordes a 4 vozes, dada a nota melódica e a cifra:

Exercício 64 Dado o tom (através da armadura), a cifra e a nota melódica (1ª voz), escreva os acordes em posição espalhada, a 4 vozes. Faça a análise harmônica (é curioso observar que a análise harmônica conduz à mesma escala de acorde, independente da opção pelo tom maior ou seu relativo menor. Por exemplo, o 1º acorde deste exercício: no tom de **sol maior** é analisado como V7/IV e no tom de **mi menor**, V7/♭VI. A escala será mixolídia, em ambos os casos).

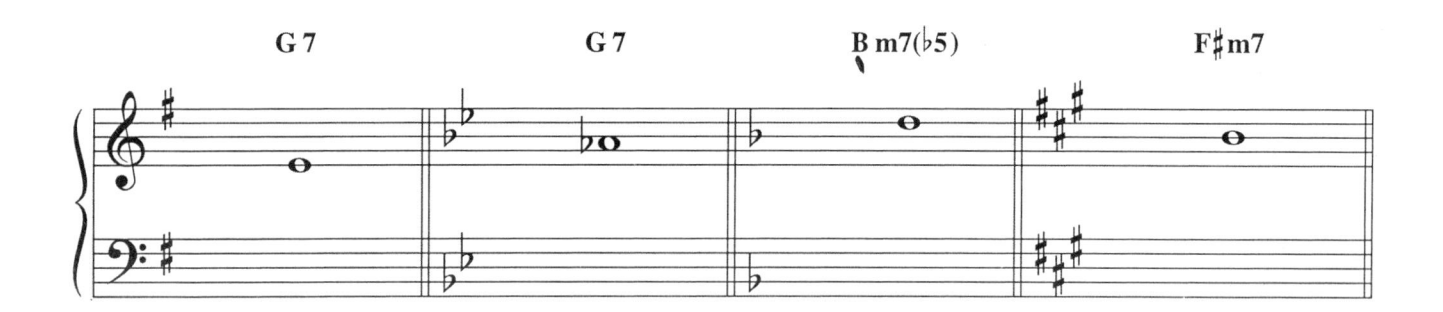

[Notação musical: Db7 | A#° | Abm7 | G 7M]

Uma vez completo o exercício, consulte o resultado do exercício 42, que tem o mesmo enunciado em técnica cerrada/drops; compare o som resultante.

Emprego da posição espalhada

GERAL: onde o baixo do acorde é desejado no naipe. Som claro, definido, encorpado e completo do acorde, com a presença do som grave. A posição espalhada funciona melhor a 3, 4, 5 ou 6 vozes.

PARTICULAR: **a.** Melodias passivas (notas de longa duração) ou percussivas, onde todas ou quase todas as notas melódicas são harmonizadas com acordes diferentes (vide *Giant steps* na pág. 85 e os exemplos adiante);
b. Ao harmonizar contracantos passivos ("fundo" ou "cortina harmônica") ou contracantos com ataques rítmicos, em bloco;
c. Naipe tocando "a capela" (sem acompanhamento de instrumentos harmônicos).

Elaboração

Após escrever a melodia, elabore a última voz, feita dos baixos dos acordes. Procure a máxima linearidade possível, dando preferência a movimento contrário à melodia em momentos de salto*. Finalmente, as vozes intermediárias são inseridas, com os seguintes cuidados: **A** – representação do som e da riqueza do acorde; **B** – condução linear das vozes, dentro do possível; **C** – relação intervalar vertical entre as vozes, dando preferência à simetria no perfil (semelhança de intervalos).

Em resumo, um bom resultado é alcançado através da combinação de cuidados *horizontais* com cuidados *verticais*, a exemplo do jogo de palavras cruzadas. Um trecho bem elaborado em posição espalhada, não só funciona com a seção rítmico-harmônica, mas, na falta de um acompanhamento (a capela), pode ser um naipe harmonicamente autônomo.

A seguir, veremos 3 elaborações em "espalhada", do tema *Giant steps* (Coltrane), a 4, 3 e 5 vozes, respectivamente.

---

* O movimento contrário entre as vozes extremas, de um modo geral, vai resultar em posição mais aberta quando a nota melódica for aguda e mais fechada quando a melodia for grave.

Espalhada a 4 vozes. É de elaboração mais fácil, pois as duas vozes intermediárias (além da melodia na 1ª e o baixo na 4ª voz) garantem o som do acorde:

faixa 37

* acorde ♭9 em posição cerrada pode dispensar 7

Espalhada a 3 vozes. Poderá faltar a 3ª ou a 7ª do acorde:

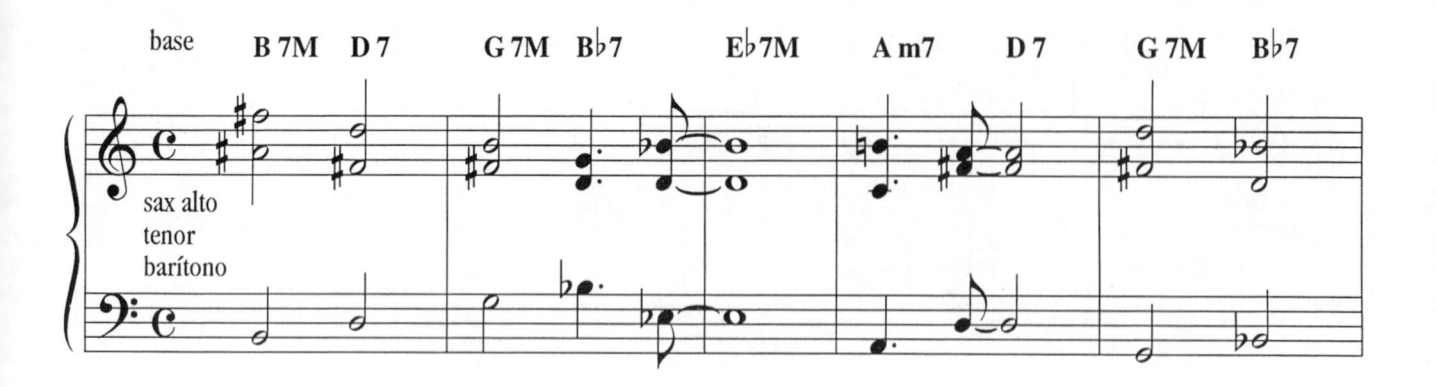

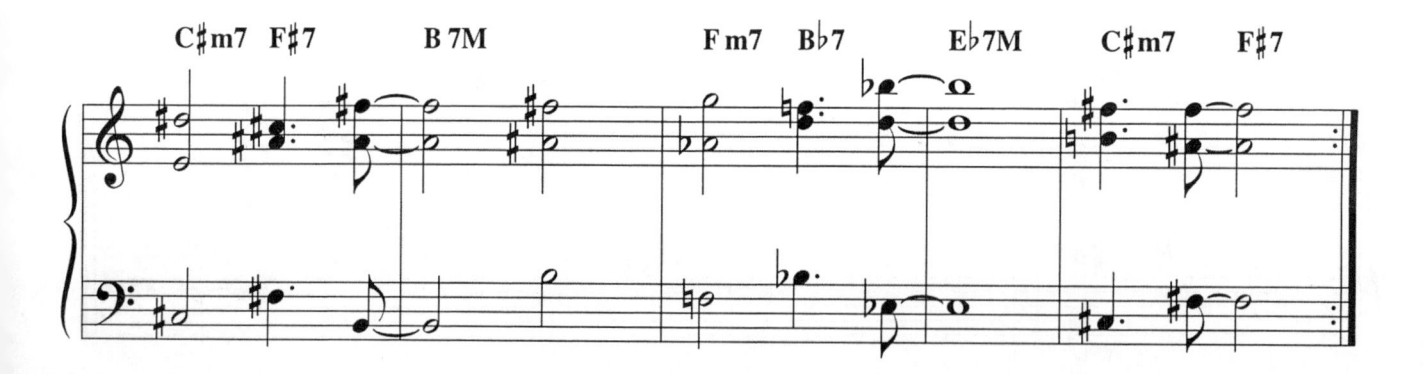

faixa 38

Espalhada a 5 vozes. Além do som do acorde, haverá uma voz disponível para as notas de tensão. Em busca das notas harmonicamente ricas, a linearidade das vozes intermediárias poderá ser prejudicada, mas as duas vozes extremas, de linhas fortes e em movimento contrário, garantirão o som "horizontal" do naipe como um todo:

faixa 39

Exercício 65 Elabore em posição espalhada o início de *When I fall in love* (Hayman / Young), a 4, 3 e 5 vozes:

E ◆ CONTRACANTO HARMONIZADO

1 Fundo melódico

No capítulo **C** "Melodia a dois", 2ª parte do Vol I, havíamos visto a combinação de duas linhas melódicas em divisões rítmicas diferentes, sobre a mesma harmonia: o *canto* e o *contracanto*.

Nas texturas *em bloco*, duas ou mais melodias trabalham em conjunto, unidas pela identidade da divisão rítmica e representando o som da harmonia.

O bloco, aplicável a qualquer melodia harmonizada, pode ser adotado não só na melodia principal, como também no contracanto.

Canto e contracanto, na realidade, são duas melodias simultâneas e equivalentes, podendo uma ou outra ocupar a região mais aguda (contracanto inferior ou superior) e, eventualmente, fazer cruzamentos. O ouvido tem o dom de discernir melodias simultâneas em divisões diferentes, mesmo quando uma invade a região da outra (cruzamento). A separação de timbres produzidos por instrumentos diferentes (responsáveis pelas melodias) ainda reforçam esse discernimento auditivo.

Tanto o canto como o contracanto poderão ser tocados em uníssono ou em bloco. Quatro combinações são possíveis:

- canto em uníssono / contracanto em uníssono
- canto em bloco / contracanto em uníssono
- canto em uníssono / contracanto em bloco
- canto em bloco / contracanto em bloco;

qualquer uníssono pode ser substituído por instrumento solo.

Atenção: na combinação de duas melodias em bloco, um dos blocos pode invadir a região do outro e ainda assim não ocasionar "confusão sonora" (o ouvido se encarrega do discernimento).

■ Melodia passiva

Ouvimos falar freqüentemente de uma "cortina harmônica" por trás da melodia principal. Mas conduzir acordes por si só não basta. A boa cortina harmônica é um contracanto *passivo* harmonizado em bloco. Primeiro, cria-se um contracanto melodioso; depois, esse contracanto deve ser elaborado *em bloco*. O fato do contracanto ser passivo ou de pouca mobilidade não diminui sua força melódica. Sua elaboração em bloco resulta em "cortina harmônica" forte e vigorosa, por ser encabeçada por uma melodia previamente criada.

Contracanto passivo harmonizado em bloco é freqüentemente realizado em *posição espalhada*, especialmente quando cada nota for relacionada a uma cifra diferente. O resultado é um som pleno e grave.

■ Melodia ativa

Um contracanto é criado para funcionar com a melodia principal, em articulação rítmica complementar e em contraste com esta melodia. Complementar por ser articulado em momentos de relativa estabilidade da melodia principal.

Falamos de *contracanto harmonizado* quando o fundo melódico, passivo ou ativo, for realizado *em bloco*.

No exemplo a seguir, temos situações de contracantos passivo e ativo. A melodia principal está em uníssono (ou 8as) e o fundo melódico, em bloco, como este capítulo propõe. Os instrumentos usados são apenas sugestões práticas, com timbres diversificados em cada naipe.

It's a raggy waltz

Dave Brubeck

Exercício 66 **a.** marque os trechos de contracanto passivo e de contracanto ativo
            b. marque os trechos em posição espalhada
            c. em que posição estão os demais acordes?

2 Fundo percussivo

Fundo percussivo é uma espécie de *ostinato* (=obstinado, em italiano) rítmico ou frase rítmica que se repete "obstinadamente", enriquecendo a pulsação natural da melodia. Qualquer instrumento de percussão pode participar no acompanhamento percussivo, incluindo instrumentos harmônicos como piano, guitarra, etc.

Além do que já foi estudado no capítulo **A** "Seção rítmico-harmônica", 2ª parte do Vol. I, também podem entrar no acompanhamento percussivo os *instrumentos melódicos*, como flauta, sax e trombone, nas combinações mais variadas, desde que executem frases curtas, ritmadas e repetidas "obstinadamente". Para obter o peso e o ataque necessários ao som percussivo, os instrumentos geralmente trabalham em uníssono ou em bloco.

A night in Tunisia   *Dizzy Gillespie e Frank Paparelli*

faixa 41

Exercício 67 a. qual a posição em que o bloco foi elaborado?
   b. assinale e qualifique as aproximações

F ◆ TÉTRADES A CINCO VOZES

1 Dobramento da melodia

Trabalhando em bloco a 5 vozes, uma das vozes poderá simplesmente dobrar a 1ª voz (melodia) oitava abaixo. Esse dobramento pode ser aplicado a qualquer técnica mecânica aprendida a 4 vozes, ou seja: posição cerrada e drops. Curiosamente, o som dos perfis já vistos não mudará com o dobramento da melodia, apenas engrossará, fazendo com que a linha melódica fique mais em evidência.

I'm getting sentimental over you   Ned Washington e George Bassman

[faixa 42]

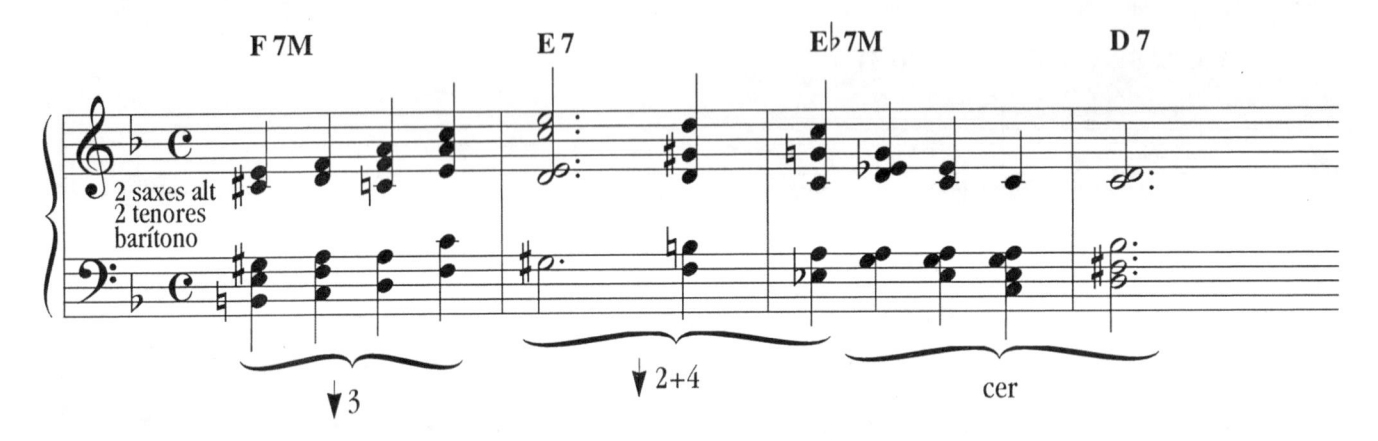

Note que a voz que dobra a melodia pode ser a 3ª, 4ª ou 5ª voz, dependendo do perfil.

O dobramento, ao invés de ser oitava abaixo da melodia, poderá eventualmente ser oitava acima ou mesmo em uníssono, dependendo da tessitura e timbre do instrumento que vai dobrar. Neste caso, não haverá som de naipe em "bloco a 5 vozes" e sim a 4 vozes, com o acréscimo de timbre do 5º instrumento.

Da mesma forma que a 1ª voz poderá ser dobrada 8↓, ocupando 5 instrumentos, a 1ª e 2ª vozes poderão ser dobradas 8↓, ocupando 6 instrumentos, ou ainda, a 1ª, 2ª e 3ª vozes poderão ser dobradas 8↓, ocupando 7 instrumentos. Isso funciona em qualquer posição, mas a cerrada será a mais indicada.

2 Substituição do dobramento da melodia por tensão

■ Exposição

Já vimos, no capítulo 2 ("Uso de notas de acorde e de tensão harmônica" - pág. 79), a substituição de algumas notas de acorde (geralmente 1 e 5) por notas de tensão, nos acordes em bloco a 4 vozes.

Com um naipe a 5 vozes, existe a possibilidade enriquecedora de substituir o dobramento da melodia oitava abaixo por outra nota. Se a melodia for nota de acorde (n.a.), a substituição do dobramento será nota de tensão (T); se a melodia for tensão, a subtituição do dobramento será n.a. ou T. Entretanto, se a melodia for 3M ou 7m do acorde, seu dobramento não pode ser substituído, pois estas notas, muito fortes e características, não possuem alternativas. Qualquer substituição deve ser feita por notas adjacentes.

O "quadro de substituições" mais adiante, apresenta as substituições possíveis e as evitadas. Evita-se a substituição quando esta representa o intervalo de ♭9 vertical com a melodia ou quando *modifica* o som do acorde (em vez de *enriquecê-lo*). O numerador de cada fração representa o intervalo formado entre a nota da melodia e a fundamental do acorde; o denominador representa o intervalo entre a nota que substitui o dobramento da melodia oitava abaixo e a fundamental do acorde:

dobramento da melodia oitava abaixo

substituição do dobramento da melodia oitava abaixo por tensão

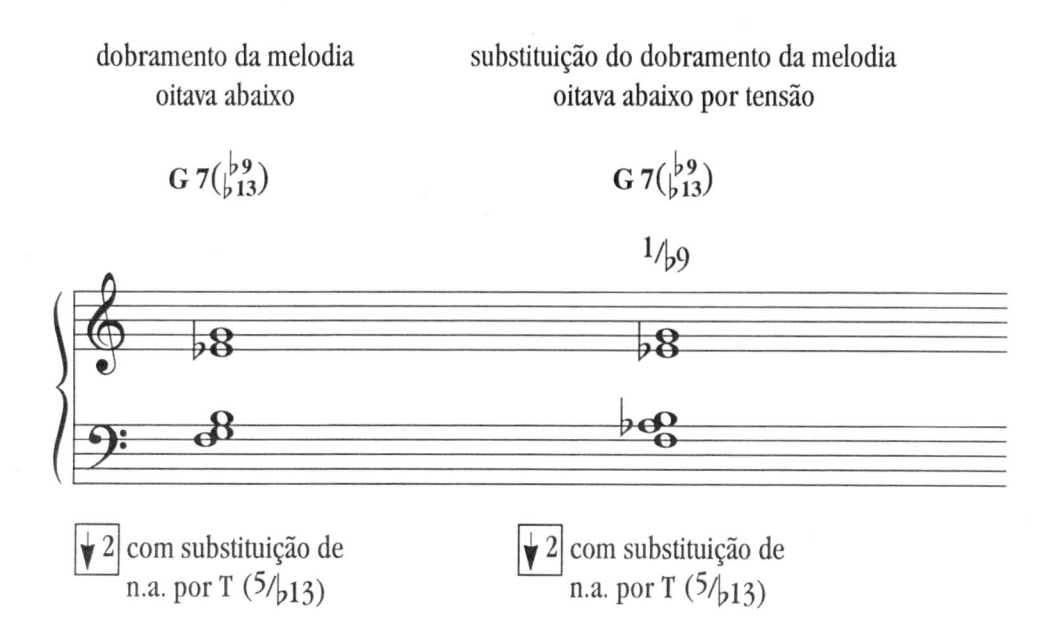

G 7(♭9/♭13)   G 7(♭9/♭13)

1/♭9

▼2 com substituição de n.a. por T (5/♭13)

▼2 com substituição de n.a. por T (5/♭13)

Abaixo temos duas substituições de dobramentos a serem evitadas e suas respectivas correções:

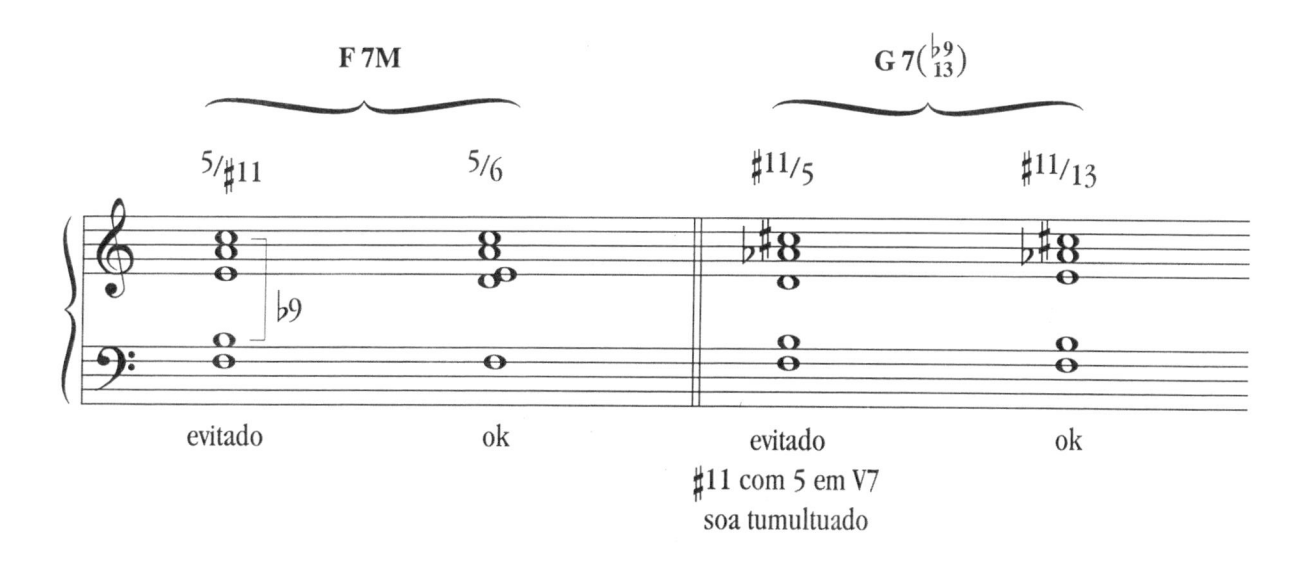

F 7M   G 7(♭9/13)

5/♯11   5/6   ♯11/5   ♯11/13

♭9

evitado   ok   evitado   ok

♯11 com 5 em V7 soa tumultuado

Exercício 68 Qual a posição de cada uma das duas montagens acima?

▪ Quadro de substituições

O quadro a seguir apresenta as substituições mais usadas no dobramento da melodia oitava abaixo, em acordes de estruturas mais importantes (veja esta relação sob o título "Ilustração de substituições" que aparece adiante):

usar $1/9$(exceto dim) $9/1$ $1/\flat9$ $1/\sharp9$ $\flat9/\sharp9$ $\sharp9/\flat9$ $\flat5/\sharp5$ $\sharp5/\flat5$ $5/6$ $6/7$ $7/6$ $\flat\flat7/7$ $7/\flat\flat7$ $\flat3/11$ (exceto mel)

$11/\flat3$ $5/11$ (m7 em ↓3) $\sharp11/5$ (exceto dim dom) $5/13$ $\flat5/\flat13$ (dim) $\flat13/\flat5$ $\sharp11/13$ $13/\sharp11$

evitar $\flat9/1$ $\sharp9/1$ $6/5$ $5/\sharp11$ $11/5$ $5/\flat13$ $\flat13/5$ $13/5$ $\flat5/\flat13$ (meio-dim)

simbologia: mel = acorde m(7M) [escala menor melódica]

dim = acorde dim [escala diminuta]

dim dom = acorde 7 ($\genfrac{}{}{0pt}{}{\flat9}{13}$) [escala diminuta dominante]

meio-dim = acorde m7($\flat$5) [escala lócria]

▪ Ilustração de substituições

As estruturas mais importantes de acordes, com suas respectivas escalas e localizações mais freqüentes, são:

Função	Estrutura de acorde	Escala	Localização
diversas	7M	jônico	I7M $\flat$III7M
	7M	lídio	IV7M $\flat$II7M $\flat$III7M $\flat$VI7M $\flat$VII7M
	m7	eólio / dórico / frígio	Im7 VIm7 / IIm7 IVm7 Vm7 / IIIm7
	m(7M)	menor melódico	Im(7M)
	m7($\flat$5)	lócrio	IIm7($\flat$5) $\sharp$IVm7($\flat$5)
	dim	diminuto	VII° $\sharp$II° $\sharp$IV° $\sharp$V°
dominante	dom7 ($\genfrac{}{}{0pt}{}{9}{13}$)	mixolídio	V7 ($\genfrac{}{}{0pt}{}{9}{13}$)
	dom7 ($\genfrac{}{}{0pt}{}{\flat9}{\flat13}$)	men harm 5↓	V7 ($\genfrac{}{}{0pt}{}{\flat9}{\flat13}$)
	dom7 ($\genfrac{}{}{0pt}{}{\flat5\sharp}{\flat9\sharp}$)	alterado	V7 (alt)
	dom7 ($\genfrac{}{}{0pt}{}{\flat9}{13}$)	diminuto dominante	V7 ($\genfrac{}{}{0pt}{}{\flat9}{13}$)
	dom7 ($\flat$5$\sharp$)	tons	V7 ($\flat$5$\sharp$)
	dom subst7 ($\sharp$11)	lídio $\flat$7	subV7 ($\sharp$11)

Observações sobre o quadro de substituições:

1 Já que as escalas eólia e dórica, ambas evitando a 6ª, utilizam as mesmas notas e produzem não só a mesma estrutura de acorde (m7), como também as mesmas notas de tensão e substituições, ambas resultarão nas mesmas montagens. A frígia também, com a 9ª evitada a mais.

2 Na escala lócria, a variável será a 9ª, só disponível se diatônica.

Para ilustrar as substituições, usaremos os tons de **dó maior** e **dó menor**, montando um acorde em cada escala acima apresentada, nas 4 posições das técnicas mecânicas: cer ▼2 ▼3 ▼2+4

As estruturas de acordes podem ser encontradas em outros graus além do grau onde são apresentadas.

Para cobrir as situações possíveis durante a elaboração do naipe proposto a 5 vozes, adotaremos como melodia cada uma das notas disponíveis das respectivas escalas de acorde.

Sobre cada realização, a fração indica a substituição do dobramento da melodia oitava abaixo efetuada ou suas alternativas, além das substituições evitadas (substituições de n.a. por T em vozes intermediárias também foram efetuadas, mas não foram sinalizadas por fração).

ESTRUTURAS NÃO-DOMINANTES

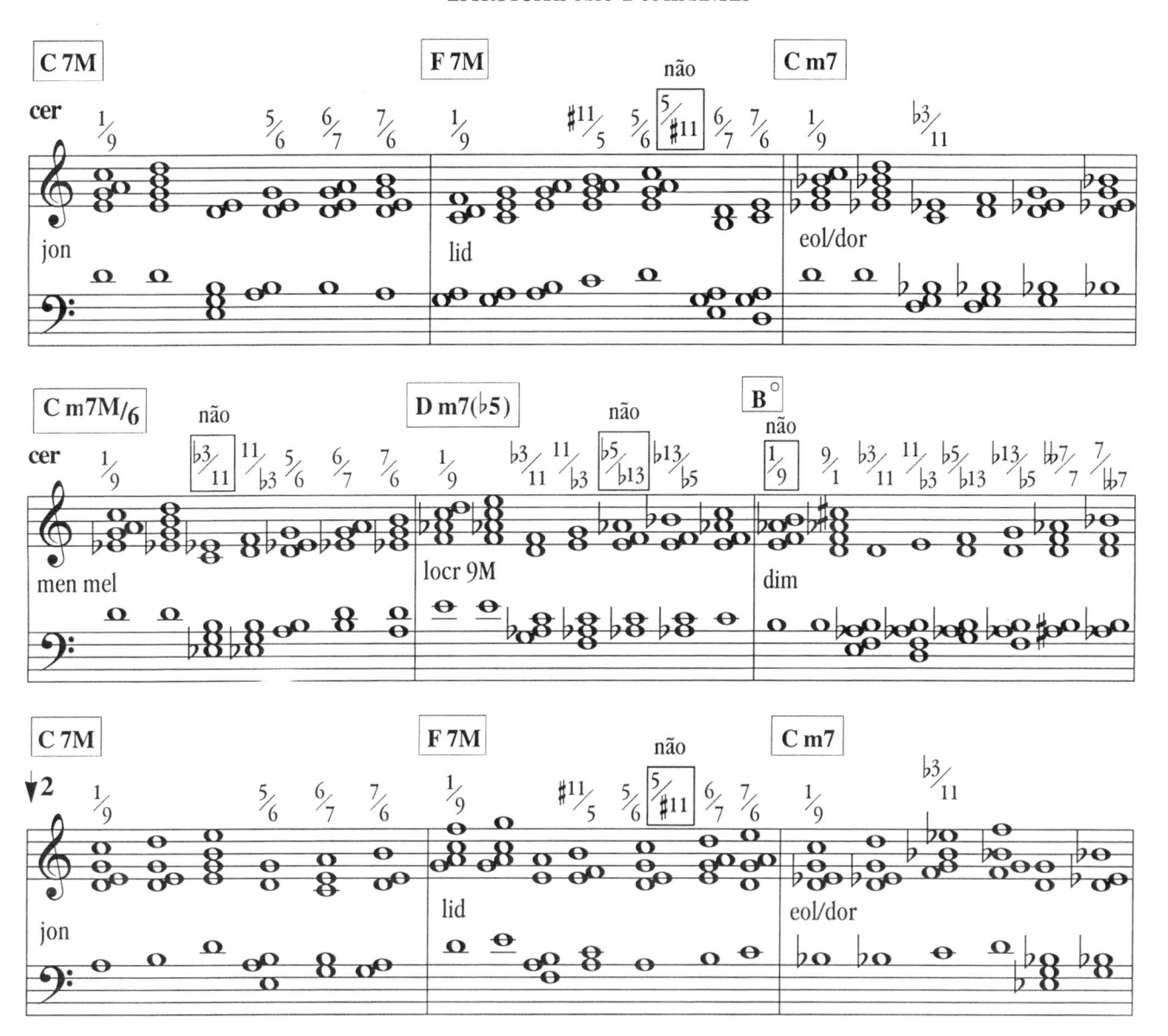

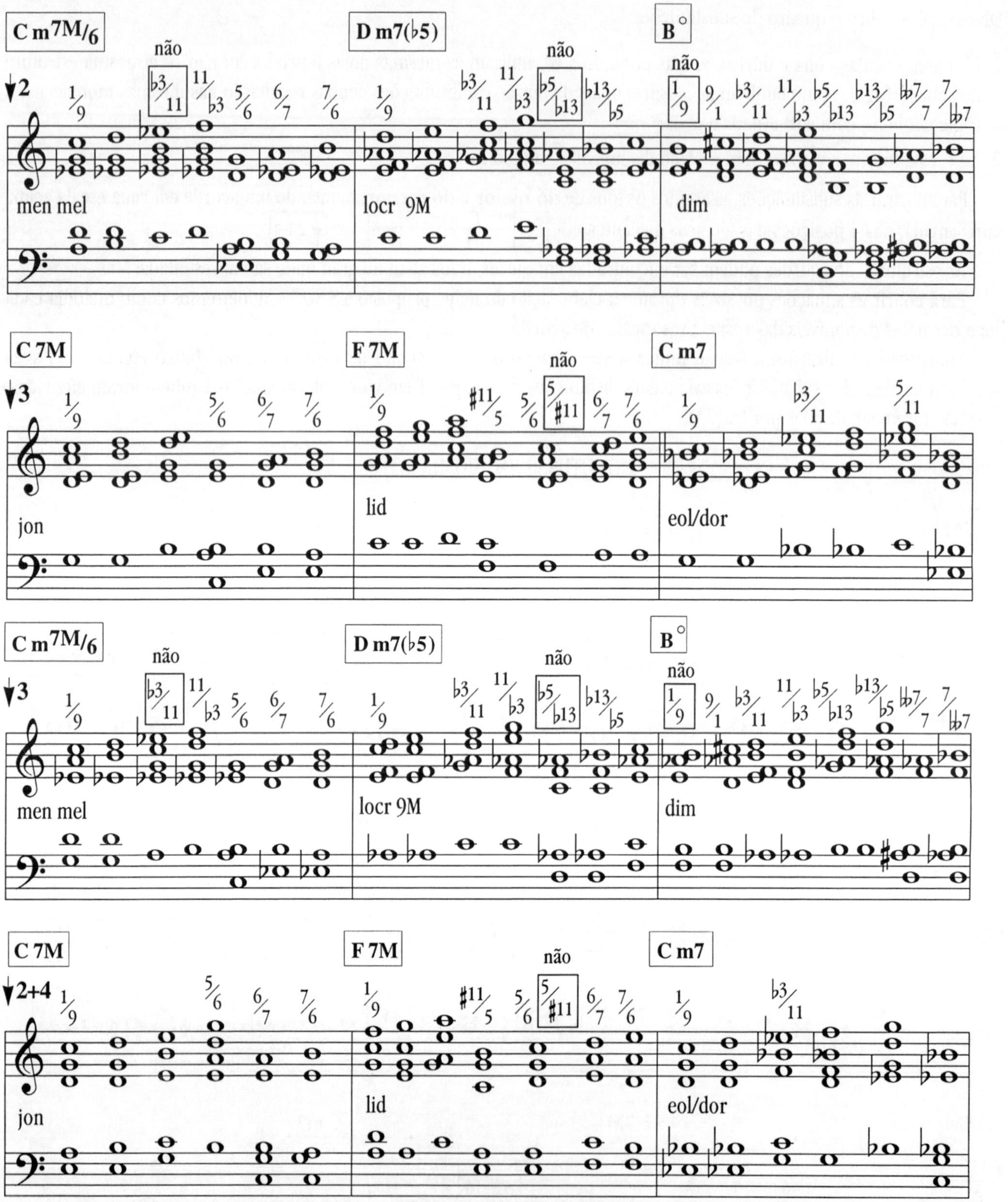
C m7M/6
D m7(♭5)
B°
não
não
não
▼2
men mel
locr 9M
dim
C 7M
F 7M
C m7
não
▼3
jon
lid
eol/dor
C m7M/6
D m7(♭5)
B°
não
não
não
▼3
men mel
locr 9M
dim
C 7M
F 7M
C m7
não
▼2+4
jon
lid
eol/dor

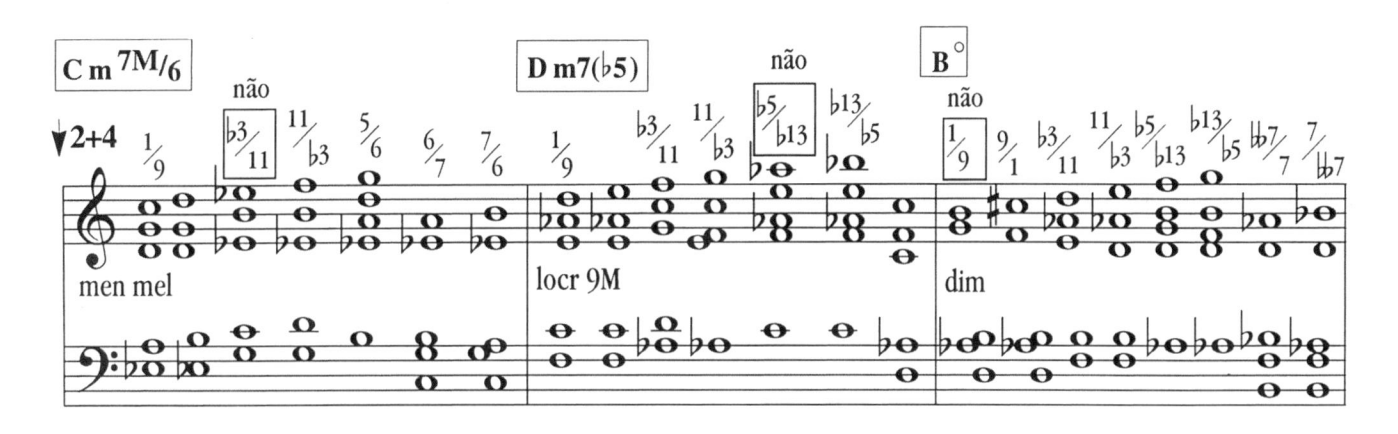

ESTRUTURAS DOMINANTES

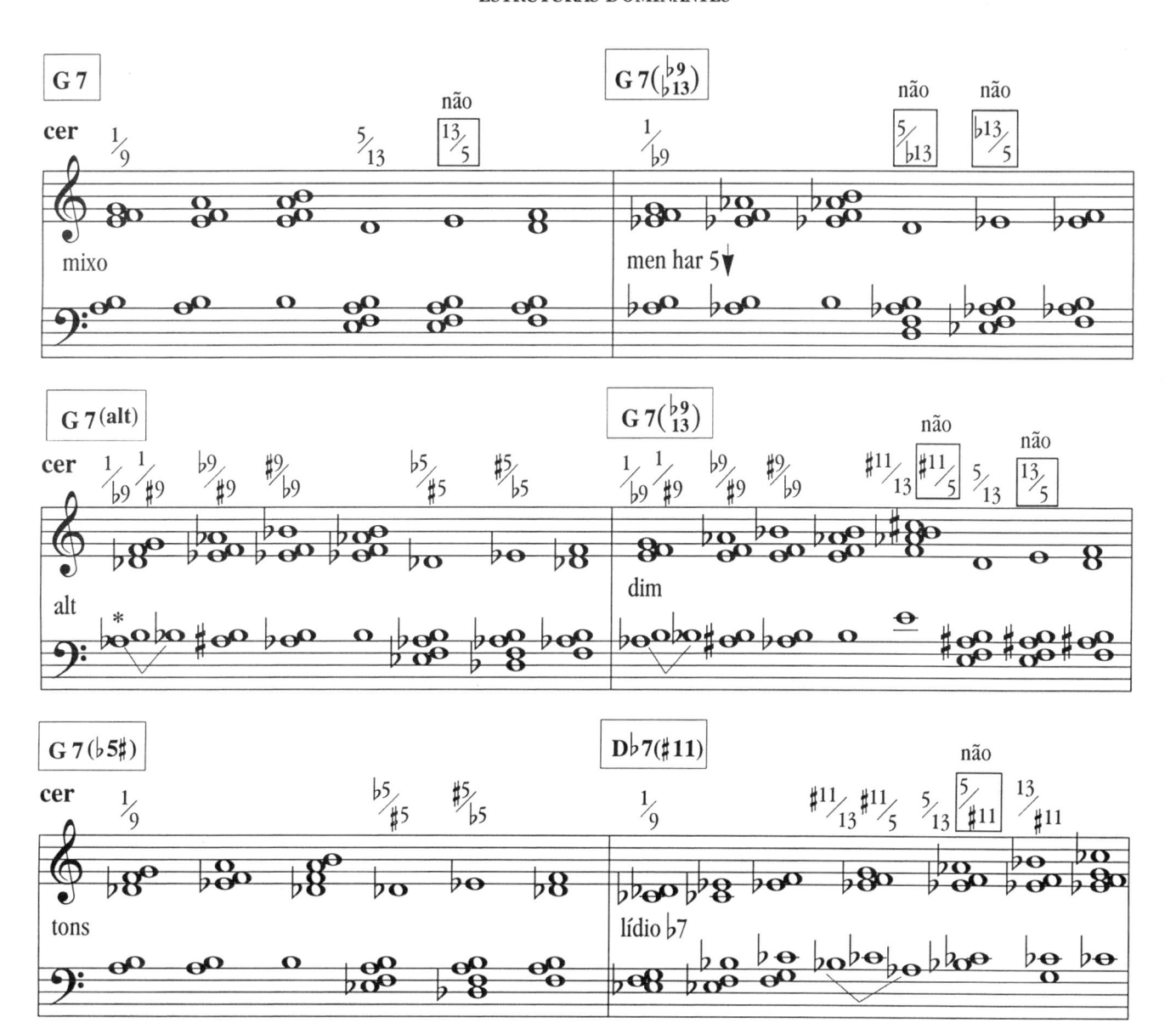

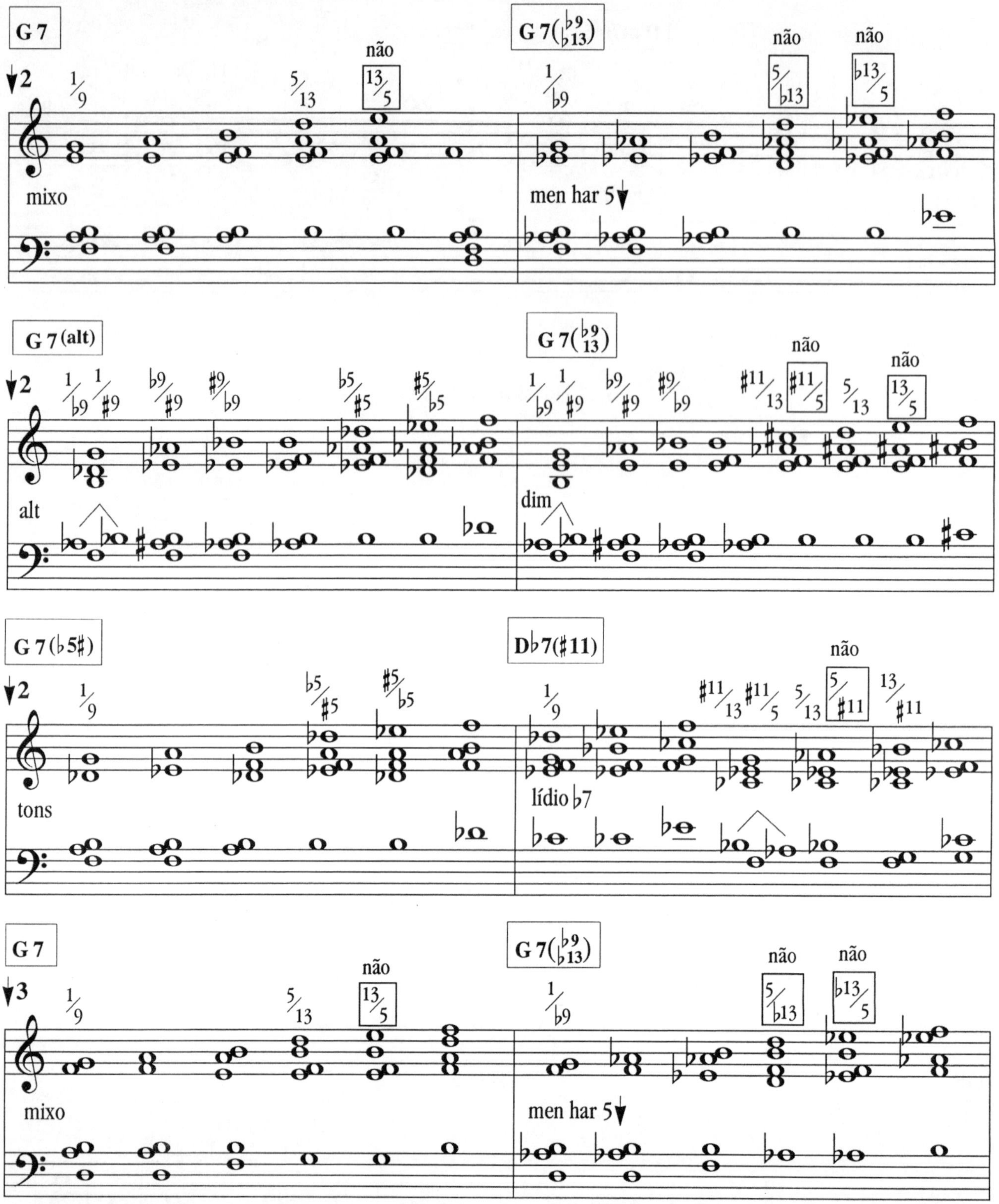
G 7
não
mixo
G 7(♭9 ♭13)
não
não
men har 5
G 7(alt)
alt
G 7(♭9 13)
não
não
dim
G 7(♭5♯)
tons
D♭7(♯11)
não
lídio ♭7
G 7
não
mixo
G 7(♭9 ♭13)
não
não
men har 5

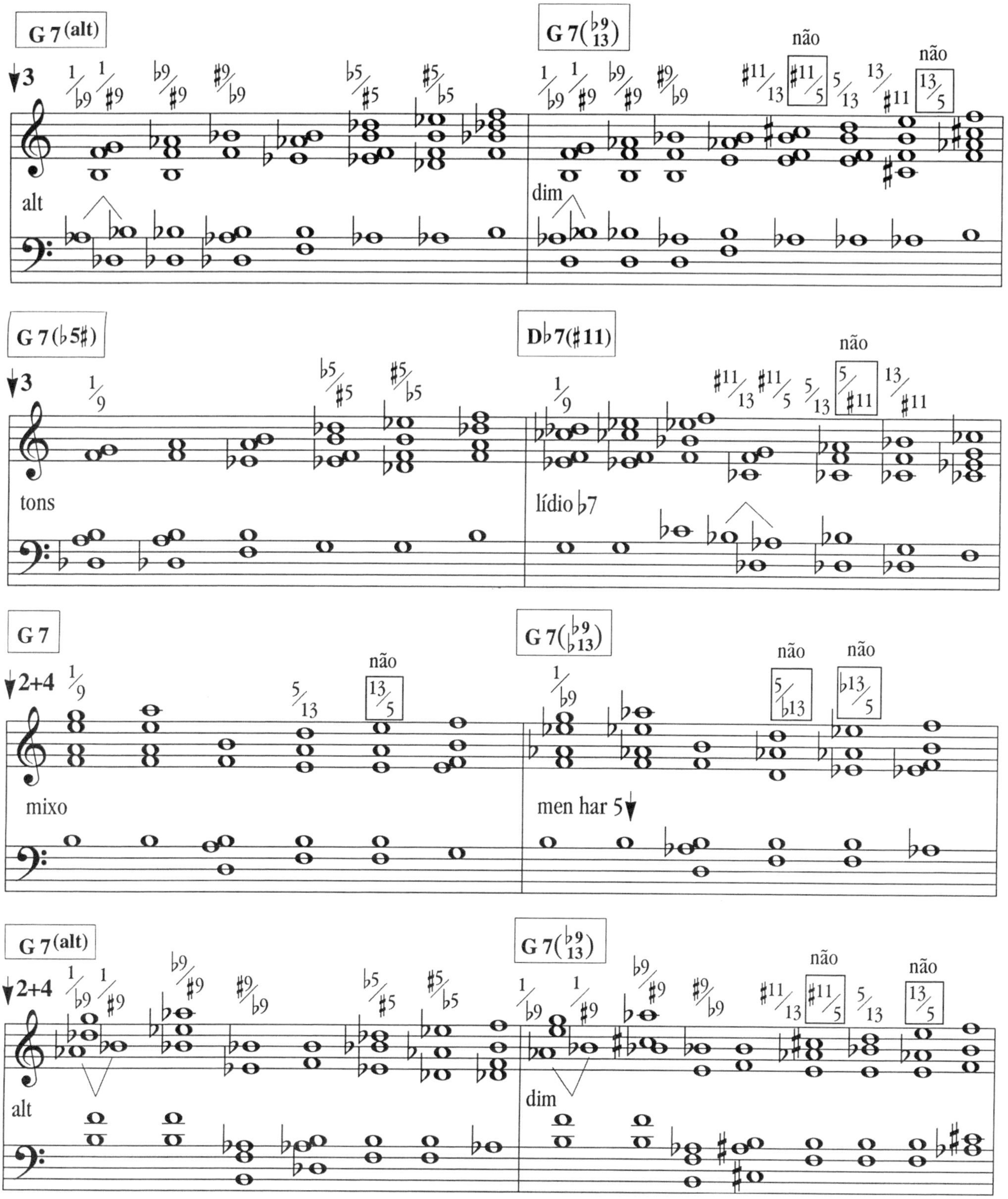
G 7(alt)
3
alt
G 7(♭9 13)
não
não
dim
G 7(♭5♯)
3
tons
D♭7(♯11)
não
lídio ♭7
G 7
2+4
não
mixo
G 7(♭9 ♭13)
não
não
men har 5
G 7(alt)
2+4
alt
G 7(♭9 13)
não
não
dim

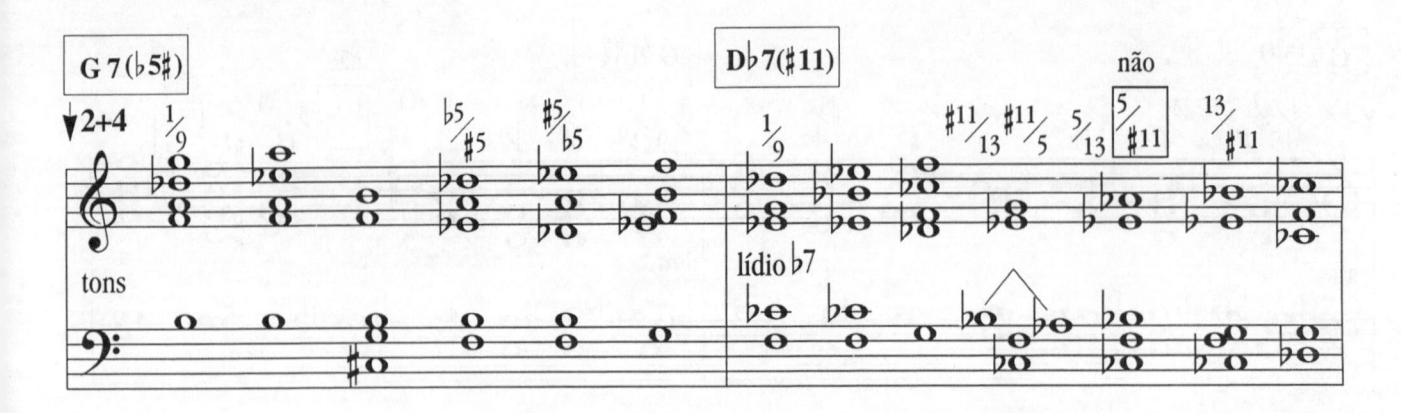

Veja o exemplo *Blue bossa*, de Kenny Dorham. Após definir o tom em função da instrumentação, proceda, como em qualquer técnica, escolhendo previamente os perfis (posições) de cada trecho, os momentos e as qualidades das aproximações. Defina a escala de acorde relativa a cada cifra e realize os acordes, um por um, na vertical, deixando a elaboração das aproximações para o final. Perfis, aproximações e substituições do dobramento da melodia oitava abaixo são indicados no exemplo, já elaborado, para efeito de análise.

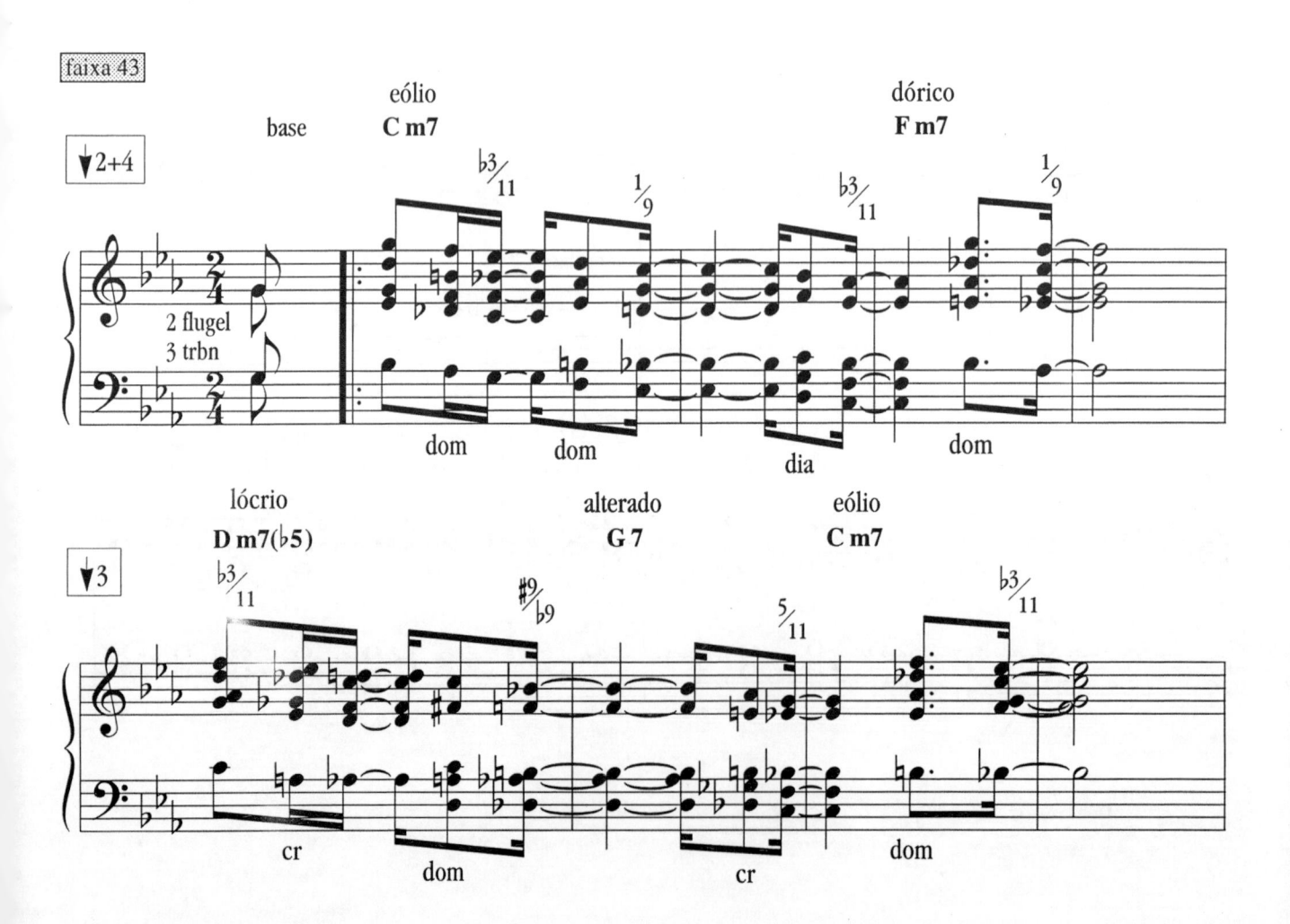

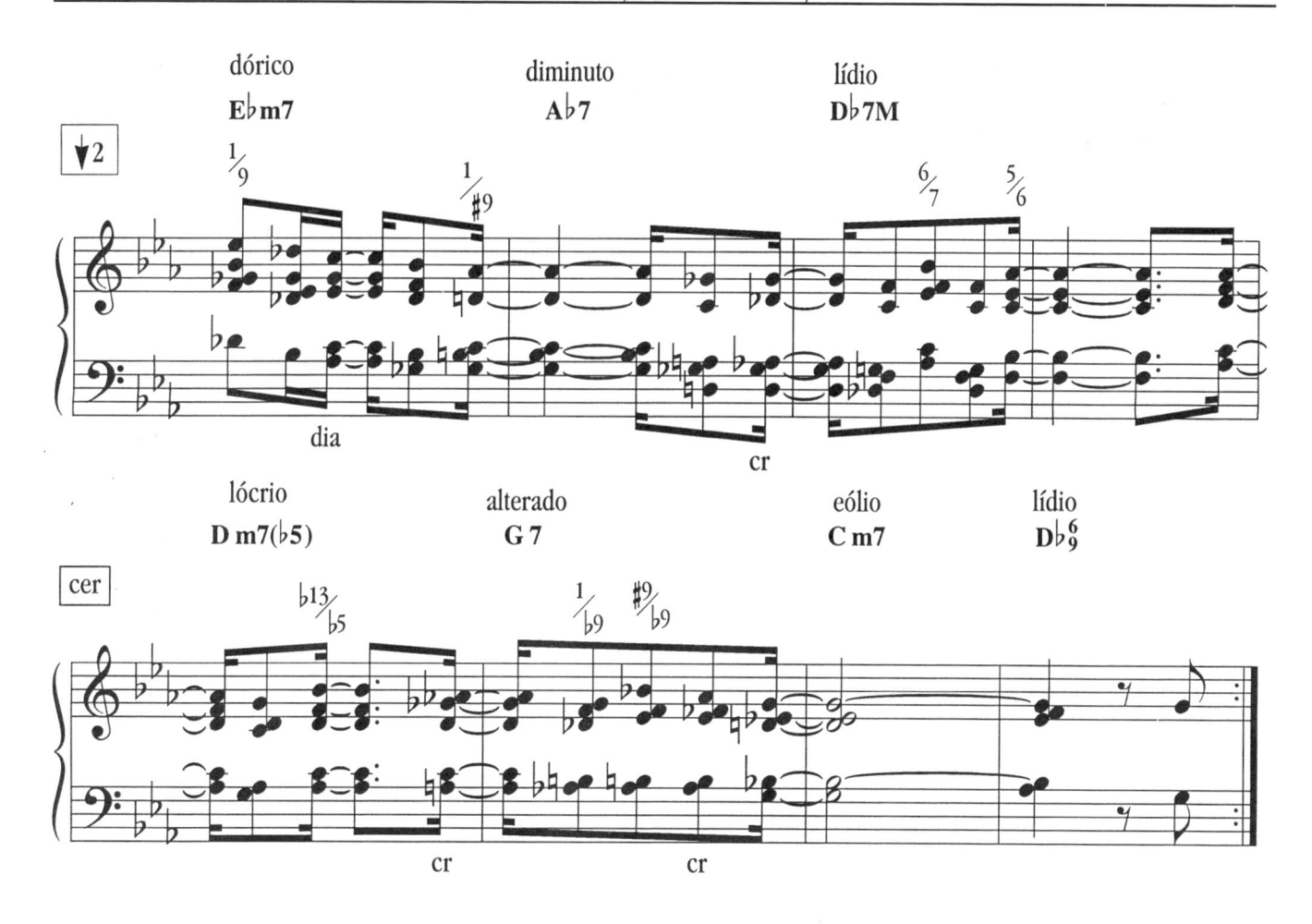

Exercício 69 Escreva o início de *Só tinha de ser com você* (Tom Jobim e Aloysio de Oliveira) para naipe de sax alto / trompete / sax tenor / trombone / sax barítono, com substituições de dobramento da melodia oitava abaixo e, onde possível, substituições de n.a. por T nas vozes intermediárias. Dados: melodia cifrada e perfil de cada trecho. Plano de trabalho: **a.** planeje local e tipo de aproximação; **b.** defina a escala de acorde de cada cifra; **c.** monte os acordes que não sejam de aproximação; **d.** elabore as aproximações; **e.** escreva o nome da escala de acorde perto de cada cifra; escreva o tipo de aproximação em cada local; escreva a fração onde houver substituição do dobramento da melodia oitava abaixo.

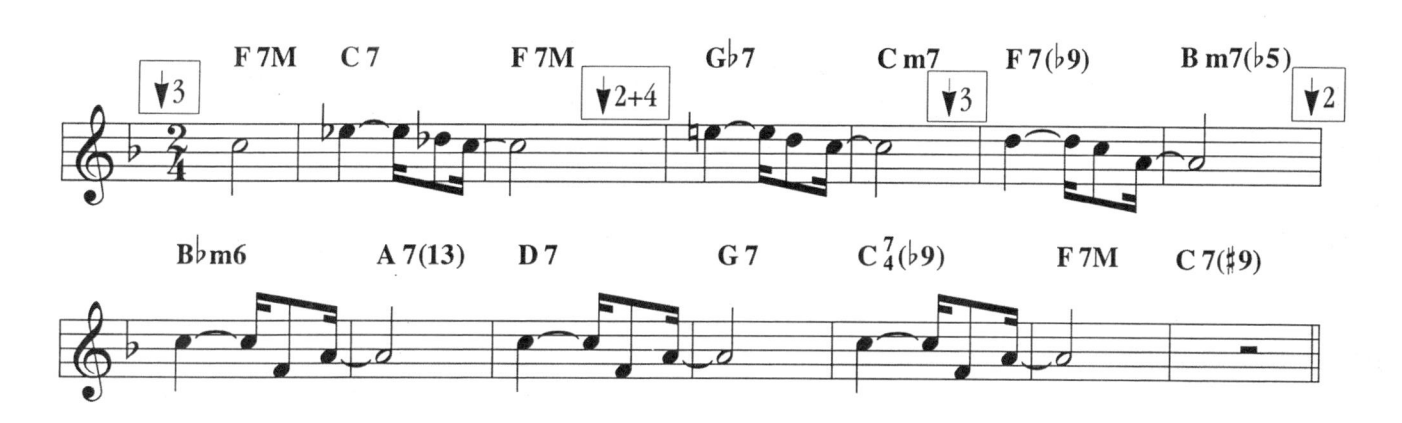

| G | ♦ **DESENVOLVIMENTO DO ARRANJO** |

1 Arranjo completo elaborado

No próximo arranjo usaremos grande parte dos recursos até agora aprendidos, seguido de comentários.

Aqui, ó!   faixa 44

Toninho Horta e Fernando Brant

G m7
C m7
F/E♭
B♭(a dd9)/D
18
fla
trp
alt
ten
trbn
3
G 7(♯5 ♯9)
G 7(♭5 ♭9)
E♭m7
A♭7 4(9)
23
A♭7(9 13)
B♭(a dd9)/D
G m7
28

G 7(♯5 ♯9)
C m7
B♭(add9)/D
E♭m7
F 7/4(9)
F 7(♭9)
32
fla
trp
alt
ten
trbn
B♭7M
A♭7(9)
G 7(♯9)
G 7(♭9)
C 7/4(9)
37
D♭7/4(9)
C 7/4(9)
F 7/4(9)
E 7(13)
E 7(♭13)
42
fla - trp c/ surdina
3
p

fla - trp
C 7M
G(add9)/B
A m
A m(7M) A m7
D 7(9 13)
E♭7(9 13)
49
ten - trb
3
p
D 7(9 13)
F 7 4(9)
F 7 4(♭9)
55
1º
B♭7M
E♭m7
D m7(♭5)
G 7(♭9)
61
fla 8ª - trp
alt
ten
trbn
bar
mp
C 7M
C 6
F m7(♭5) E 7(♭9)
65
mf

E m7(♭5)
A 7(♭9)
D 7M
B m7
F♯m7(♭5)
B 7(♭9)
E 7(9 13)
F 7(9 13)
E 7(9 13)
fla 8 - trp
alt
ten
trbn
bar
D m7
D♭7M(♯11)
f
fla - trp
p
2º
B♭7M
E♭m7
D m7(♭5)
fla in loco
fla 8
trp
alt
ten
trbn
bar
mp

143

2 Roteiro da elaboração (comentários sobre o arranjo-exemplo)

- Repertório

Música bem-feita inspira o arranjador. Este não só valoriza a composição, como tem o direito de se valorizar por ela, quando rica e sugestiva. Além de boa, deve prestar para o propósito do arranjo: uma matéria-prima *gratificante*. Em nosso caso, *Aqui, ó!*, de Toninho Horta e Fernando Brant, não só é bela, rica e arrojada, como também oferece situações ideais para a demonstração de recursos importantes vistos até aqui, graças à melodia vigorosa, harmonia tonal de muita atividade e riqueza com sugestões múltiplas de contracanto e texturas em bloco; a levada rítmica de alto pique é ideal para ataques e articulações rítmicos nas melodias e contracantos.

- Instrumentação

A decisão pela formação instrumental é sugerida pelo espírito da composição e, por outro lado, pelos músicos disponíveis. Em nosso caso, buscamos dar exemplo através do uso de instrumentos disponíveis no dia-a-dia: seção de sopros com flauta, trompete, trombone, 3 saxes de registros diferentes (alto, tenor e barítono), sustentada pela seção rítmico-harmônica tradicional: piano, guitarra, baixo, bateria.

- Montagem

Em função do tempo de duração disponível (por ex.: de 2 a 4 minutos), decidimos pelo número de repetições do *tema*, prevendo ainda a introdução, interlúdio, final quando for o caso. A nossa música escolhida é bastante extensa e de construção complexa:

        A (compassos 9-48)
        B (compassos 49-60)
        C (compassos 61-92)

sendo que a repetição de B e C é parte da própria composição: A B C B C. Essa estrutura (aproximadamente 170 compassos) ficará, no andamento desejado, próximo de 3 minutos de execução, já prevendo a breve introdução e final, por enquanto sem definição. A composição, portanto, não se repetirá no arranjo e o interlúdio é dispensado (ele se destinaria a ligar, opcionalmente, o tema com a sua repetição).

- Plano

Nesse momento, é preciso "sobrevoar" o terreno e dar ao arranjo um traçado ascendente em *intensidade* até alcançar o *clímax* e, depois, um breve declínio. O clímax da música é facilmente localizado e coincide com o refrão. Será o momento de maior densidade no arranjo, enfatizado pela riqueza de texturas, pelo aumento da atividade melódica-rítmica-harmônica e pela dinâmica (intensidade e região de execução nos instrumentos). Em *Aqui, ó!*, o clímax está na seção C (comp. 61-92). Usaremos textura em bloco a 5 vozes, com substituição de dobramento da melodia por tensão, mais tensões harmônicas, aproximações e reforço da melodia 8↑ pela flauta. A seguir, decidimos pelas texturas das demais seções do arranjo, desenvolvendo o trabalho pela ordem em que as idéias nos ocorrem, sem compromisso com a ordem cronológica. Seção A: solo de trombone, contraponteado por quarteto em bloco na região aguda, preenchendo o tempo das notas sustentadas do trombone. Seção B: tema em uníssono (flauta-trompete) com contracanto inferior em uníssono (sax tenor-trombone), numa melodia sinuosa e expressiva, utilizando notas importantes de tensão e desenvolvida a partir de uma célula "inspirada" (comp. 51-53), contrastando com o tema. As seções B e C são repetidas na composição, mas poderiam ser de elaboração diferente no arranjo, ao tocá-las pela 2ª vez. Entretanto, o desejo de reescutar os trechos ricamente elaborados é respeitado e o sinal de repetição ‖: :‖ é adotado.

Haverá ainda um pequeno trecho de transição entre a seção C e a *coda* (comp. 84-92), para o qual foi escolhido solo de flauta, acompanhado de acordes sustentados por metais e saxes, basicamente em posição espalhada.

▪ Decisão pelo tom

Até aqui, apenas traçamos o plano de trabalho e decidimos sobre as técnicas a serem utilizadas (e não encostamos o lápis no papel pautado). É chegado o momento de escolha do tom (que provavelmente não será o original) para que possamos iniciar a *notação*, ou seja, a elaboração das técnicas. Esta decisão vai depender do clímax (seção C) e sua técnica proposta: qual será o tom onde o trompete (encarregado da melodia) produz sua nota mais aguda com facilidade? Sendo essa nota **lá 4**, por exemplo, resultaria em **si♭ maior**, um tom *confortável* para uma execução *afinada* pelo naipe de metais-saxes (a flauta não pesa na decisão devido à sua grande extensão e versatilidade). A preferência, nesta formação, é armadura entre 4♭ e 1♯.

▪ Elaboração

Escreva a melodia em toda a extensão do arranjo, deixando espaço para introdução e final, a serem criados posteriormente. Trabalhe no sistema de onze linhas (uma pauta em 𝄞 e outra em 𝄢), deixando uma 3ª pauta livre para trechos mais complexos (como por ex. contracanto harmonizado). Opcionalmente pode ser adotada a notação tradicional em partitura orquestral, onde cada instrumento tem sua pauta própria (só dividida entre instrumentos idênticos), e assim o nosso arranjo seria anotado sobre um sistema de 10 pautas. Para o copista seria mais prático, mas para o arranjador, mais difícil de analisar e conferir. Coloque as cifras e eventuais convenções rítmicas sobre o sistema. Elabore as seções na medida em que as idéias ocorrem, e não necessariamente em ordem cronológica, aproveitando que a melodia já estará toda anotada. Elabore seção por seção. Em nosso caso, a seção C, com sugestão nítida da técnica, foi elaborada primeiro. Seguimos para a seção A e finalmente B que, apesar de simples, precisou de dose maior de inspiração. Qualquer elaboração em bloco segue a seqüência já indicada na pág. 104:

1) divisão do trecho em frases e respectivas aberturas
2) definição dos pontos de aproximação
3) elaboração das posições, exceto nos pontos de aproximação
4) seleção dos tipos de aproximação e respectivas realizações

Em qualquer notação em bloco, prefira o sistema de onze linhas, reservando a 3ª pauta para melodia ou complementos destacados. Faça uma notação clara, fácil de conferir ao piano assim como de extrair as partes dos músicos. Consulte o visual do arranjo de *Aqui,ó!* nesses aspectos.

- **Partes acessórias**

Introdução-interlúdio-final. A introdução estabelece, via de regra, o andamento, levada rítmica, clima e tom da música. As partes acessórias apresentam, entre si, um som *semelhante*, porém *contrastante* com o resto do arranjo. Em nosso caso, a introdução é rítmico-harmônica, com improviso de guitarra e a surpresa de uma modulação para o começo do tema (seção A). Dispensando o interlúdio, a coda é uma célula de 2 compassos repetidos em "fade-out", com uma melodia obstinada, tortuosa e intermitente em uníssono por 3 instrumentos e a massa do som da harmonia sustentada por 2, entrando em seguida o som improvisado da guitarra, com o qual os sopros passam a alternar. É um "apogeu final" sem encobrir a soberania do refrão (seção C), de recursos diferentes.

- **Acabamento**

Inclui indicação do andamento pelo número de metrônomo, de acentuações, ligaduras, dinâmica, articulações, respirações, alterações de andamento, fermatas, indicações de frases e tudo que possa ser relevante na execução (poupa comentários durante o ensaio). Por último, colocam-se certas palavras-chave no início do arranjo e de suas respectivas seções, indicando com clareza o clima da interpretação. Pode-se utilizar o vocabulário tradicional em italiano (allegro, vivace, andante, dolce, cantabile, etc.) ou em português (lento, alegre, cantável, muito ligado, com peso, o mais rápido possível, com leveza, etc. etc.).

APÊNDICE

■ Resolução dos exercícios

Exercício 1

a. maior   **b.** menor   **c.** diminuta

Exercício 2

a. I IV   **b.** II III VI   **c.** VII

Exercício 3

VIm7   IV7M   IIIm   I   VIIm7(♭5)   IV7M   I7M   IIm

Exercício 4

A7   Fm7(♭5)   E♭   C7M   C♯m7   F   Gm

Exercício 5

| IIm V7 | IIIm VIm | IIm7 V7 | I |

Exercício 6

| D7M C♯m7 | Bm7 G♯m7(♭5) | F♯m D7M | A ||

Exercício 7

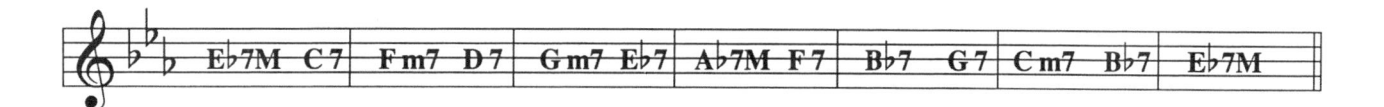

| E♭7M C7 | Fm7 D7 | Gm7 E♭7 | A♭7M F7 | B♭7 G7 | Cm7 B♭7 | E♭7M |

Exercício 8

A7   A7   E7   F7   F♯7

Exercício 9

III   IV   V   II   I

Exercício 10

| I | V7 | VIm | V7 | IV7M | V7 | IIm7 | ％ | V7 | V7 | VIm7 | ％ | V7 | | (V7) |

Exercício 11

D7M D7 | G7M F#7 | Bm7 E7 | A7 | D

Exercício 12

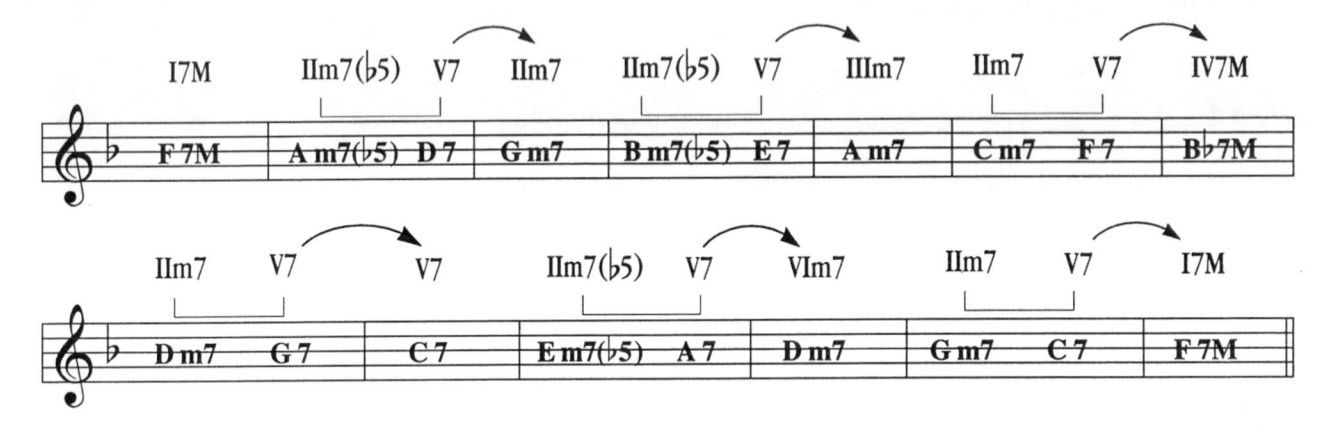

| I7M | IIm7(b5) V7 | IIm7 | IIm7(b5) V7 | IIIm7 | IIm7 V7 | IV7M |
| F7M | Am7(b5) D7 | Gm7 | Bm7(b5) E7 | Am7 | Cm7 F7 | Bb7M |

| IIm7 V7 | V7 | IIm7(b5) V7 | VIm7 | IIm7 V7 | I7M |
| Dm7 G7 | C7 | Em7(b5) A7 | Dm7 | Gm7 C7 | F7M |

Exercício 13

Am7(b5) D7   F#m7(b5) B7

Exercício 14

IV   III

Exercício 15

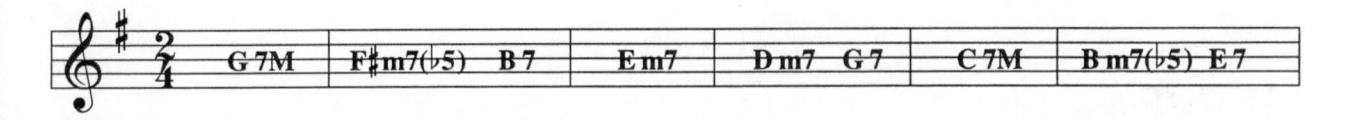

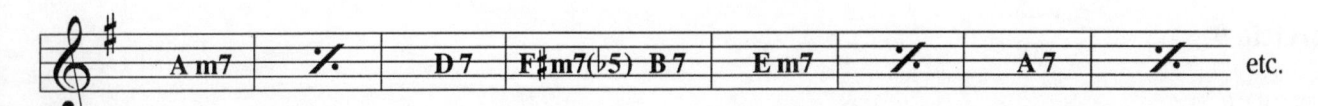

G7M | F#m7(b5) B7 | Em7 | Dm7 G7 | C7M | Bm7(b5) E7

Am7 | ％ | D7 F#m7(b5) B7 | Em7 | ％ | A7 | ％ | etc.

todas as substituições "funcionam" com a melodia

Exercício 16

| I7M | ∕. | IIm7(♭5) | V7 | VIm7 | ∕. | IIm7 | V7/IV | IIm7(♭5) | V7 | IIIm7 | V7 |

| IIm7 | V7 | IIm7(♭5) | V7 | IIm7 |

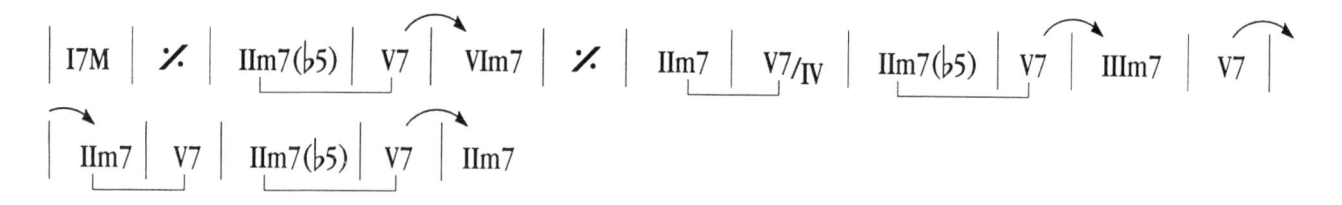

Exercício 17

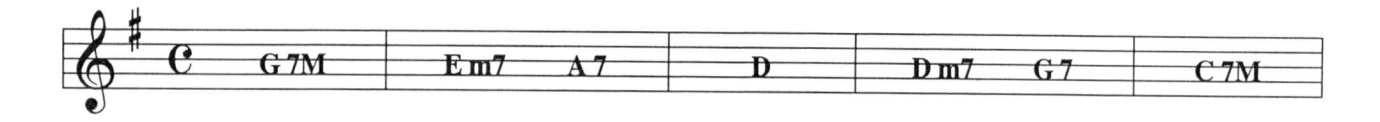

| G7M | Em7 A7 | D | Dm7 G7 | C7M |

| C#m7(♭5) F#7 | Bm7 | Bm7(♭5) E7 | C7M | Am7 D7 | G |

Exercício 18

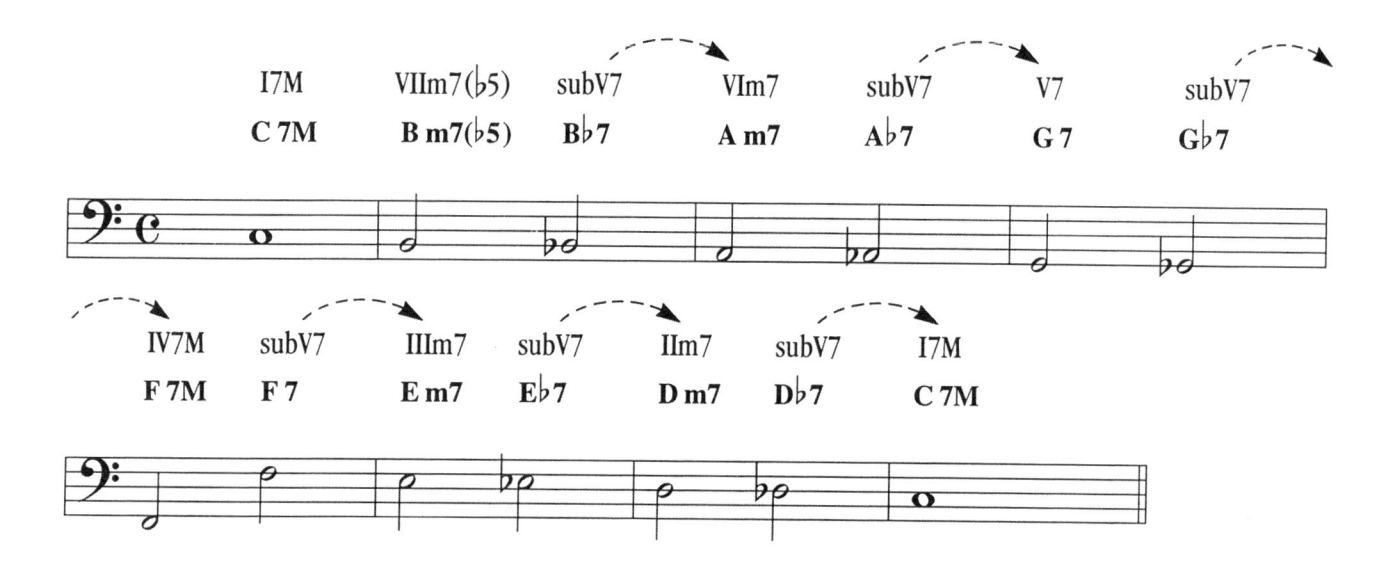

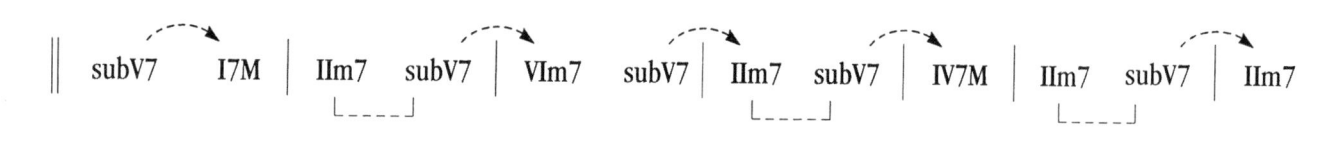

| I7M | VIIm7(♭5) | subV7 | VIm7 | subV7 | V7 | subV7 |
| C7M | Bm7(♭5) | B♭7 | Am7 | A♭7 | G7 | G♭7 |

| IV7M | subV7 | IIIm7 | subV7 | IIm7 | subV7 | I7M |
| F7M | F7 | Em7 | E♭7 | Dm7 | D♭7 | C7M |

Exercício 19

| subV7 | I7M | IIm7 | subV7 | VIm7 | subV7 | IIm7 | subV7 | IV7M | IIm7 | subV7 | IIm7 |

Exercício 20

V7 → I7M	IIm7 V7 → VIm	V7 IIm7 V7 →
D7 G7M	F#m7 B7 Em A7	Dm7 G7

→ IV7M	IIm7 V7 → IIm7
C7M	Bm7 E7 Am

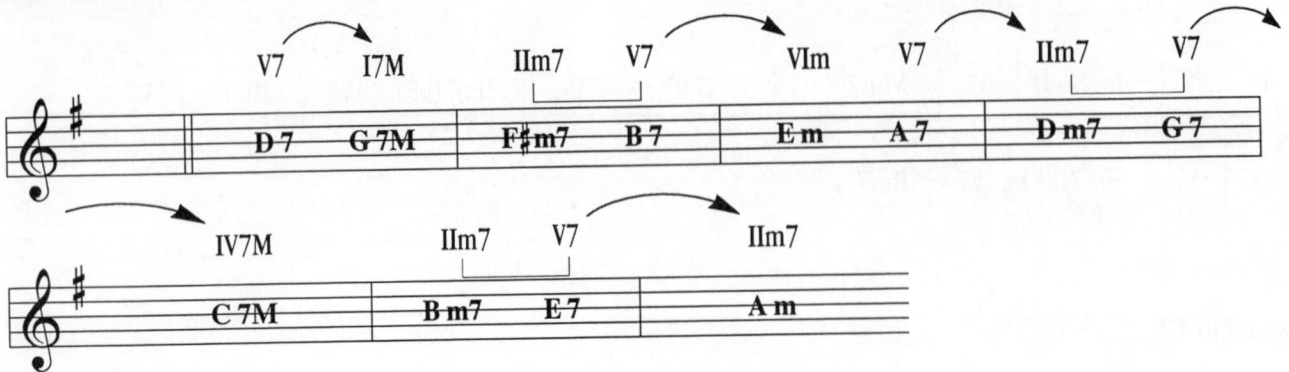

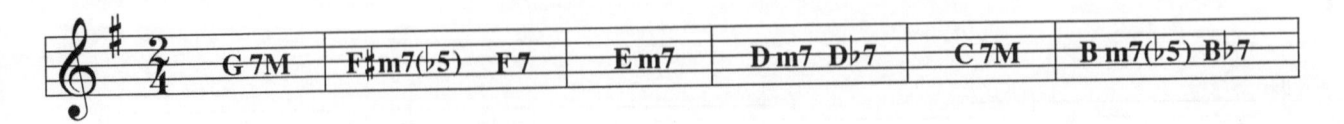

Exercício 21

2/4 | G7M | F#m7(b5)   F7 | Em7 | Dm7   Db7 | C7M | Bm7(b5)   Bb7 |

| Am7 | %. | D7 | F#m7(b5)   F7 | Em7 | %. |

Exercício 22

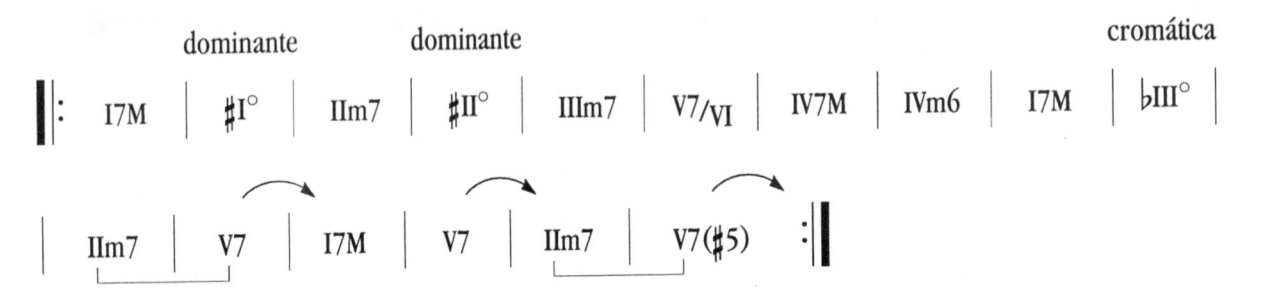

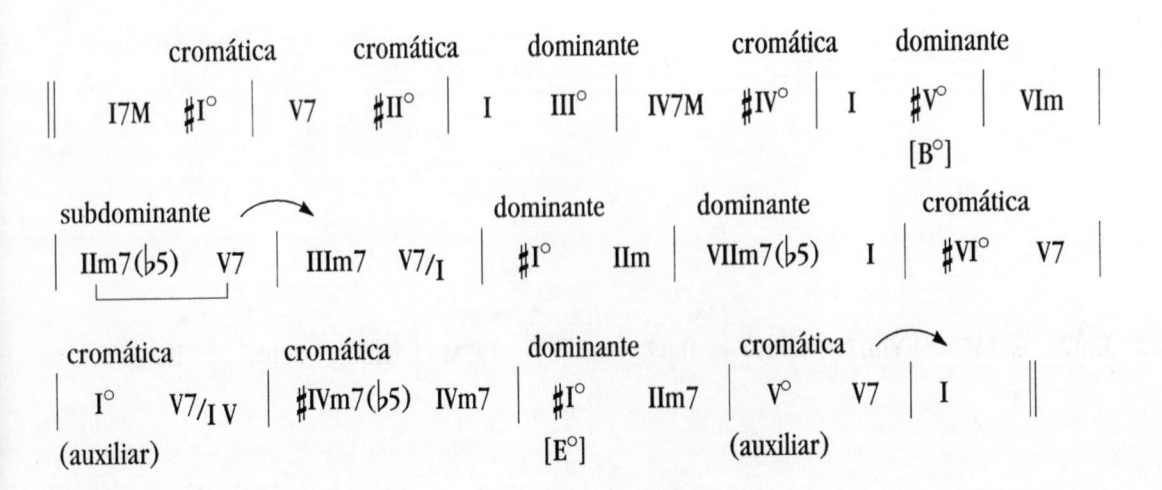

‖: I7M | #I° (dominante) | IIm7 | #II° (dominante) | IIIm7 | V7/VI | IV7M | IVm6 | I7M | bIII° (cromática) |

| IIm7 V7 → I7M | V7 → IIm7 | V7(#5) → :‖

Exercício 23

‖ I7M | #I° (cromática) | V7 | #II° (cromática) | I | III° | IV7M | #IV° (cromática) | I | #V° (dominante) | VIm |
[B°]

| IIm7(b5) V7 (subdominante) → | IIIm7   V7/I | #I° (dominante) | IIm | VIIm7(b5) (dominante) | I | #VI° (cromática) | V7 |

| I° (cromática) V7/IV | #IVm7(b5) (cromática) IVm7 | #I° (dominante) IIm7 | V° (cromática) V7 | I ‖
(auxiliar) | | [E°] | (auxiliar) |

Exercício 24

‖ IVm7 | bVII7 | bIII7M | bVI7M | IIm7(b5) | V7 | Im7 ‖

Exercício 25

‖ IV7M | VIIm7(b5) | IIIm7 | VIm7 | IIm7 | V7 | I ‖

Exercício 26

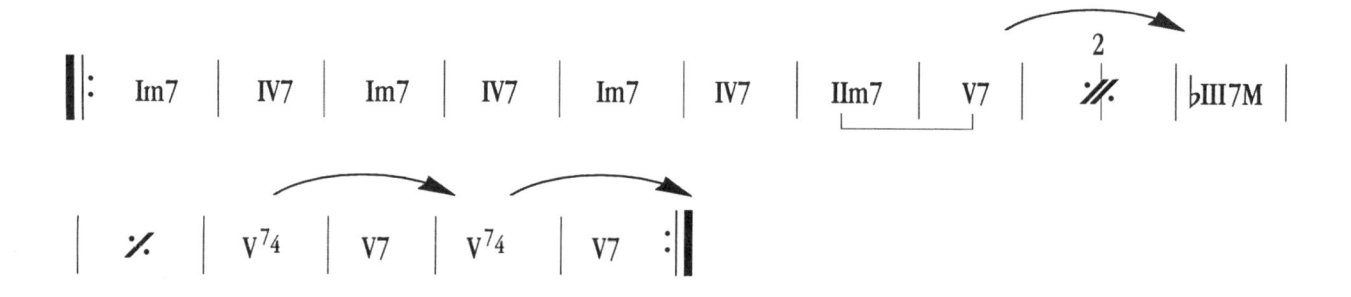

‖: Im7 | IV7 | Im7 | IV7 | Im7 | IV7 | IIm7 | V7 | ∥. ²| bIII7M |
| ∥. | V⁷⁴ | V7 | V⁷⁴ | V7 :‖

Exercício 27

cromática

‖ Im | bVII7 subV7 | V7 | IIm7(b5) V7 | IVm7 #IV° | Im bVI7M |

dominante   dominante

| IIm7(b5) V7 | V7 V7 | bVI7M VI° | bVII7 VII° | Im subV7 |

| IVm V7 | bIII7M subV7 | Im ‖
  (IIm7)

Exercício 28

a.

V7 →	IIIm	V7 →	IIm	V7 →	I
F#7	Bm	E7	Am	D7	G ‖

b.

subV7 ⇢	IIIm	subV7 ⇢	IIm	subV7 ⇢	I
C7	Bm	Bb7	Am	Ab7	G ‖

c.

#II°	IIIm	#I°	IIm	VII°	I
A#°	Bm	G#°	Am	F#°	G ‖

Exercício 29 *Esse cara* (Caetano Veloso)

e.

	#V°	III°	V°
	A#°	F#°	A°

d.

	subV7 ⇢	subV7 ⇢	subV7 ⇢
	(C7) *	(Ab7)	(B7)

c.

	V7 →	V7 →	V7 →
	F#7	D7	F7

b.

	IIm7 subV7 ⇢	IIm7 subV7 ⇢	IIm7 subV7 ⇢
	C#m7 C7	Am7 Ab7	Cm7 (B7)

a.

I	IIm7 V7 →	VIm7	IIm7 V7 →	IV7M	IIm7 V7 →	bVI7M
D	C#m7 F#7	Bm7	Am7 D7	G7M	Cm7 F7	Bb7M

* cifras circuladas: conflito com melodia (apesar da "coerência" harmônica)

ARRANJO (MÉTODO PRÁTICO)

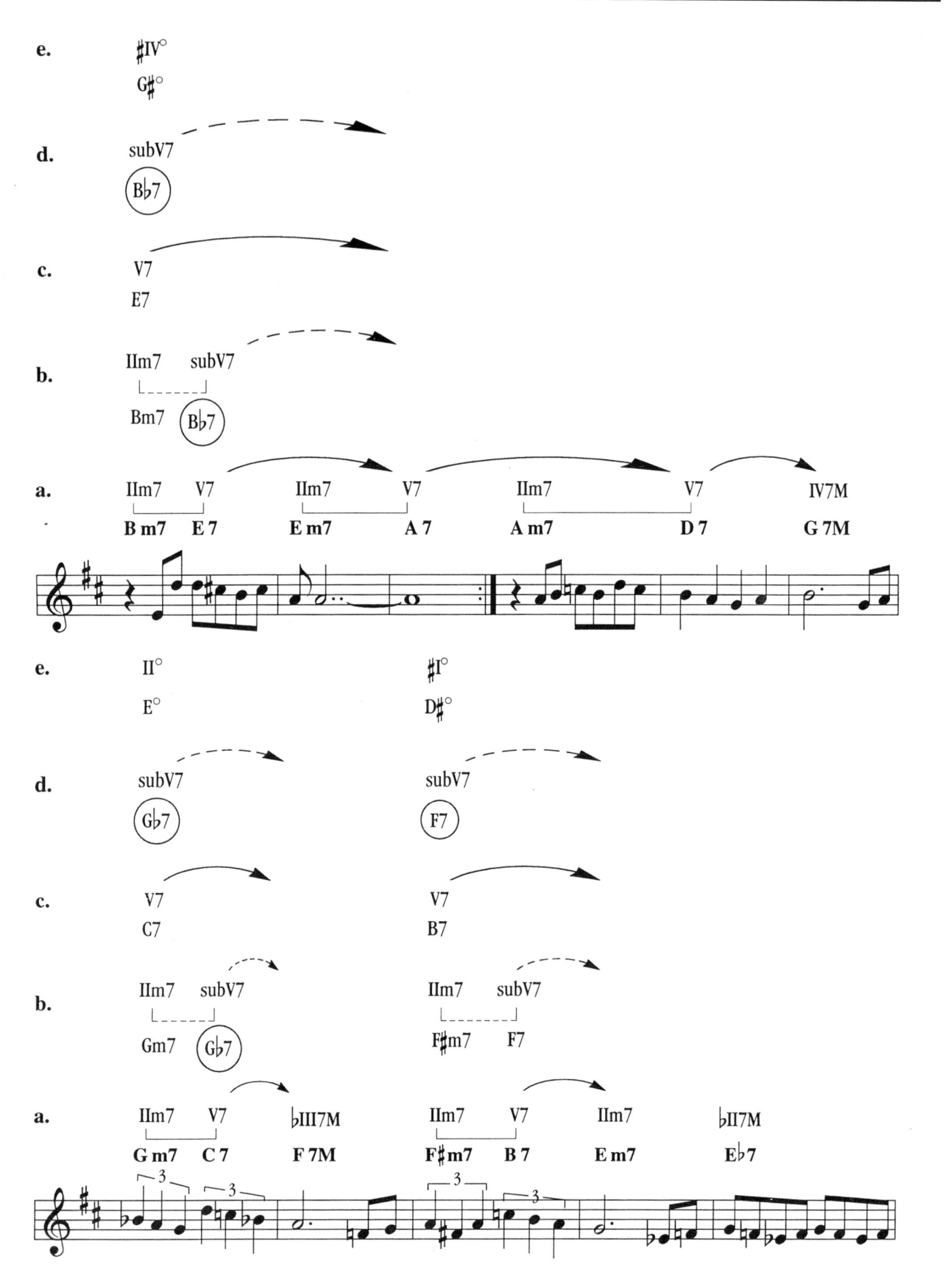

e. #IV°
    G#°

d. subV7
    (B♭7)

c. V7
    E7

b. IIm7 subV7
    Bm7 (B♭7)

a. IIm7 V7 | IIm7 V7 | IIm7 V7 | IV7M
    B m7 E 7 | **E m7 A 7** | **A m7 D 7** | **G 7M**

e. II°   #I°
    E°   D#°

d. subV7   subV7
    (G♭7)   (F7)

c. V7   V7
    C7   B7

b. IIm7 subV7   IIm7 subV7
    Gm7 (G♭7)   F#m7 F7

a. IIm7 V7 | ♭III7M | IIm7 V7 | IIm7 | ♭II7M
    G m7 C 7 | **F 7M** | **F#m7 B 7** | **E m7** | **E♭7**

e.   VI°   VII°
          B°   (C#°)

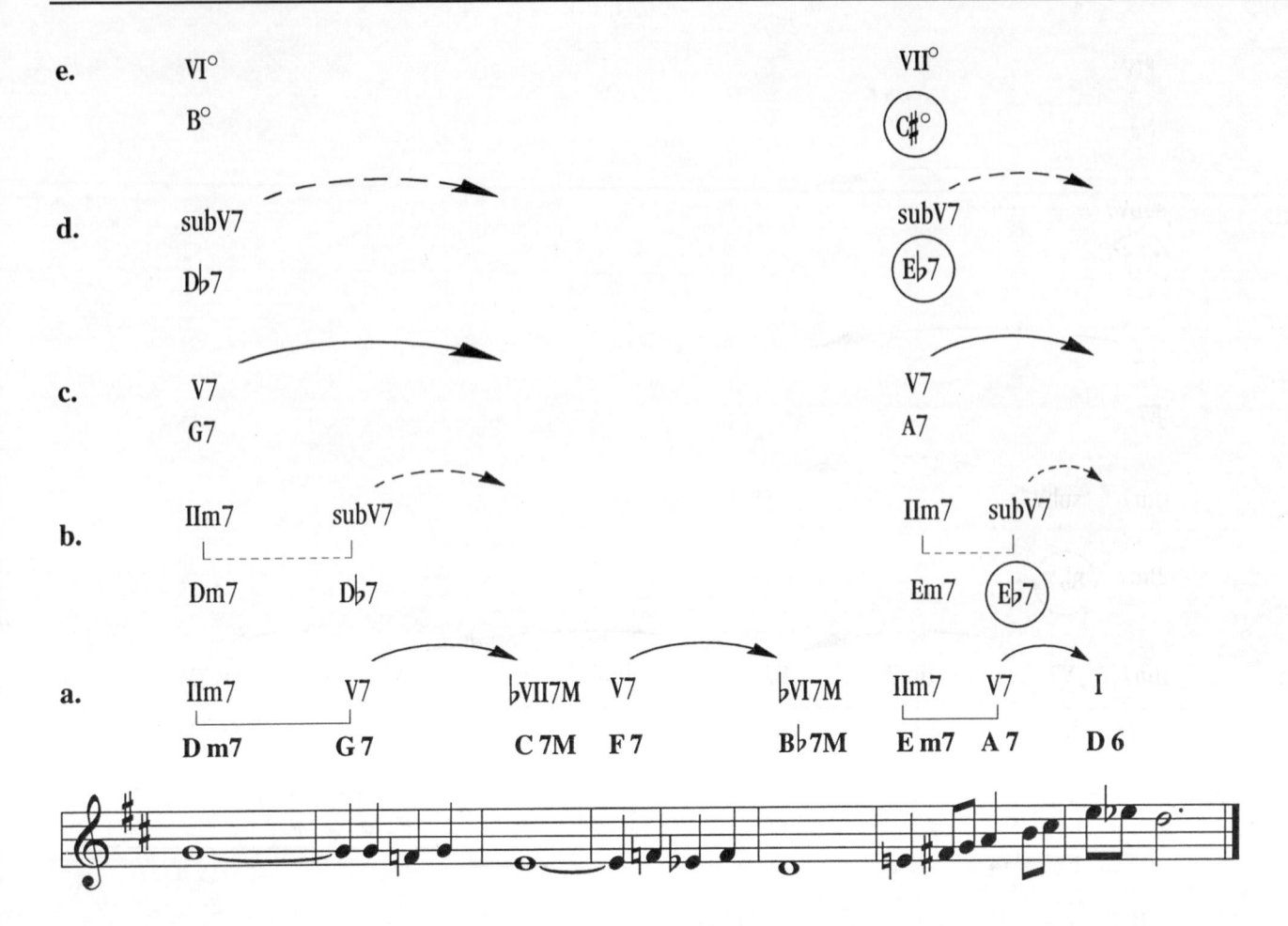

d.   subV7   subV7
          D♭7   (E♭7)

c.   V7   V7
          G7   A7

b.   IIm7   subV7   IIm7   subV7
          Dm7   D♭7   Em7   (E♭7)

a.   IIm7   V7   ♭VII7M V7   ♭VI7M   IIm7   V7   I
          Dm7   G7   C7M   F7   B♭7M   Em7   A7   D6

Exercício 30

|| Im7 IVm7 | IIIm7(AEM) VIm7(AEM) | ♭VI7M(AEM) ♭II7M | Im7 ||

Exercício 31

a. || I6 | % | % | % | VIm7 Vm7(IIm7) | V7 IV7 s/ funç. dom. | V7 I7 s/ funç. dom. |

| V7 s/ funç. dom. | I7 | IIm7 V7 | IV | II7 s/ funç. dom. | I7 s/ funç. dom. ||

b. || I7M | IIIm7 | ♭VI7 s/ funç. dom. | % | I7M | IIIm7 | IIm7(♭5) | V7/II |

c. ‖: I7M | IV7 | IIm7 | ♭VII7 | IIIm7 VIm7 | IIm7 V7 | IIm7(♭5) V7 |
       s/ funç. dom.   s/ funç. dom.

    | IIm7 ♭VII7 :‖
       s/ funç. dom.

d. ‖ I | ∕. | VII7 | ∕. | I | ∕. | IIIm7 | V7/II |
                s/ funç. dom.

e. ‖ Im ♭VI7 | Im | Im ♭VI7 | ∕. | ∕. | Im | ♭VII7 | ∕. |
       s/ funç. dom.   s/ funç. dom.   s/ funç. dom.

    | ♭VI7 | ∕. | Im7 Vm7 | Im7 V7 | Im IV7 | ∕. | ∕. | Im ‖
       s/ funç. dom.   s/ funç. dom.

Exercício 32

a.

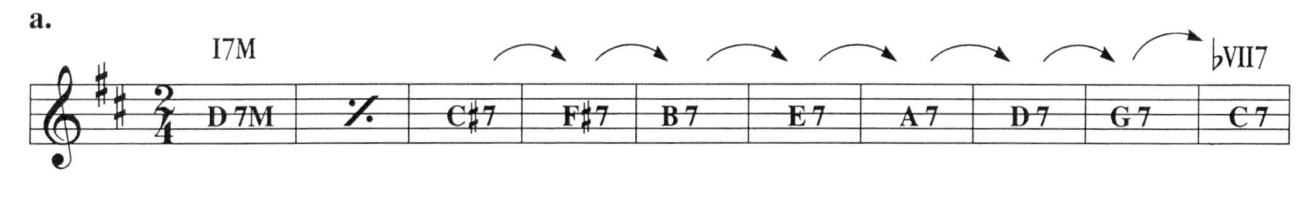

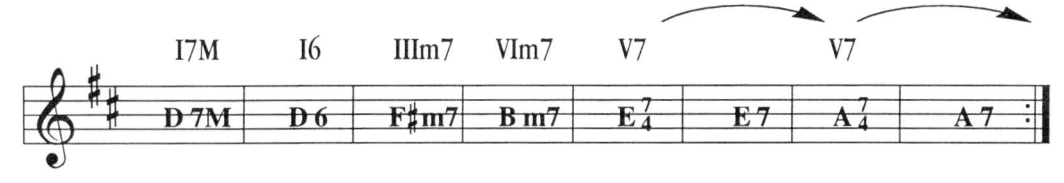

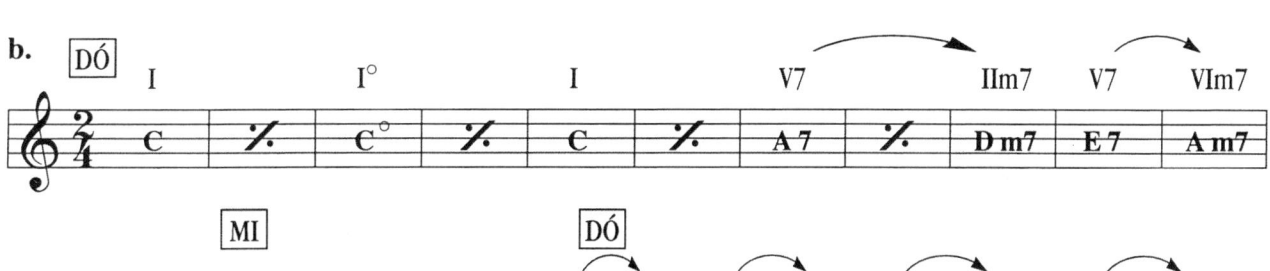

I7M							♭VII7
D 7M	∕.	C♯7	F♯7	B7	E7	A7	D7	G7	C7

I7M	I6	IIIm7	VIm7	V7		V7	
D 7M	D 6	F♯m7	Bm7	E$^7_4$	E7	A$^7_4$	A7 :‖

b. [DÓ]

I		I°		I		V7		IIm7 V7 VIm7
C	∕.	C°	∕.	C	∕.	A7	∕.	Dm7 E7 Am7

[MI]   [DÓ]

I VIm7	IIm7 V7	IIIm7 V7	IIm7 V7	I	V7	IV7M
F♯m7(♭5) B7	E C♯m7	F♯m7 B7	Em7 A7	Dm7 G7	C	C7	F7M

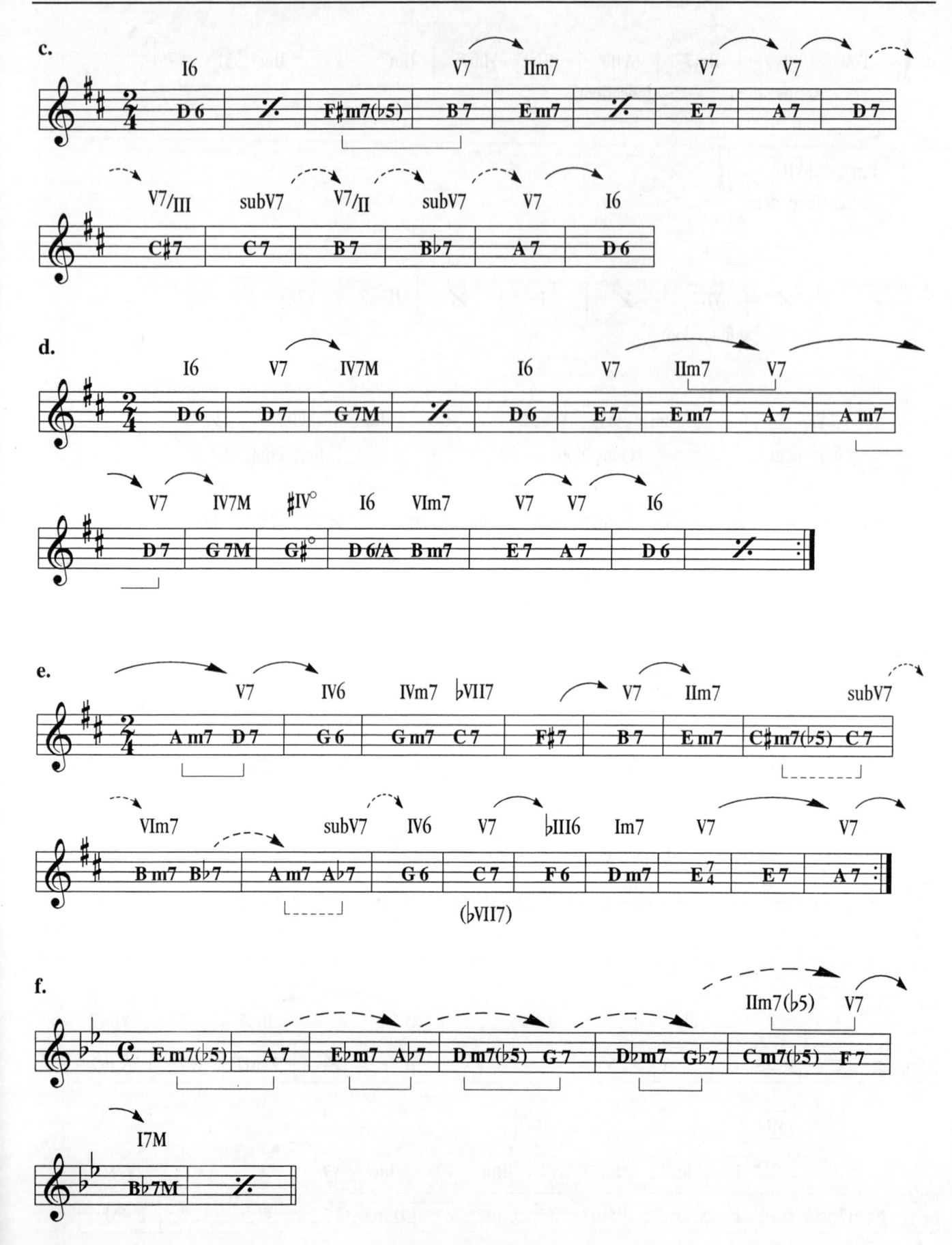

c.

I6		V7	IIm7		V7	V7	
D6	%	F#m7(b5)	B7	Em7	%	E7	A7	D7

V7/III	subV7	V7/II	subV7	V7	I6
C#7	C7	B7	Bb7	A7	D6

d.

I6	V7	IV7M		I6	V7	IIm7	V7	
D6	D7	G7M	%	D6	E7	Em7	A7	Am7

V7	IV7M	#IV°	I6	VIm7	V7	V7	I6	
D7	G7M	G#°	D6/A	Bm7	E7	A7	D6	%

e.

	V7	IV6	IVm7	bVII7	V7	IIm7		subV7
Am7 D7	G6	Gm7	C7	F#7	B7	Em7	C#m7(b5)	C7

VIm7		subV7	IV6	V7	bIII6	Im7	V7	V7
Bm7 Bb7	Am7 Ab7	G6	C7	F6	Dm7	E⁷₄	E7	A7

(bVII7)

f.

					IIm7(b5)	V7
Em7(b5) A7	Ebm7 Ab7	Dm7(b5) G7	Dbm7 Gb7	Cm7(b5) F7

I7M	
Bb7M	%

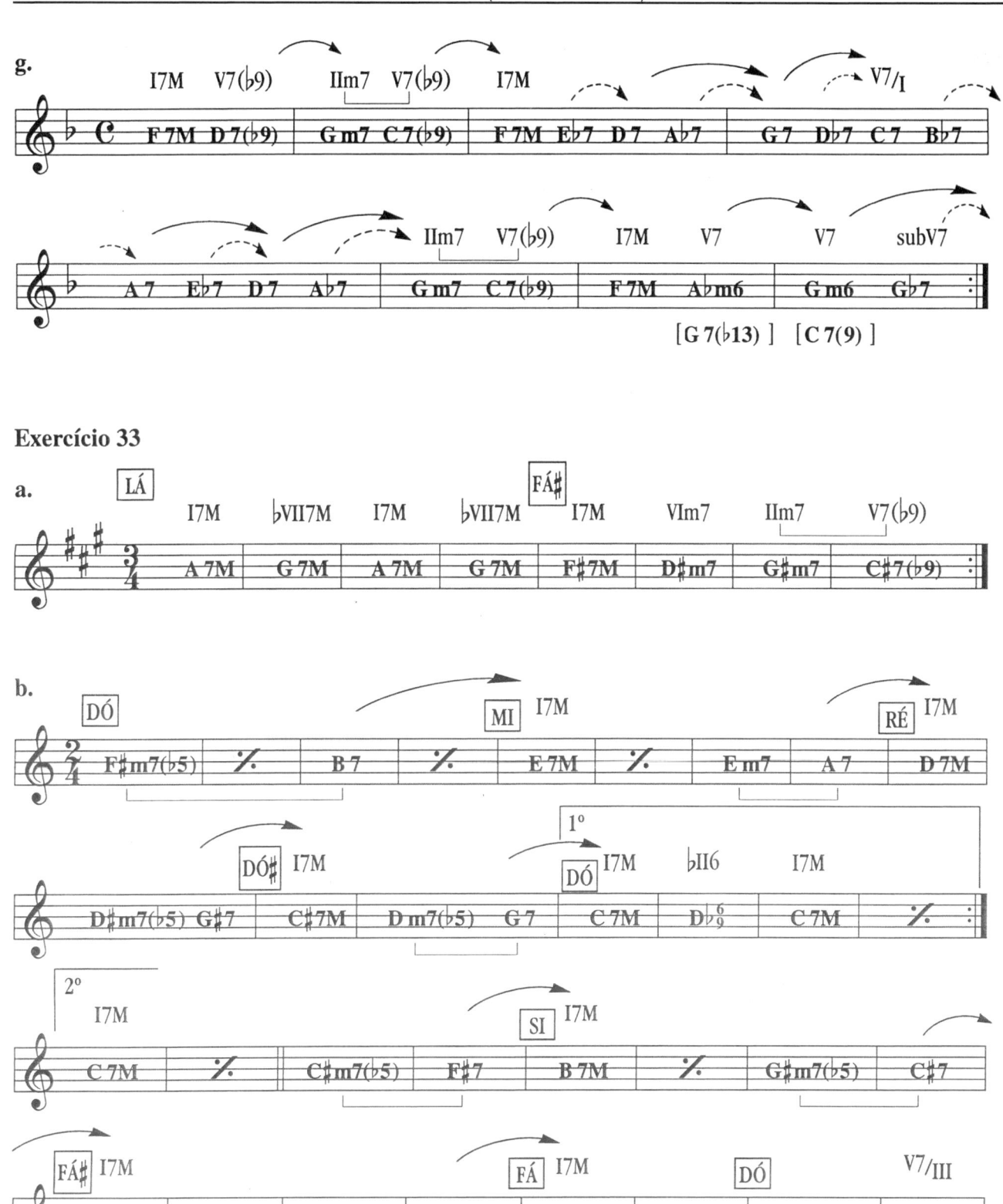

g.

I7M	V7(♭9)	IIm7 V7(♭9)	I7M				V7/I
F7M	D7(♭9)	Gm7 C7(♭9)	F7M E♭7 D7 A♭7	G7 D♭7 C7 B♭7

			IIm7 V7(♭9)	I7M	V7	V7	subV7
A7 E♭7 D7 A♭7	Gm7 C7(♭9)	F7M A♭m6	Gm6 G♭7

[G7(♭13)]   [C7(9)]

Exercício 33

a. LÁ   FÁ#

I7M	♭VII7M	I7M	♭VII7M	I7M	VIm7	IIm7	V7(♭9)
A7M	G7M	A7M	G7M	F#7M	D#m7	G#m7	C#7(♭9)

b.

DÓ   MI — I7M   RÉ — I7M

| F#m7(♭5) | %. | B7 | %. | E7M | %. | Em7 A7 | D7M |

DÓ# — I7M   1º DÓ — I7M   ♭II6   I7M

| D#m7(♭5) G#7 | C#7M | Dm7(♭5) G7 | C7M | D♭6/9 | C7M | %. |

2º — I7M   SI — I7M

| C7M | %. | C#m7(♭5) F#7 | B7M | %. | G#m7(♭5) | C#7 |

FÁ# — I7M   FÁ — I7M   DÓ — V7/III

| F#7M | %. | Gm7(♭5) C7 | F7M | %. | F#m7(♭5) | B7 |

IIm7   V7   I6

| Dm7 | G7 | C6 | %. | D.C. |

Exercício 34

A7 V7/II men har 5♭

E♭7 subV7/II lídio ♭7

D♭7M ♭II7M lídio

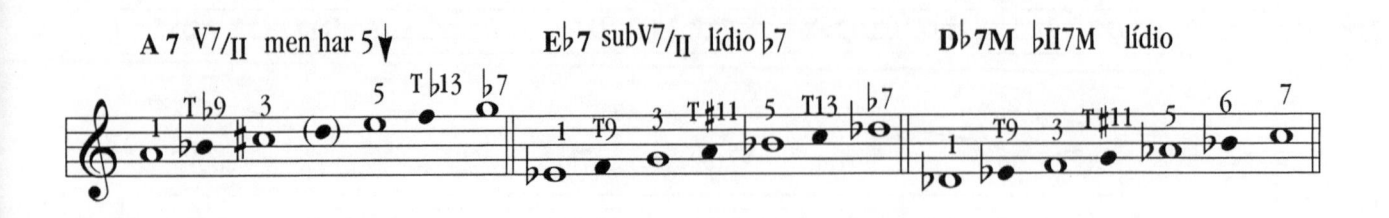

Bm7(♭5) VIIm7(♭5) lócrio

Fm7 IVm7 dórico

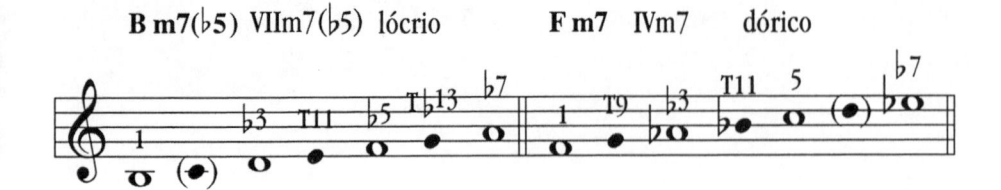

Fm6 IVm6 menor melódico

B♭7 ♭VII7 lídio ♭7

Exercício 35

Cm7 Im7 eólio

Cm(7M) Im(7M) men melódico

A♭7M ♭VI7M lídio

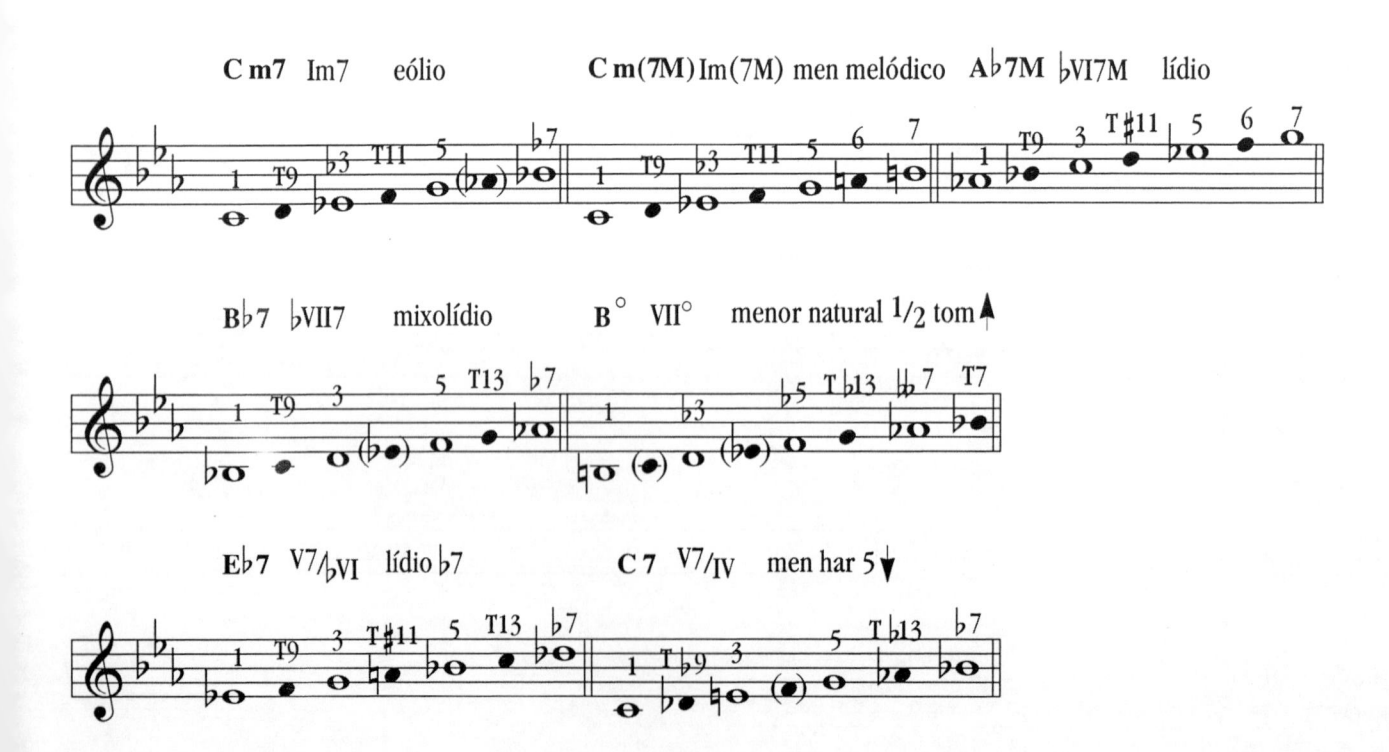

B♭7 ♭VII7 mixolídio

B° VII° menor natural 1/2 tom ↑

E♭7 V7/♭VI lídio ♭7

C7 V7/IV men har 5♭

Exercício 36 *A felicidade* (Tom Jobim e Vinicius de Moraes)

lá menor

jônico — ♭III7M — **C 7M**

eólio — Vm — **E m7**

men har 5↓ — V7(♭9) — **B 7(♭9)**

eólio — **E m7**

men har 5↓ — A 7

dórico — **D m7**

mixo — V7 — G 7

jônico — ♭III7M — **C 7M**

lócrio — IIm7(♭5) — **B m7(♭5)**

men har 5↓ — V7(♭9) — **E 7(♭9)**

eólio — Im7 — **A m7**

dórico	men har 5	lídio	dórico	eólio	
	V7(b9)	bVI7M	IVm7	Im7	
G m7	**C 7(b9)**	**F 7M**	**D m7**	**A m7**	

lídio b7	eólio	lídio b7	dórico	eólio
IV7	Im7	IV7	IVm7	Im7
D 7	**A m7**	**D 7**	**D m7**	**A m7**

dó maior

jônico	lídio b7	jônico	dórico	mixolídio
I7M	IV7	I7M		V7
C 7M	**F 7**	**C 7M**	**G m7**	**C 7**

ARRANJO (MÉTODO PRÁTICO)

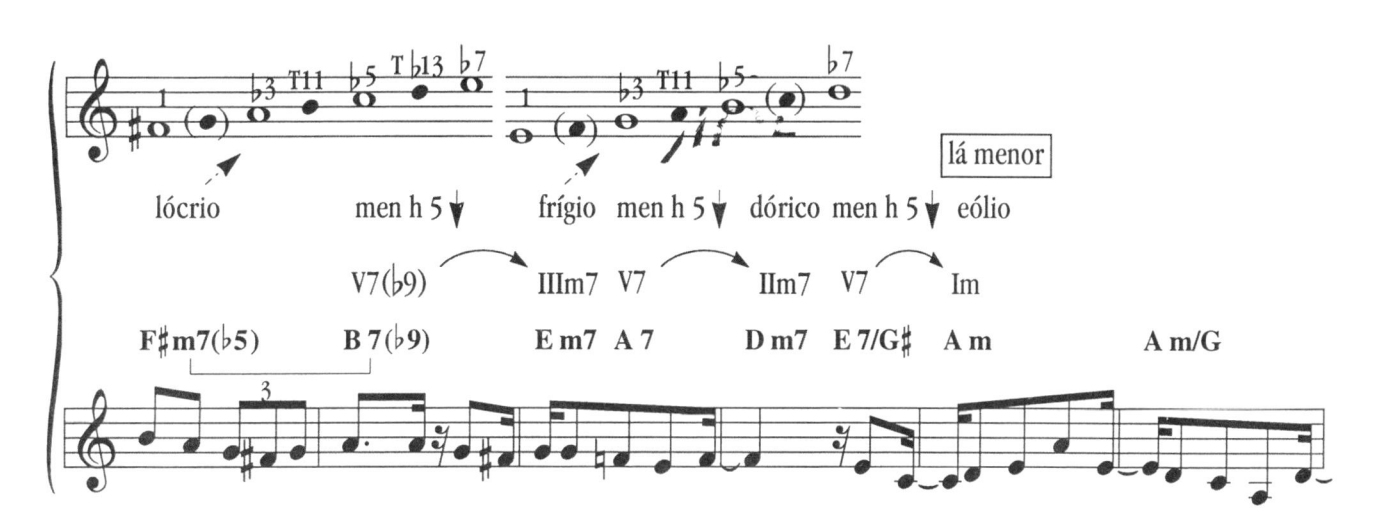

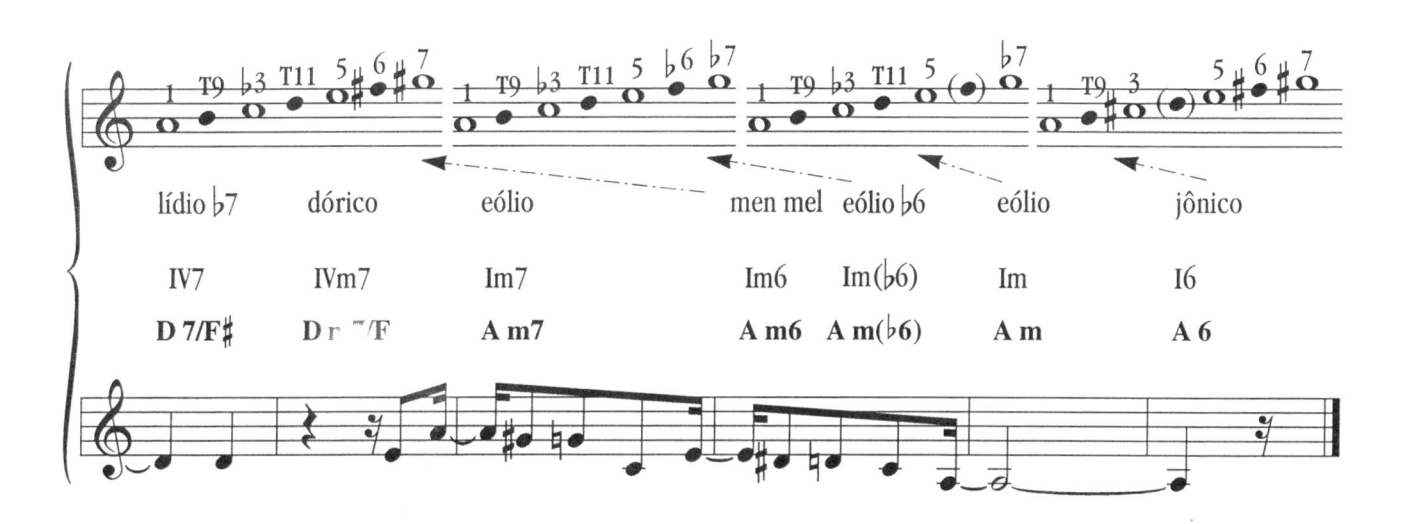

Exercício 37 *Boi da cara preta* (folclore)

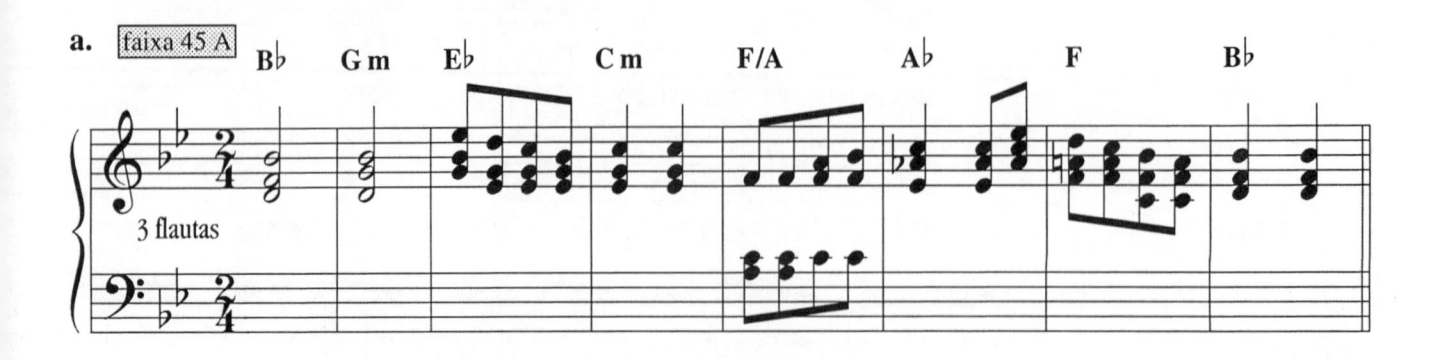

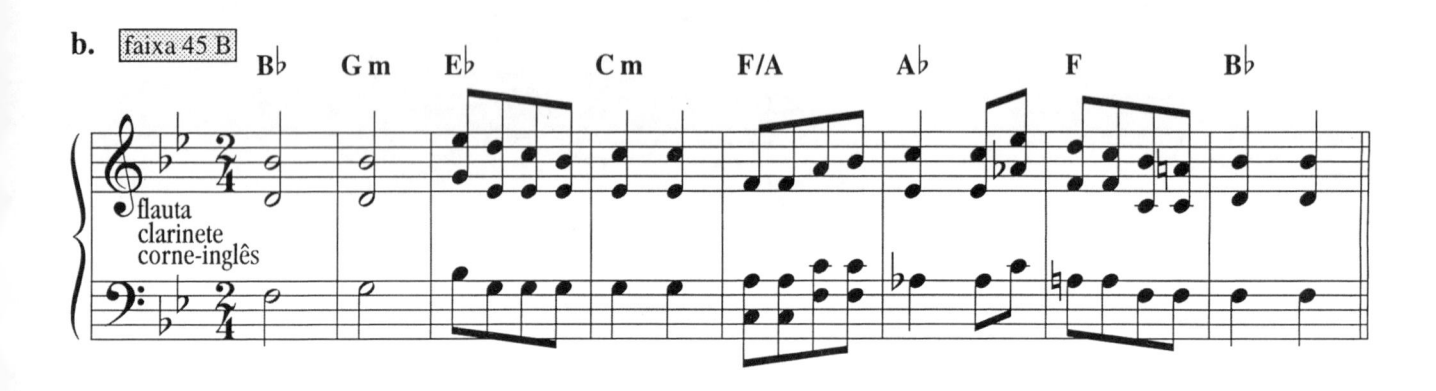

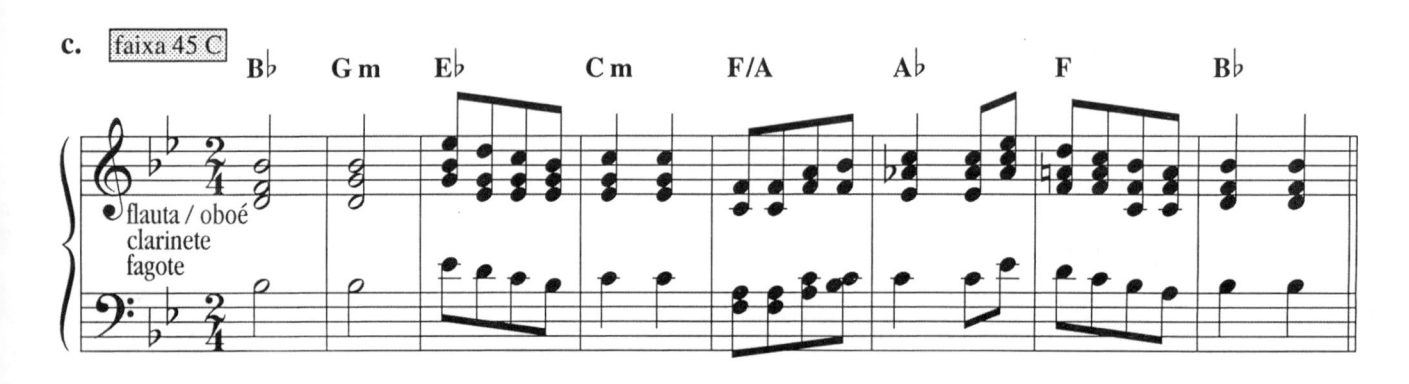

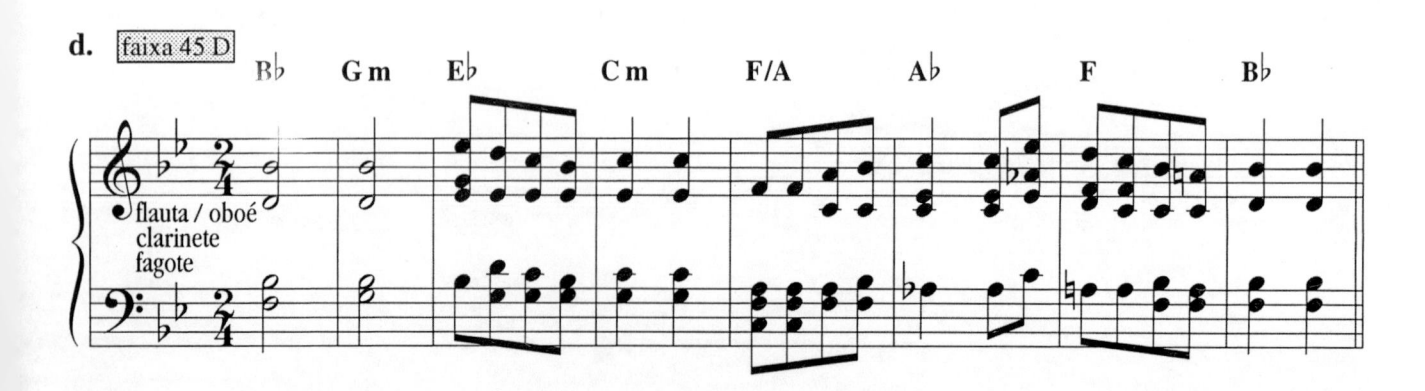

a. faixa 45 A

3 flautas

b. faixa 45 B

flauta
clarinete
corne-inglês

c. faixa 45 C

flauta / oboé
clarinete
fagote

d. faixa 45 D

flauta / oboé
clarinete
fagote

Exercício 38 *Sampa* (Caetano Veloso)

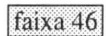

Exercício 39

a. D m7(♭5)   lócrio   VIIm7(♭5)   ↓2+4

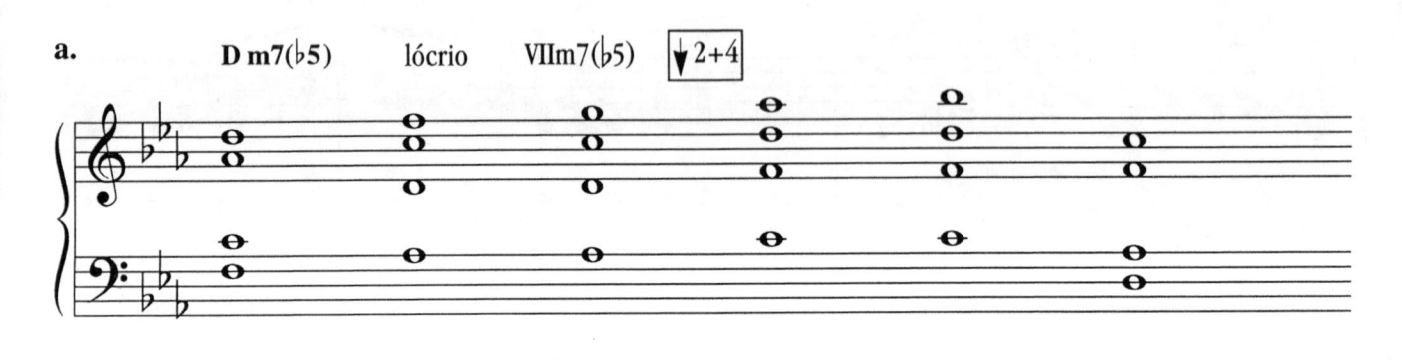

b. B♭7   lídio ♭7   IV7   ↓2

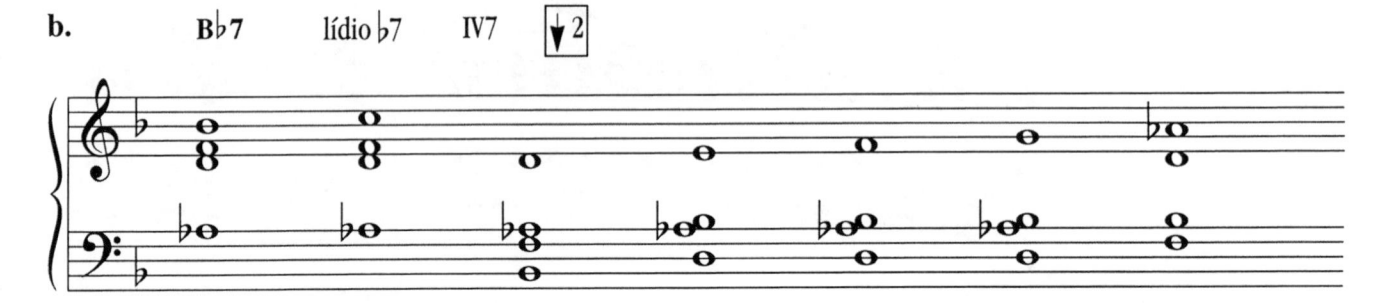

c. G#°   diminuta   #I°   ↓3

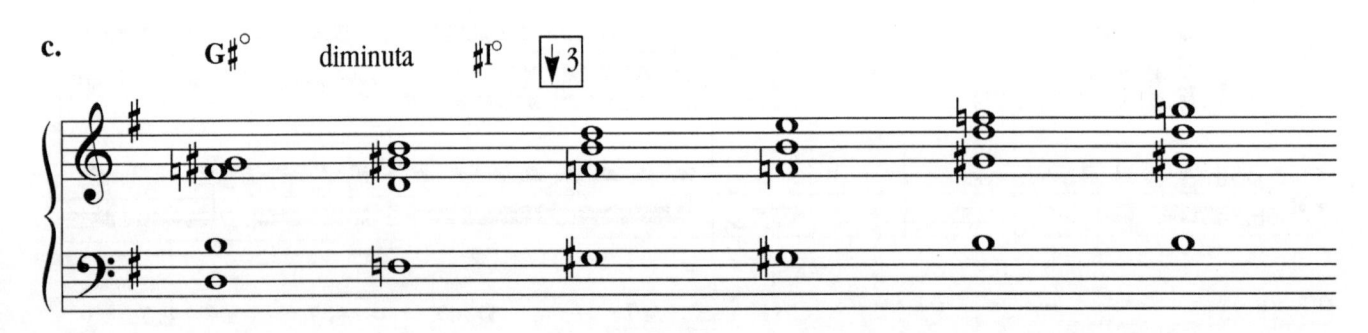

Exercício 42

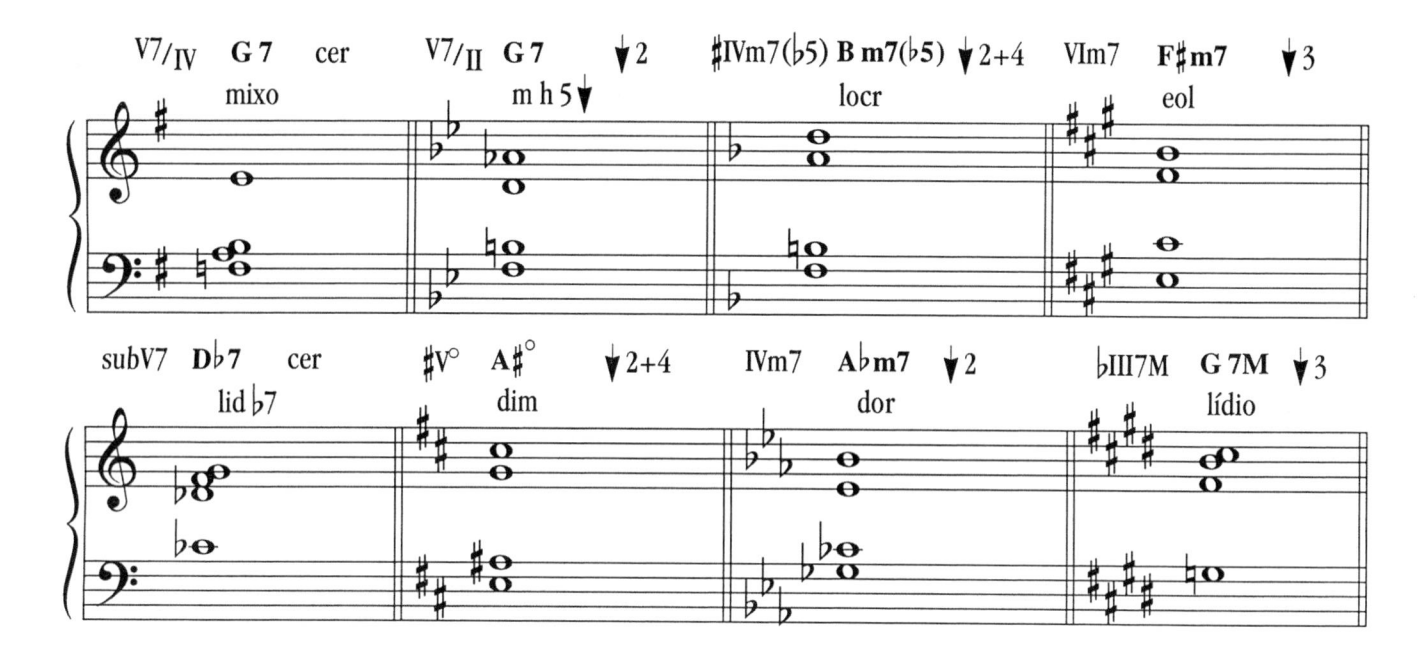

V7/IV G 7 cer	V7/II G 7 ↓2	♯IVm7(♭5) B m7(♭5) ↓2+4	VIm7 F♯m7 ↓3
mixo	m h 5 ↓	locr	eol

subV7 D♭7 cer	♯V° A♯° ↓2+4	IVm7 A♭m7 ↓2	♭III7M G 7M ↓3
lid ♭7	dim	dor	lídio

Exercício 43

a. VIIm7(♭5)
             ↓2
   Bm7(♭5)

b. V7/V
        ↓2+4
   F7

c. ♯I°
      ↓2
   F♯°

d. VIIm7(♭5)
             cer
   C♯m7(♭5)

e. VIIm7(♭5)
             ↓2+4
   F♯m7(♭5)

f. I7M
      ↓3
   B♭7M

Exercício 44

13 forma o intervalo de 9m com ♭7. ♯9 forma o intervalo de 9m com 3

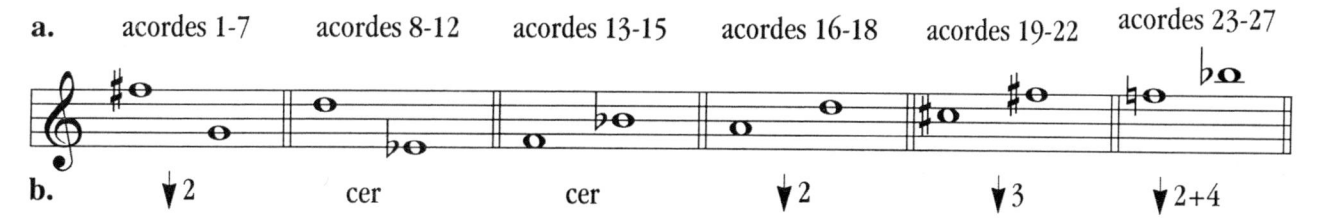

Exercício 45

a. acordes 1-7   acordes 8-12   acordes 13-15   acordes 16-18   acordes 19-22   acordes 23-27

b. ↓2   cer   cer   ↓2   ↓3   ↓2+4

c. soprano / alto / tenor / barítono
   alto / trompete / tenor / trombone

d. cer   ↓2   ↓3   ↓2+4

Exercício 46

a. 9M ♯11 13 / 9M 11 / 9m ♭13

b. acorde nº → 1 2 3 4 5 6 7 8 9 10 11 12 13 14
substituição → 1/9 5/13   1/9 1/9   1/♭9 1/9 5/13 1/9 1/9 1/9   1/♭9
                    (5/♯11)   (5/♯11)

15 16 17 18 19 20 21 22 23 24 25 26 27
1/9   1/♭9 1/9   1/♭9   7/6   1/♭9 1/9   1/9 5/♯11

c. para movimentar a 3ª voz, a partir do acorde anterior (7-6)

d. acorde 26, porque a melodia (11) toma o lugar de ♭3

Exercício 47 *When I fall in love* (Hayman e Young)

faixa 47

I7M	V7/I	♭VI7M	♭II7M	I7M			V7⁴
jônico alt	alt mixo	lídio	lídio	jônico alt	lid♭7 m h 5↓	lid♭7	mixo
base G 7M E 7	A 7 D 7	E♭7M	A♭7M	G 7M F♯7	F 7	E 7	E♭7 D⁷₄ / /

2 altos
2 ten [cer]

I7M	IIm7	IIIm7	IV7			V7	subV7	V⁷₄	IVm6
jônico	dor	frig	lid♭7	lid♭7	m h 5↓	tons	lid♭7	mixo	mel
G 7M	A m7	B m7	C 7	F 7	E 7	A 7	E♭7	D⁷₄	C m6

↓2

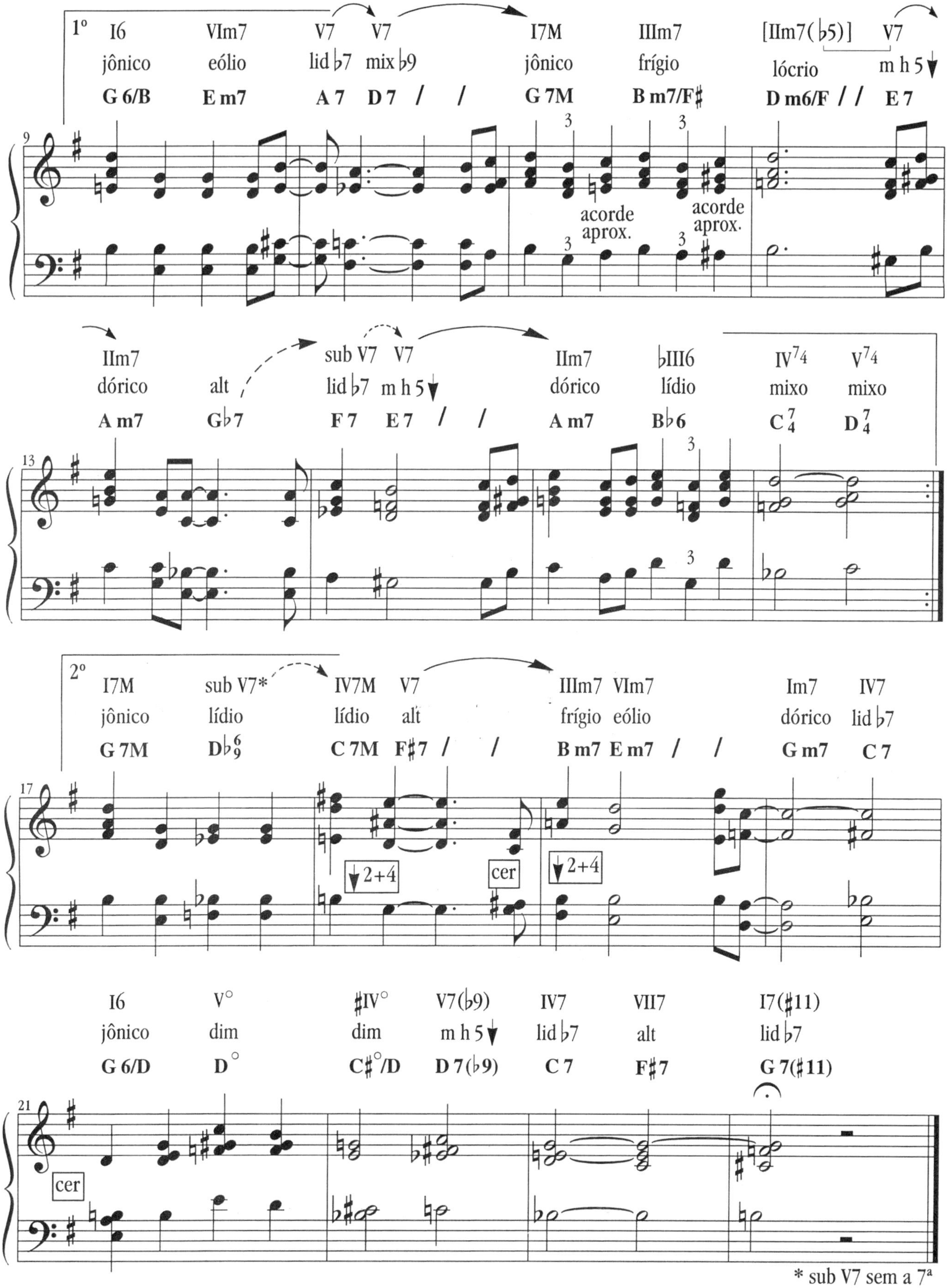

* sub V7 sem a 7ª

Exercício 48 *Samba de verão* (Marcos Valle e Paulo Sérgio Valle)

Exercício 49

compassos 1-2 cer
compassos 3-7 ↓2
compassos 8-9 ↓2+4

Exercício 50 *Estrada branca* (Tom Jobim e Vinicius de Moraes)

faixa 48 A

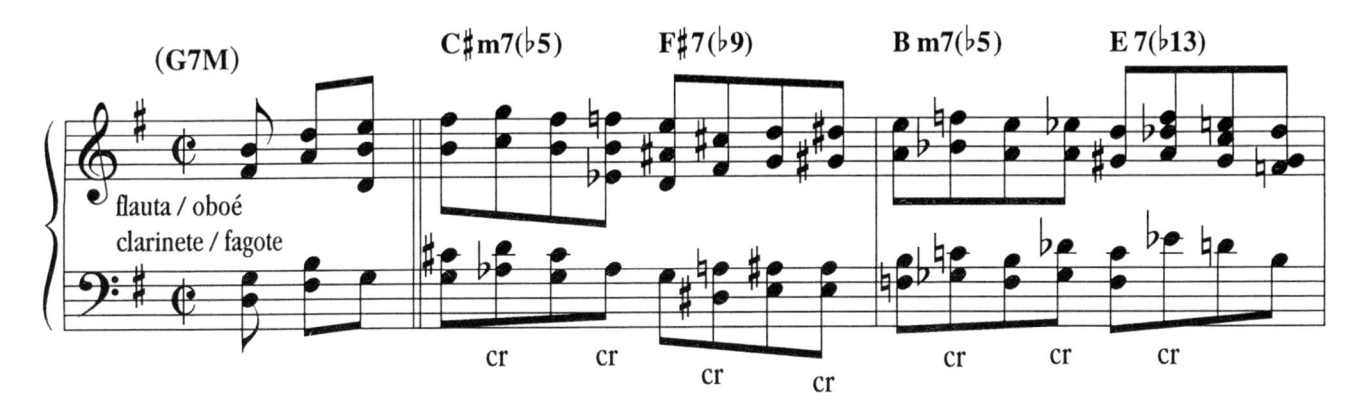

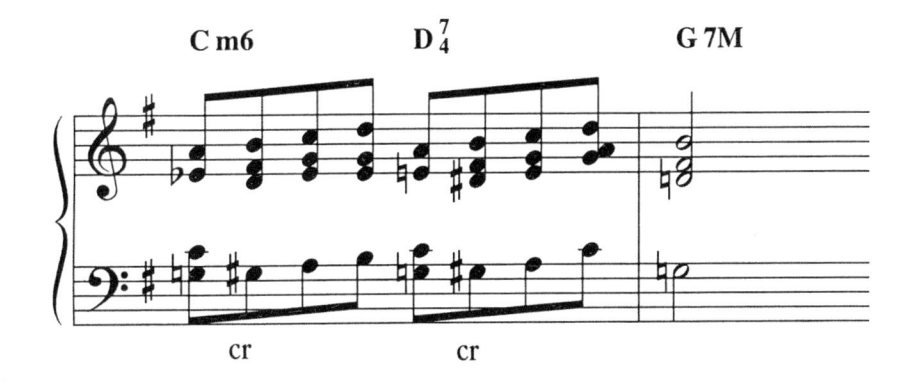

Exercício 51

compassos 1-2 cer
compassos 3-4 ↓3

Exercício 52

Em7   C#m7(b5)   A7   F#m7   Bm7   F#m7   Bm7   Bm7   C#m7(b5)   A7

Exercício 53 *Estrada branca* (Tom Jobim e Vinicius de Moraes)

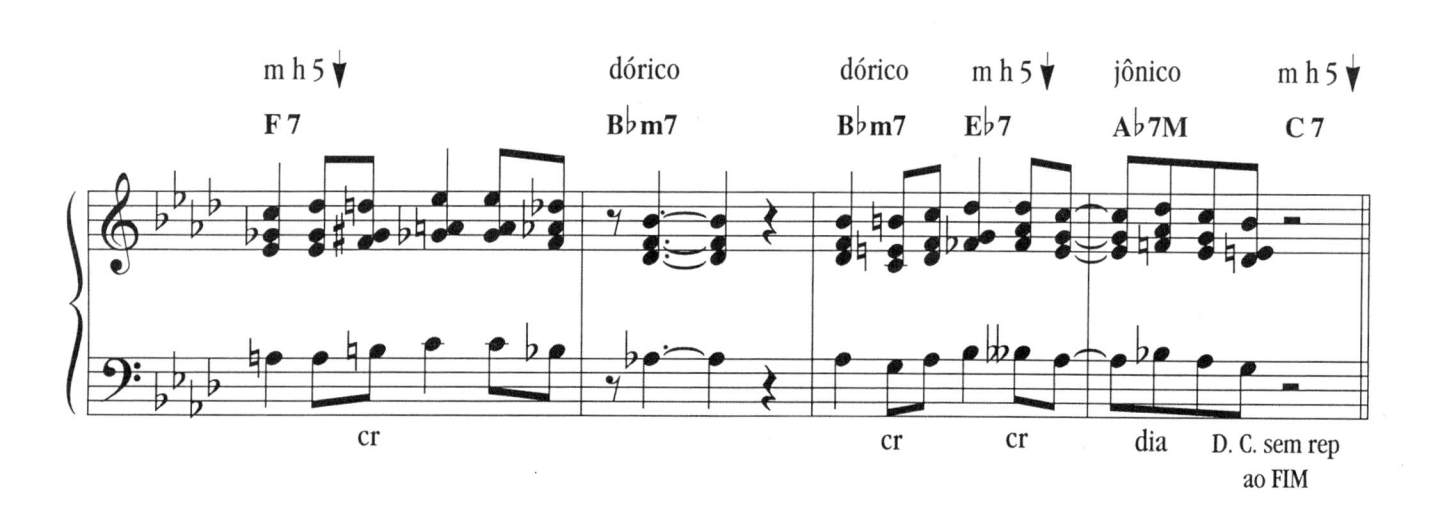

Exercício 55

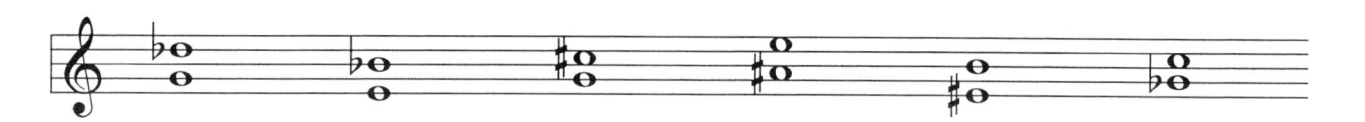

Exercício 56

Exercício 57

a. todas, exceto a assinalada com ↑; aqui a melodia (**lá**) seria a 4ª da preparação E7 (a 4ª é evitada)

b. *Eu não existo sem você* (Tom Jobim e Vinicius de Moraes)

faixa 50 A

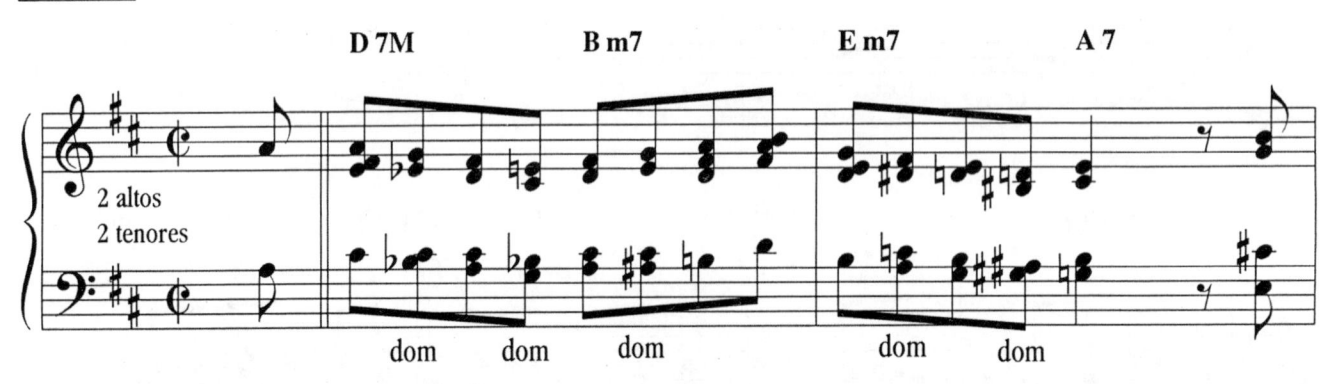

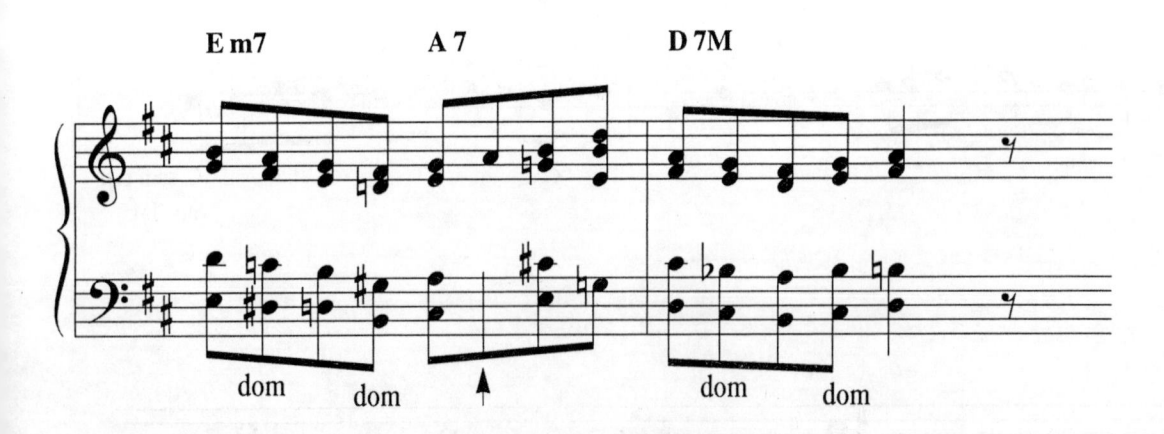

Exercício 58 *Carinhoso* (Pixinguinha e João de Barro)

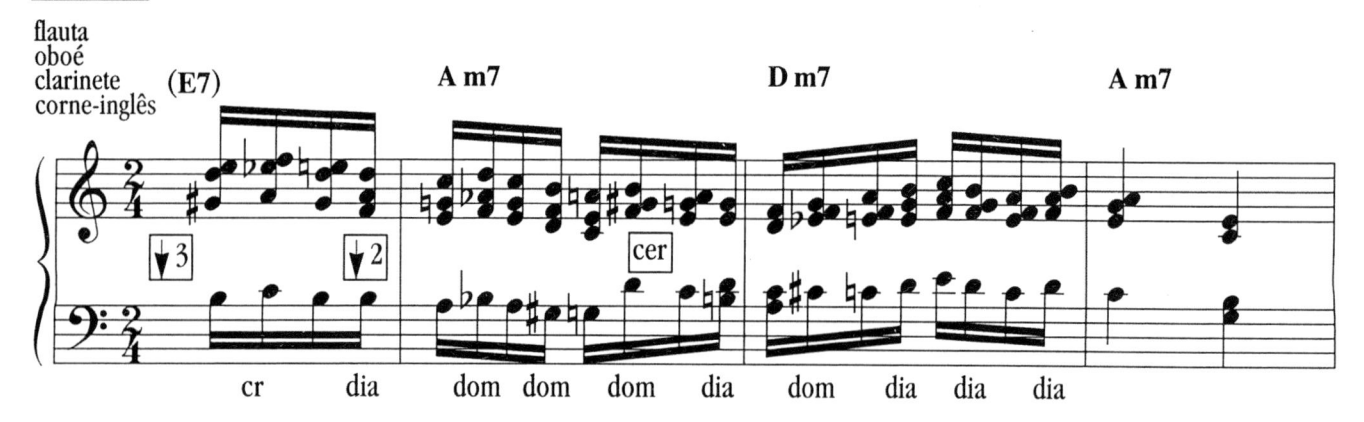

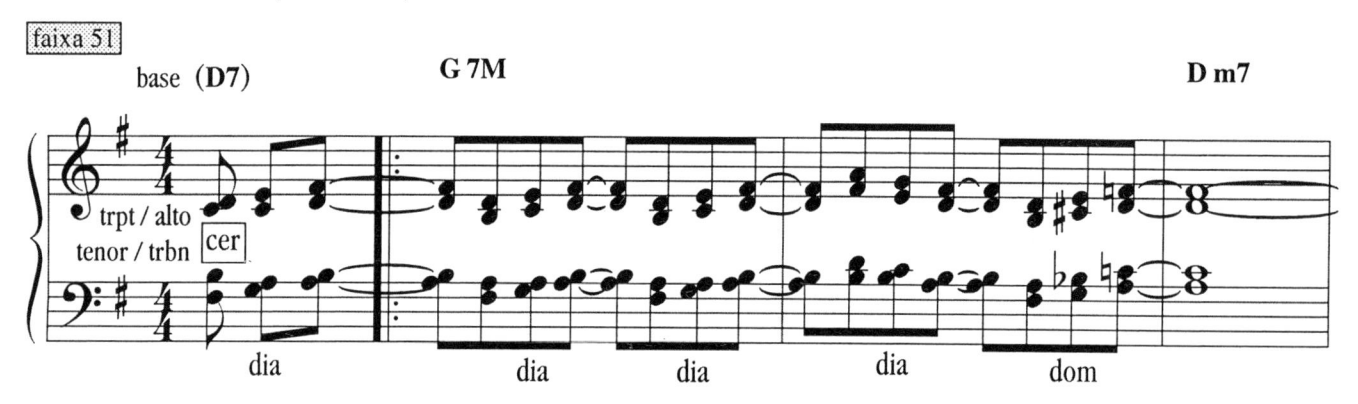

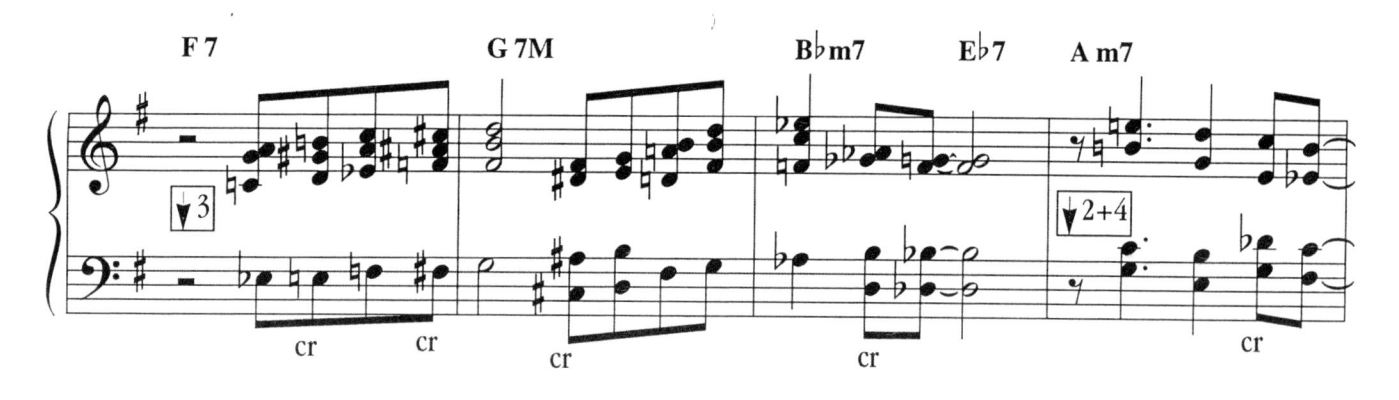

Exercício 60 *Mulher de trinta*

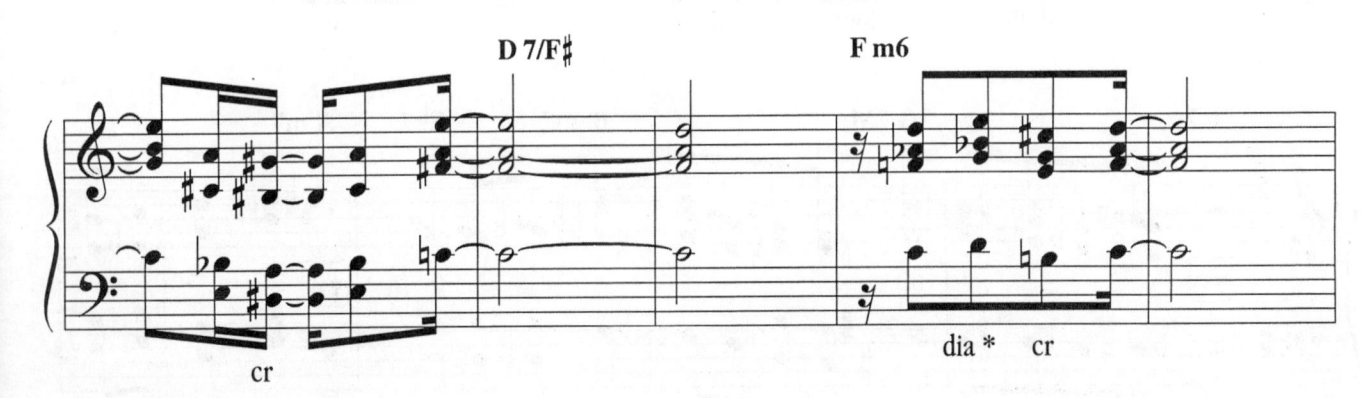

* sib é diatônico à escala do acorde

A m7
A m/G
1º B 7/F♯
D m6/F
cer
dia cr
cr cr
cr
E 7(♭13)
2º B m7(♭5)
E 7
A m7
A m6
FIM
dia
E m7(♭5)
A 7
D 7
cr
cr
cr
cr
F♯m7(♭5)
B 7
E 7
B♭7
cr
cr
cr
cr
D. C. direto ao
2º final, até FIM

Exercício 61 *Blue monk* (Thelonious Monk)

Exercício 62

acorde 1 → 5,   acorde 8 → 1,   acorde 11 → 1,   acorde 15 → 1,   acorde 19 → 5

Exercício 63 *Triste* (Tom Jobim)

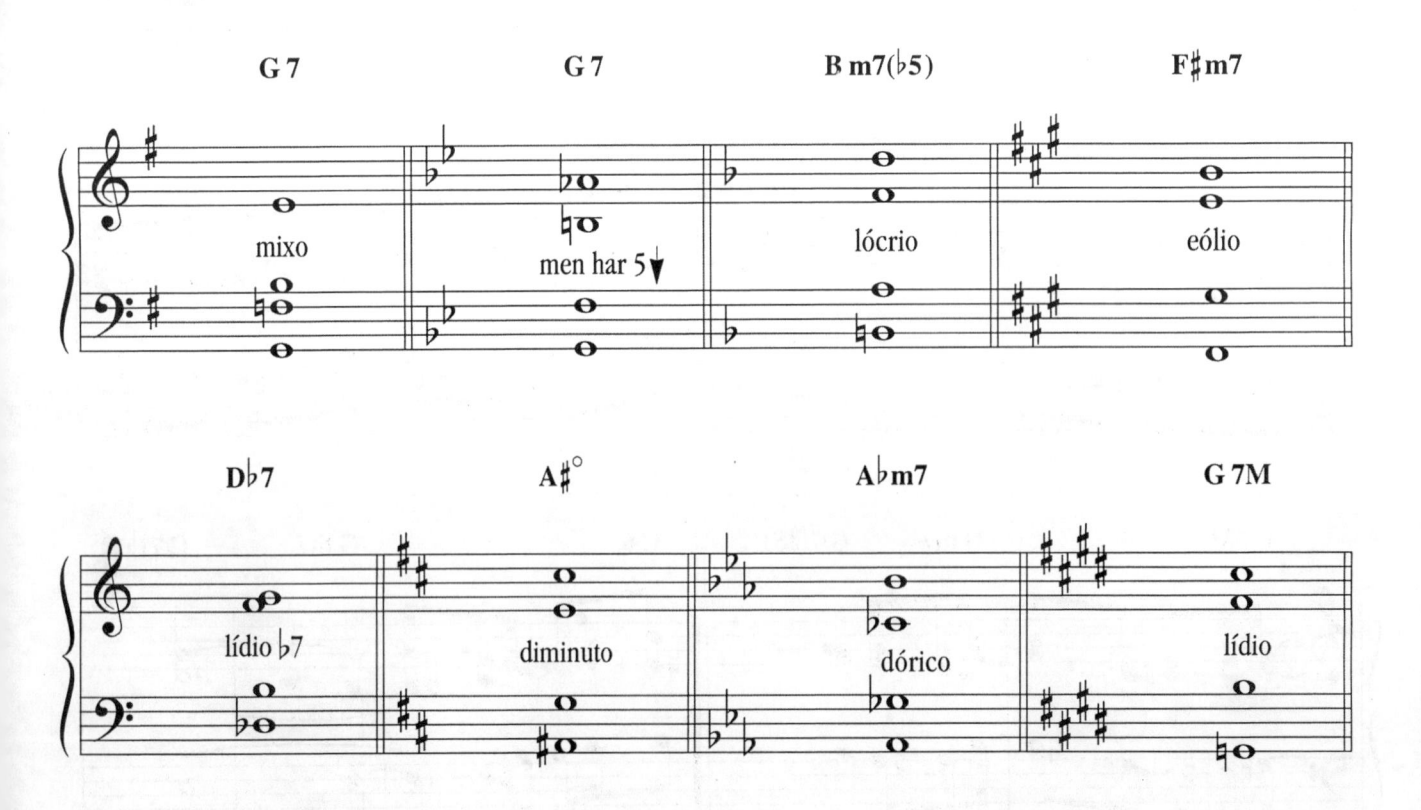

Exercício 64

Exercício 65 *When I fall in love* (Hayman e Young)

Exercício 66

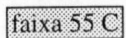

a. contracanto passivo compassos 1-3 e 5-12
contracanto ativo compassos 4 e 13-20

b. compassos 1-3 e 5-11

c. cerrada, exceto os últimos 2 acordes

Exercício 67

a. ↓2

b. compassos 1, 2, 3, 5, 6 → 4º acorde aproximação cromática
compasso 8 → 3º acorde aproximação diatônica

Exercício 68

F7M em ↓3

G7 ($\flat9 \atop 13$) em ↓2+4

Exercício 69 *Só tinha de ser com você* (Tom Jobim e Aloysio de Oliveira)

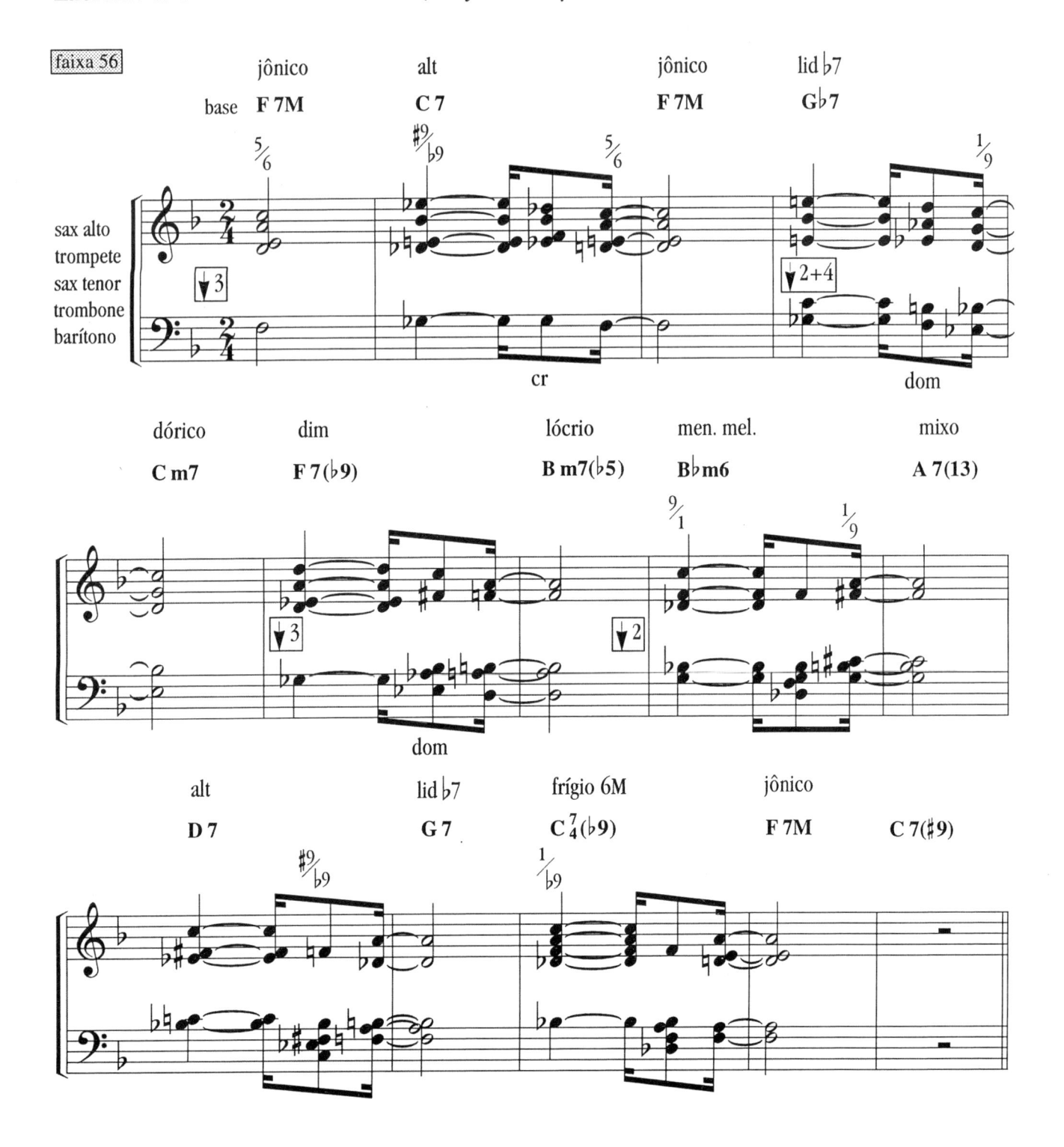

■ Bibliografia

Casella, Alfredo / Mortari, V.: *La Tecnica Dell' Orchestra Contemporanea*
               (Edição Ricordi Milano, 1950)

D' Indy, Vincent: *Cours de Composition Musicale*
            (Durand et C^{ic}, Éditeurs, 1950)

Pease, Ted: *Workbooks for Arranging*
       (Edition Berklee College of Music)

Rocca, Edgard Nunes ("Bituca"): *Ritmos Brasileiros e seus Instrumentos de Percussão*
               (Edição Escola Brasileira de Música)

■ Agradecimentos

Obrigado a vocês, Celinha Vaz, Dori Caymmi, Fernando Ariani, Flávio Paiva, Júlio César P. de Oliveira, Lucas Raposo, Nerval M. Gonçalves, Ricardo Gilly, Roberto Rutigliano, prof.ª Soloméa Gandelman, por todo o apoio prestado para a realização deste trabalho. Obrigado aos professores que mais me ensinaram: Alex Ulanowsky, Dean Earl, Greg Hopkins, Herb Pomeroy, Henrique Morelenbaum, José Siqueira, Michael Gibbs, Rezsö Sugár, Tony Teixeira. Obrigado a George Geszti, professor e meu pai, que fez da música uma de minhas melhores brincadeiras de adolescente.

Arquivos de áudio *play-a-long* em MP3 estão disponíveis para *download* gratuito em:

vitale.com.br/downloads/audios/AMPI2.zip

ou através do escaneamento do código abaixo:

Obs.: Caso necessário, instale um software de descompactação de arquivos.

FAIXAS DOS ÁUDIOS

faixa 28 A-B	Tríades em bloco	*69*
faixa 29 A-D	Melodia fora de acorde	*69*
faixa 30	Tétrades posição cerrada [*I'm getting sentimental over you*]	*72*
faixa 31	Substituição nota de acorde por tensão [*Giant steps*]	*85*
faixa 32 A	Aproximação cromática [*Yes sir, no sir*]	*92*
faixa 32 B	Aproximação diatônica [*Eu não existo sem você*]	*94*
faixa 32 C	Aproximação cromática dupla [*Blue monk*]	*101*
faixa 32 D-E	Aproximação indireta [*Mulher de trinta*]	*101*
faixa 32 F	Estrutura constante [*Blue monk*]	*102*
faixa 32 G	Estrutura constante [*Samba de verão*]	*102*
faixa 32 H	Estrutura constante	*103*
faixa 32 I	Dupla antecipação rítmica	*103*
faixa 32 J	Melodia independente [*Blue monk*]	*104*
faixa 32 K	Melodia independente	*104*
faixa 33	Exemplo aproximações [*Samba de verão*]	*105*
faixa 34	Exemplo drops e aproximações [*Blues for Alice*]	*107*
faixa 35	Tétrades a três vozes [*Pra que chorar*]	*110*
faixa 36 A	Tétrades a três vozes [*Carinhoso*]	*111*
faixa 36 B	Tétrades a três vozes	*111*
faixa 37	Posição espalhada a quatro vozes [*Giant steps*]	*115*
faixa 38	Posição espalhada a três vozes [*Giant steps*]	*116*
faixa 39	Posição espalhada a cinco vozes [*Giant steps*]	*117*
faixa 40	Contracanto ativo harmonizado [*It's a raggy waltz*]	*120*
faixa 41	Fundo percussivo [*A night in Tunisia*]	*122*
faixa 42	Dobramento a cinco vozes [*I'm getting sentimental over you*]	*124*
faixa 43	Substituição do dobramento por tensão [*Blue bossa*]	*132*
faixa 44	Arranjo elaborado [*Aqui, ó!*]	*134*
faixa 45 A-D	Tríades em bloco [*Boi da cara preta*]	*160*
faixa 46	Tétrades cerradas e em drops [*Sampa*]	*161*
faixa 47	Substituição nota de acorde por tensão [*When I fall in love*]	*164*
faixa 48 A	Aproximação cromática [*Estrada branca*]	*167*
faixa 48 B	Aproximação diatônica [*Estrada branca*]	*168*
faixa 49	Aproximação diatônica, cromática [*Lullaby of birdland*]	*168*
faixa 50 A	Aproximação dominante [*Eu não existo sem você*]	*170*
faixa 50 B	Aproximação cromática, diatônica, dominante [*Carinhoso*]	*171*
faixa 51	Aproximação cromática, diatônica, dominante [*Four*]	*171*
faixa 52	Aproximações duplas [*Mulher de trinta*]	*172*
faixa 53	Aproximações raras [*Blue monk*]	*174*
faixa 54	Tétrades a três vozes [*Triste*]	*175*
faixa 55 A	Espalhada a quatro vozes [*When I fall in love*]	*177*
faixa 55 B	Espalhada a três vozes [*When I fall in love*]	*177*
faixa 55 C	Espalhada a cinco vozes [*When I fall in love*]	*178*
faixa 56	Substituição do dobramento por tensão [*Só tinha de ser com você*]	*179*

RELAÇÃO DAS OBRAS MUSICAIS POPULARES INSERIDAS NESTE LIVRO E RESPECTIVOS TITULARES

A felicidade
Copyright by Ed. Musical Arapuã Ltda.

A night in Tunisia
Copyright by Warner/Chappell Edições Musicais Ltda.

Aqui, ó!
Copyright by Terra dos Pássaros Produções e Editora Ltda.
Copyright by Três Pontas Edições Musicais Ltda.

Autumn leaves
Copyright by Enoch & Cie Editeurs de Musique S.A.R.L.
Direitos cedidos para o Brasil à Editora e Importadora Musical Fermata do Brasil Ltda.

Blues for Alice
Copyright by EMI Entertainment World Inc.
Direitos cedidos para o Brasil à EMI Songs do Brasil Edições Musicais Ltda.

Canção do sal
Copyright by Três pontas Edições Musicais Ltda.
(Administrada pela EMI Songs do Brasil Edições Musicais Ltda.)

Carinhoso
Copyright by Mangione, Filhos & Cia. Ltda.

Chega de saudade
Copyright by Ed. Musical Arapuã Ltda.

Chove lá fora
Copyright by Nossa Terra Editora Musical Ltda.

Coisa mais linda
Copyright by Ed. Musical Arapuã Ltda.

Demais
Copyright by Jobim Music Ltda.

Dindi
Copyright by Jobim Music Ltda.

Diz que fui por aí
Copyright by Ed. Musical Arapuã Ltda.

El dia que me quieras
Copyright by Warner/Chappell Edições Musicais Ltda.

Esse cara
Copyright by GAPA - Guilherme Araújo Produções Artísticas Ltda. (Administrada pela Warner/Chappell Edições Musicais Ltda.)

Este seu olhar
Copyright by Ed. Musical Arapuã Ltda.

Estrada branca
Copyright by Ed. Musical Arapuã Ltda.

Eu não existo sem você
Copyright by Ed. Musical Arapuã Ltda.

Feitinha pro poeta
Copyright by Baden Powell e Lula Freire

Feitio de oração
Copyright by Mangione, Filhos & Cia. Ltda.

Four
Copyright by Warner/Chappell Edições Musicais Ltda.

Giant steps
Copyright by Jowcol Music
Direitos cedidos para o Brasil à Mercury Produções e Edições Musicais Ltda.

Here's that rainy day
Copyright by Warner/Chappell Edições Musicais Ltda.

I'm gettin' sentimental over you
Copyright by EMI Mills Music, Inc. /EMI Copyright Holdings, Inc.
Direitos cedidos para o Brasil à EMI-Odeon F.I.E. Ltda.

It's raggy waltz
Copyright by Filmusic Publ. Co. Ltd.
Direitos cedidos para o Brasil à Mercury Produções e Edições Musicais Ltda.

Lamento
Copyright by Mangione, Filhos & Cia. Ltda.

Lenda do abaeté
Copyright by Irmãos Vitale S/A

Luiza
Copyright by Jobim Music Ltda.

Lullaby of birdland
Copyright by Patricia Music Publishing Corporation
Direitos cedidos para o Brasil à Editora e Importadora Musical Fermata do Brasil Ltda.

Mania de você
Copyright by Warner/Chappell Edições Musicais Ltda.

Meditação
Copyright by Jobim Music Ltda.

Mulher de trinta
Copyright by Edições Musicais Drink Ltda.

Peixe vivo
Copyright by Edições Musicais Euterpe Ltda.

Pra que chorar
Copyright by Ed. Musical Arapuã Ltda.

Samba de verão
Copyright by Marcos Valle
Copyright by Paulo Sérgio Valle

Sampa
Copyright by GAPA - Guilherme Araújo Produções Artísticas Ltda. (Administrada pela Warner/Chappell Edições Musicais Ltda.)

Só tinha de ser com você
Copyright by Jobim Music Ltda.

Stella by starlight
Copyright by Editora Musical BMG Arabella Ltda.

Storny Wether (Keeps rainin' all the time)
Copyright by EMI Entertainment World Inc.
Direitos cedidos para o Brasil à EMI Songs do Brasil Edições Musicais Ltda.

Tem dó
Copyright by Baden Powell
Copyright by Tonga Editora Musical Ltda.
(Administrada pela Ed. Musical BMG Arabella Ltda.)

Triste
Copyright by Jobim Music Ltda.

Valsa de uma cidade
Copyright by Irmãos Vitale S/A

When I fall in love
Copyright by MCA do Brasil Ed. Musical Ltda.
Administrada pela Warner/Chappell Edições Musicais Ltda.